マス・リテラシーの時代

近代ヨーロッパにおける読み書きの普及と教育

デイヴィッド・ヴィンセント

北本正章 監訳

岩下誠・相澤真一・北田佳子・渡邊福太郎 訳

新曜社

キャロライン・ミリングトンと
ミヒャエル・ロビンソンに捧ぐ

David Vincent

The Rise of Mass Literacy
Reading and Writing in Modern Europe

First published in 2000 by Polity Press in association with Blackwell Publishers Ltd. Japanese translation rights arranged with Polity Press Ltd., Cambridge Random House, Inc. through Japan UNI Agency, Inc., Tokyo.

目次

謝辞　v
日本語版へのメッセージ　vii
第1章　マス・リテラシーの勃興……1
第1節　ヨーロッパ単一計画　1
第2節　数量把握　5
第3節　変化の枠組み　13
第4節　変化の意味　34
第2章　リテラシーの学習……43
第1節　国家　43
第2節　教会　60

第3節　教育方法　68
第4節　親たち　79
第5節　学校教育とリテラシー　89

第3章　経済発展……99
第1節　職業と経済的繁栄　99
第2節　不平等　120
第3節　経済成長　130

第4章　読むこと、書くこと……139
第1節　声と書かれた文字　139
第2節　共同と私事　160
第3節　標準化　165
第4節　統制化　173
第5節　専門分化　182

第5章　リテラシーの境界域……195
第1節　権威　195
第2節　抵抗　211
第3節　言語　216
第4節　境界域の再設定　225
原　注……233
訳　注……287
監訳者あとがき　313
事項索引・人名索引　(ii)〜(xiii)

装幀　谷崎文子

凡例

・本書は、David Vincent, *The Rise of Mass Literacy: Reading and Writing in Modern Europe* (Polity, Press, UK, 2000）の全訳です。

・原書の章・節のタイトルはそのまま訳出しましたが、必要に応じて小見出しをつけました。また、原文の改行に加えて、独自に改行を増やしました。

・原文中に ' ' で囲まれた引用文・語句は、訳文では「 」で、原文中に " " で囲まれた書名は『 』で、それぞれ示しました。

・原文中にラテン語もしくはイタリック体で表記されている語句（書名を除く）は、ルビで原語を示しました。また、必要に応じて訳語にルビで原語を示しました。

・原文中の綴り・年代・数値等のミスプリントは、原著者に確認の上、訂正しました。

・原文中の引用文のうち邦訳があるものは参考にさせていただきましたが、文意の流れを考慮して必ずしも邦訳の表現通りでない場合があります。

・原著者および訳者による簡単な補足は、訳文中に〔 〕で示しました。

・原注は訳文中に（ ）の番号で示し、巻末にまとめました。原注中の文献に邦訳があるときは、＝以下に表記しました。

・必要に応じて訳語に訳注を付し、訳文中に＊の番号で示し、巻末にまとめました。

・人名索引と事項索引は、原書の索引を参照の上、訳者の判断で独自に作成しました。

謝辞

この調査研究を準備する過程で筆者に寄せられた助言・励まし・情報・専門的なご助力に対して、さまざまな思いを込めて感謝を申し上げます。オンノ・ボーンストラ、ジャック・コリガル、スティーヴン・ヒックス、リンゼイ・ハウザム、マーク・ジェイコブ、エギル・ヨハンソン、マーチン・ローンと「沈黙と想像グループ」（the Silences and Images group）の皆さん、ジェーン・メイス、アンデシュ・ニルソンとルンド大学の同僚の皆さん、ファブリッチオ・ピシェッダ、フランク・サイモン、マーガレット・スパッフォード、グラハム・タッタソール、イシュトバーン・トート、リズ・ツァーゴ、そしてロンドンの郵便文書記録センター（the Post Office Archives and Record Centre, London）と、ベルンの万国郵便連合国際事務所の方々に。

筆者が依頼したよりも多くの時間を割いて草稿に目を通してくれたデイヴィド・ミッチ氏には格別の感謝を申し上げなくてはなりません。そして、いつものようにシャーロット・ヴィンセントに。

日本語版へのメッセージ

このたび、ヨーロッパにおけるマス・リテラシーの勃興に関するわたしの研究を、日本の読者の皆様にお届けする運びとなりましたことを光栄に存じます。マス・コミュニケーションがわたしたちの生活と文化のあらゆる側面を変容させつつある今日にあって、一九世紀から二〇世紀初頭にかけて民衆《ポピュラー》コミュニケーションに生じた最初の大規模な革命の歴史《ダイナミクス》を理解しておくことは重要です。近代化を遂げつつあった当時の社会では、リテラシーが広まる速さは、現在わたしたちが直面している情報技術の波よりゆるやかでしたが、それを引き起こした要因は今日と同じくらい複雑で、それがもたらした結果も同じように深淵でした。〔文書を読み書きする〕テクスト・リテラシーが発達した原因と、それがもたらした結果を検討することは、今日のコンピュータ・リテラシーの影響がいかなる文脈にあるのかを示してくれるだけでなく、わたしたちの時代に現在生じている変化は著しく速い、としばしば誇張される主張を正しく見極める上で必要なバランス感覚をもたらしてくれるに違いありません。

日本語版の読者の皆様は、本書で提示しております歴史において、貴国との類似点をたくさん見いだされることでしょう。その理由のひとつは、本書が考察対象にしている時期は、かつてマーシャル・マクルーハンが地球村《グローバル・ヴィレッジ》と表現した時代の幕開けだったからです。大衆教育《マス・エデュケーション》のイデオロギーと、大衆教育をどのような方法で達成するかについて、一八世紀以降さまざまな理念が、社会的・経済的・政治的な改革課題に取り組んでいたヨーロッパと周辺諸国に流布しはじめておりました。貴国日本において、一八七二年〔明治五年〕に義務制の基礎教育が発足したのが、近代化が先に進行したヨーロッパ諸国の包括的な公教育制度の制定期と奇しくも同じ時期であったのは、単なる偶然の一致ではないでしょう。一八七五年に創設された万国郵便連合〔UPU〕は、距離の大きさや文化の違いには関係なく、均一の郵便料金で手紙類を流通させることができる単一の通信制度《コミュニケーション・システム》で、地球上のすべての国々をひとつに結びつけようとするものでした。一九〇〇年当時、日本の国民一人あたりの郵便流通量は、イギリスの八八・九通、スペインの一二・九通と比較して、一六・七通でした。

日本語版の読者の皆様は、本書で展開している主要な分析主題になじみ深いものがあることにも気づかれるでしょう。第一に、教育への国家介入は決定的に重要でしたが、同時にそれは偶発的な出来事でもありました。今日、ヨーロッパの歴史家たちは、政府による教育介入を擁護した人びとの主張を再検討する必要性に気づきはじめています。有資格の教師と公立学校がマス・リテラシーを生みだした唯一の理由であるという主張は、今日ではもはや受け入れがたいものになっています。各地域の共同体は、近代国家が教育に介入するはるか以前から、豊かな伝統をもつ教育を担ってきましたし、実際、多くの社会では、非正規の教育制度が非常に広範囲に及ぶ教育基盤を形成しておりましたから、政府ができることはせいぜい大衆教育《マス・インストラクション》という野心を抱くだけでした。逆の言い方をしますと、最近、リチャード・ルビンジャー氏が、その著書『近世日本における民衆リテラシー』〔Richard Rubinger, *Popular Literacy in Early Modern Japan*, University of Hawai'i Press, Honolulu, 2007 ＝R・ルビンジャー 川村肇訳『日本人のリテラシー・一六〇〇～一九〇〇年』柏書房、二〇〇八年〕で主張されておりますように、義務教育制度の達成は、地勢と文化的伝統によって条件づけられるものなのです。日本と、近代化が先に進行したヨーロッパ各国ではともに、国家による教育《ステイト・エデュケーション》支配という主張が現実のものになるまで、ほぼ一世紀あるいはそれ以上を要しました。

　こうした洞察は、リテラシーの需要に研究関心が高まってきたことを反映しています。歴史研究は、家族が、非正規の教育を受けるために家族がさまざまな機会をどのように利用したのかという需要面を考察対象にする必要がありますし、そのために彼らが克服しなければならなかった文化的・物質的な不平等構造がどのようなものであったのか、その解明に焦点をあてる必要があります。わたしたちは、目先のわずかな利益のために隣人たちが、また宗教そのほかの共同体の諸集団が、しばしば運営したり組織することもあった地方の読み書き学校の存在に注意を払わなくてはなりません。今日、親たちが自分の子どもに基礎的なコミュニケーション・スキルを身につけさせようと躍起になっている社会ではどこでも、教育を与えることは複雑な戦略であると考えられるようになっておりますが、かつて寺子屋を支援していた日本の村の長たちが果たしていた役割もまた、こうした需要面のひとつであったと見ることができます。

本書のそのほかの主題は、おそらくこの日本語版をお読みになる皆様よりも、ヨーロッパの文脈において多くの論争を引き起こすことでしょう。なぜなら、日本語の文字体系が複雑であること、とりわけ一九世紀に文学・宗教・政治などの専門分野のエリートたちが使っていた漢文と、町や農村の多数の住民たちが使っていた、ひらがなあるいはカタカナという表音文字《フォネティック・シラバリ》とのあいだの隔たりが拡大したことは、リテラシーを単一の尺度で測定することに直ちに警鐘を鳴らすものです。これに対して西ヨーロッパでは、識字水準を一国内で、あるいは数ヵ国のあいだで序列化することに疑問が投げかけられたのは、比較的最近でした。ヨーロッパ諸国の大半に〔日本語のひらがなと漢文のように〕分割されない言語体系《ランゲージ・システム》が普及していたおかげで、本書は、読み方と書き方、とりわけ署名というリテラシーの指標を、おそらく日本の場合よりもはるかに多く利用しています。しかし、それにもかかわらず本書では、識字と非識字という基本的なカテゴリーに組み込まれている言語能力《コンピテンス》と言語利用《ユーシジ》に生じた決定的に重要な変化に、注意を払っております。それは、ヨーロッパ社会のすべてにおいて、言語を所有することよりも、むしろそれを活用することが重大問題であり続けていたからです。

したがって今日では、口承伝統と読み書きの伝統、あるいは大衆文化とエリート文化という既存の分類を用いることには十分慎重でなくてはなりません。読み書きができるようになった人たちが新しいスキルを使って何をしたのか、それは彼らが読むテクストによって決まったわけではなく、また、彼らがテクストを消費する際の物質的条件によって決まったわけでもありませんでした。読み書き能力は、一定の状況では権力の位階秩序を覆すこともあれば、新たな統制機関を構築することもあり得たのです。

かつてヨーロッパでは、マス・リテラシーの勃興と言い表せるような出来事がありました。これは、一九世紀後半から二〇世紀初めにかけて日本でも見られた通りです。そこでは、読み方と書き方のスキルに関して量的かつ質的な変化が生じましたが、こうした変化がもたらす影響を理解する上でつねに鍵となるのは、世界のどの国においても、言語能力が実際にどのように活用され、言語がどのような文脈で利用されたかということです。

デイヴィド・ヴィンセント

二〇〇九年一月

第1章　マス・リテラシーの勃興

第1節　ヨーロッパ単一計画

近代ヨーロッパのリテラシーは、一八七四年一〇月九日をもって発展期に入った。この年、国際郵便条約（ベルヌ条約）が締結され、その翌年にはそれが発展して万国郵便連合（UPU）*1が創設されることになる。マス・コミュニケーションの時代が正式に幕開けすることになったのだ(1)。北はスウェーデンから南はギリシアまで、東はロシアから西はアイルランドまで、すべての国のすべての住民が均一の郵便料金という共通制度でつながり合うことになった(2)。読み書き能力を共有することで、実業家は実業家と、労働者は労働者と、両親は子どもと、恋人は恋人と、それぞれ結びつくようになった。全地域均一の一五サンチーム*2という料金のおかげで、人びとの考えや気持ちは、大陸の道路と鉄道網に沿って、海を渡ってブリテン島に、さらにヨーロッパ以外の調印国であるエジプトとアメリカ合衆国にも、迅速かつ正確に伝達されることになった。この郵便制度は、社会的あるいは経済的な壁をもたない実践《プラクティス》であった。万国郵便連合の機関誌が述べたように、「あらゆる文明国において、たとえその人がどれほど悲惨な状態にあろうとも、少なくともその生涯で郵便によって仲間とコミュニケーションを取ったことが一度もない人は、ほとんどいない」(3)。この偉業は広く賞賛された。当時の『タイム』紙は、その意義を次のように確信している。

郵便連合が、われわれの時代の最先端の博愛精神と合致していることは、明白な事実である。しかしそれだけでなく、郵便連合の存在そのものが、人類が折に触れてあこがれながら、その創意工夫の才をもってしてもなお実現できなかった普遍的な同胞愛、たとえどれほど詩文学のさまざまなページで派手に表現されていても一般には夢物語に過ぎないと受けとめられてきたものを、最も具体的に実現させたこともまた、紛れもない事実である(4)。

ベルン会議の成功は、ヨーロッパ単一計画という気運が文字コミュニケーション分野で高まっていたことを反映していた。各国政府は、少なくとも一八世紀半ば以降、読み書きのスキルを普及させようとする互いの成果を学び合うようになった。ペスタロッチ*3やランカスター*4といった先駆的教育者は、各国共通と見なされつつあった教育問題の解決策を求めてヨーロッパ各地から訪問した改革者たちに、助言を求められた。一九世紀の進展とともに、教育上のいくつかの革新《イノベーション》は成功を収め、加速度的に各国で模倣された。大半のヨーロッパ諸国は、ナポレオンの失脚後数年のうちに、貧民層に文字を教えようという野心を抱くようになったが、大方は、万国郵便連合の創設前後に義務教育を課す方向へとむかった。リテラシーを浸透させる費用対効果が最も高い方法を研究するために、書記官や行政官たちが各国を視察して回るようになると、学校内部では教育方法の独自性は次第に失われていった。

万国郵便連合自体は、各国の改革が協調した結果できあがった。たとえば、ローランド・ヒル＊5によるイギリス郵便制度の大規模な改革は一八四〇年代に進められたが、これは諸外国の郵便局で詳細に検討された。前払い制と均一郵便料金という二つの仕組みがうまく機能しているとわかると、すぐに他国でも同様の仕組みが準備されるようになった(5)。一八五〇年までに、イギリスと競合するほとんどの国々は、自国の郵便サービスから大量の手紙を送付する際の制限を撤廃した。その結果、郵便の国際流通量が増加し、単一組織の郵便制度の需要が生まれた。また、近代の最初の国際的な官僚組織のひとつである万国郵便連合の成功は、国家間協力の潜在力を人びとに確信させた。ベルヌ条約の発起人であり、ドイツの郵政官であったハインリッヒ・フォン・シュテファンは『郵便連合』(*Union Postale*)の初版で、「地球上の、文明化されたほとんどの国々の政府がこれほど完全な満場一致を見たことは、これまでの歴史に類を見ない」(6)と主張している。

近代的な国際機関として万国郵便連合の唯一の先駆けは、その十年前に同じくスイスの首都ベルンに設立された万国電信連合＊6であった。これによって当時のベルンは、世界の通信網の首都にもなった。非識字《イリテラシー》との闘いに勝利することがはっきりしてきたちょうどその頃、書き言葉は、距離を隔てて情報を伝達するという独占的地位を失った。ペニー郵便制が導入されてからちょうど三年後、遠距離通信《テレコミュニケーション》の時代が始まったのである。この年、ロンドンのパディントン駅からイングランド南東部の街スラウまでグレートウェスタン鉄道*7に沿って電信設備が取り付けられた。また、電話は万国郵便連合がその事業を開始した最初の年に特許を得た。しかし、そのことによって、人類の文明そのものと同じくらい古い歴史をもつコミュニケーション様式、すなわち手紙がすぐに時代遅れになるということはまったくなかった。一八七六年、メッセージが電線を通じて初めて送信されてからすでに三十年以上経っていたこの時には、ヨーロッパの国内外に宛てて、一通の電報で四十二文字を送れるようになっていた。しかし、第一次世界大戦までの時期、手書き文書の流通量は電報に後れをとることはなく、電報が利用される割合は、わずか二・五％程度にとどまった。その頃までには多くのヨーロッパ人が、もはや文字を読み書きしなくても、電話を利用して遠くの人びととつながるのを楽しみ始めたからであった。

ベル*8が発明した電話は、電報よりもはるかに急速に広まった。一九一三年には、百通の郵便物に対して、電話の通話回数は二一回であった。しかし、この平均値は各国間に見られる大きな違いを覆い隠してしまう。たとえば、まだ電話網が導入されていなかったロシアやスペインといった国々に対して、読む能力が最も早くから根づいていたスカンジナビア諸国では、電話が手紙を追い越した例もあった。一八九九年に電話による通話が優勢になった最初の国はスウェーデンであった。一九〇九年にはデンマークがそれに続いた(7)。

ヨーロッパが戦争状態になると電話の使用量は増加し続けたが、ナポレオンの失脚から二〇世紀初頭まで、手書きのメッセージを送ったり読んだりすることは、依然として主要なコミュニケーション様式であり続けた。電話網は、戦争が終わって平和が回復すると拡大の一途をたどった。しかし、それによって廃れたのは手紙を読み書きすることではなかった。手紙よりもはるかに新しい電報のほうであったのだ。一九二八年当時、百通の郵便物に対して、電話の通話回数は二五回で、電報はわずかに一通であった。一九五〇年になっても、郵便局員の仕事量は電話交換手の二・五倍であった。電話の発明からほぼ一世紀を経た一九七二年になって初めて電話は卓越した伝達手段になった。いまだ拡大し続けていた郵便制度をついに凌いだのである。

第2節　数量把握

万国郵便連合は、設立当初からリテラシーの個々の活用を組織化するだけでなく、利用量を数量的に把握する責務もあると考えていた。連合の機関誌『郵便連合』の創刊号では、すべての加盟国が準拠すべき標準的な形式を示し、統計数値を集積する制度《システム》を提案している。各国の郵便局は、破壊的な革命や侵略によってまれに中断された場合を除き、さまざまな種類の郵便物の流通量、流通費用、労働の総量を年度ごとに算出した。これらの統計数値はベルンの官僚たちの手でまとめられ、郵便による文明の進歩を示す年次報告一覧表として公刊された。その結果は、手紙の流通量の規模だけを見ても、最も熱心な改革者が喧伝した数値にひけをとらなかった。この郵便制度が完全に実施された初年には、ヨーロッパの国々と、ヨーロッパとそれ以外の国々の両方で年間三〇〇万通の手紙と葉書が流通した。その後、この制度は手紙の流通量という基本形式においても、小包や商品見本郵便のような補助的な郵便サービスの発展と連携して拡大し、連合加入国の数という点でも拡大を続けた。一九一三年には、全流通量は二五〇億通、すなわち一分あたり五万通に達した（図1・1を参照）(8)。一九一八年以降はゆるやかな

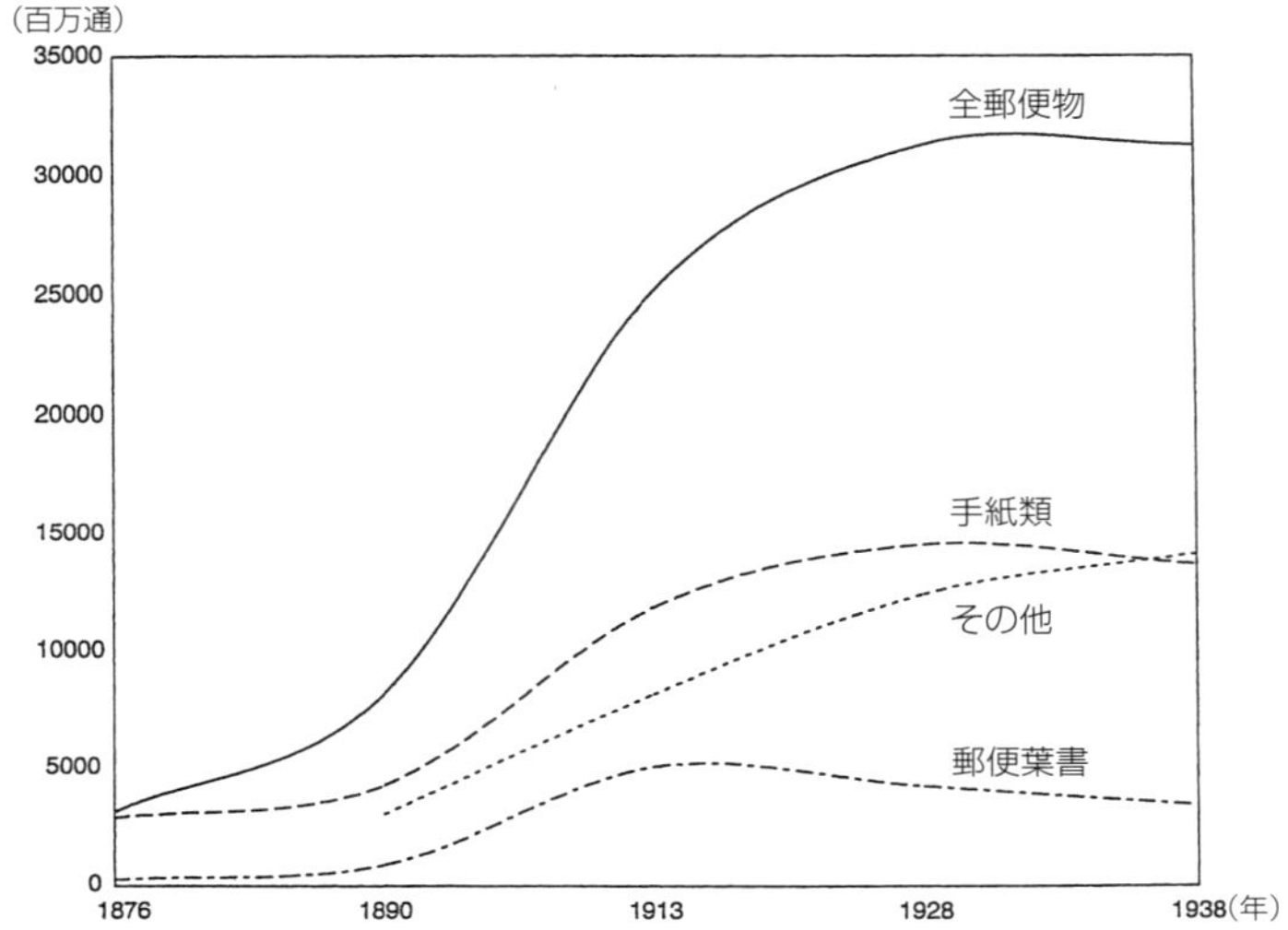

図１・１　ヨーロッパの郵便流通量（1876-1938 年）

比率で上昇し、一九二八年に三一〇億通に達し、戦間期の後半を通じてこの水準で推移した。

郵便は、一方では時間から距離を切り離し、他方では時間を進歩に結びつけた。図１・１からは、万国郵便連合の野心が読み取れるとともに、年次報告書は、郵便流通量の安定した上昇を示している。この点で、文明化の指標である手紙の流通量は、リテラシーを促進しようと努力していたすべての国々の状況を反映している。スウェーデンが、少なくとも誰もが読める水準である普遍的なリテラシーという目標に立ち向かった最初の国であっただけでなく、その目標がどの程度達成されているかを測る信頼できる統計を生成した最初の国でもあったのは、決して偶然ではなかった(9)。一七～一八世紀に、スウェーデンのルター派の牧師たちが子どもの文字学習や教義問答の進歩を記した毎年の成績記録は、一九世紀半ば以降の全ヨーロッパ規模でおこなわれた文化に関する数量把握事業の先駆けであった。人びとの能力の外面的な指標として、特に結婚登録の際の署名が用いられたが、それだけでなく、新兵の教育歴、国勢調査員への回答、さらには学童たちの学業成績といった指標も付け加えられ、やがて社会進歩あるいは社会停滞を示すほかの測定値と比較されるようになった。

数量把握の実践は、賞賛されるべき文明化の要素を最も多く有していた社会にとどまらなかった。たとえばロシアは、進歩を示す指標ではヨーロッパ全体で実質的に最下位かそれに近い位置を占めていたにもかかわらず、後進性を測る調査手段は、ほかのヨーロッパ諸国と比べて決して質的に劣らなかった。自国文化の近代化を推進していた国々は、教育改革の必要性とその改革がもたらす影響について、いっそう洗練された一連の調査研究に乗りだした(10)。数値を扱っていた当時の改革者や行政者たちが、一般的な計算能力の水準についてきわめてわずかな数値しか残さなかったのは皮肉なことだが、リテラシー水準と考えられるものについては、豊富な統計資料を歴史家たちに残してくれた。

読み書き能力を数量的に把握することは、差別化の行為に基づいていた。社会慣習は、それが埋め込まれている生活様式から抽出されるため、そこに価値の重みを附与しようとする場合にはいっそう単純化される。リテラシーという概念は、諸個人が互いにコミュニケーションするさまざまな手段から選別されたものである。それは統計表やグラフによって、ある時は道徳問題として、別の時は社会問題あるいは政治問題として、バラバラに提示された。同じように「教育」もまた、成長する子どもが自分の世界を発見し、大人として必要なものを身につけていく複雑な手段から選別されたものである。教育は家庭、近隣、労働現場で生起する一連の学習行為とは切り離され、また、多くの点でそれらの学習行為とは敵対する性格が附与された。この過程は、現在、社会問題として浮上している「犯罪」とも対比できよう。実際、この点については、違法行為と教育剝奪のあいだに説得力のある統計的な関連性があることを突きとめるために、一九世紀初頭から広範囲にわたる努力がなされている。

テクストを解読《デコーディング》する行為は、いうまでもなく、書くことが発明されて以来ずっと、話すことから区別されてきた。したがって、教室と学校教師が近代の発明であるなどとは到底いえない。ローマ帝国以降のヨーロッパで、子どもの文字学習を助けるために特別に編まれた最初のテクストは、八世紀初めの聖ベーダ*9にまで遡る(11)。語られたことが文字の一覧に置き換えられ、また、書くことと話すことの区別が一定のカテゴリーに置き換えられる事態は、リテラシーを提供する支配力としての国家の出現によって生じたのである。特別に考案された言語の教育という重大な任務は、一九世紀までは教会が担っており、いくつかの国々では制定法によって保持されたが、多くの場合は名目にすぎなかった。スウェーデンは、一六八六年の教会法が国民のあいだで広く遵守されていたという点で、また、聖職者たちが教育に監督責任を負い、被教育者がどの程度読み書きのスキルに熟達し、宗教的知識をもっているかを数量把握しようとしていた点でも、ほかに例を見ない国であった。だが、一般に教会は、プロテスタントであれカトリックであれ、教会がおこなっている霊的訓練で、相互に支え合う霊感のさまざまな形式を区別するのがむずかしく、まして、魂が神に向かってどの程度近づいているのかを測定することなど、不可能であることも承知していた。教会が達成できたのは、教区登録簿冊を蓄積するところまでであったが、そのなかのリテラシーに関する情報は、一九世紀に研究者たちが調査するまで休眠状態であった。

しかし、ひとたび国家が固有の権利をもってその領域に足を踏み入れると、統計データが現れ始めた。

たとえばフランスでは、一八二七年に徴集兵のリテラシーに関する算出が始まったが、これは、行政府が学校教育に初めて事実上の介入を始めるわずか五年前であった。結婚登録簿の署名の分析は一八五四年に公にされたが、一八六六年と一八七二年の国勢調査機構は、国民の教育水準を研究するのに好都合な組織であった。一八七七年には、ルイス・マジョーロという退職校長が、過去数世代の教区牧師が保存していた登録簿冊に基づく初めての大規模なリテラシーの歴史研究に着手する認可を、政府から得ている(12)。

国家が統計学と提携するようになった理由のひとつは、一九世紀およびそれ以降のリテラシーと官僚組織の相互依存性によって説明できる。多くの機能をもつ教会組織と並んで、あるいはそれに代わって、いまやマス・リテラシーに必要不可欠だと見なされるようになった教育制度を維持する特別職員の雇用が増え続けた。彼らは、年次報告書を標準規格の書式で作成する管理体制を発展させ、報告と視察という文化を教師たちに受け入れるよう促した。マジョーロの企てが成功したのは、一万六〇〇〇人もの政府雇用の教師たちが統計調査の共同計画に積極的に参加したからであった。公的資金の投入水準が高まり、その規模は拡大したが、識字率と成績は、バランスシートの資産の側に記入されることによって、納税者が支払った税金が有効に使用されていると証明することができた。読み書きに関する証拠文書は、職員たちの努力の成果を解釈し、伝達するのを可能にする媒体にもなった。国立の郵便制度は、教育制度を越えて、第一次世界大戦前夜のヨーロッパ全域に一〇〇万人もの従事者を擁する、当時としては最大の市民組織になった(13)。リテラシーは、労働量がきわめて容易に数量のかたちでわかる、読み書き《リテレ》でき《イト》る新しい種類の労働者に生計の糧を提供した。

リテラシーに関する統計数値は、社会における権威《オーソリティ》の新たな集中を反映している。それらの数値は、マス・リテラシーの創出を伴う複雑な権力闘争の一部として算出され、公けにされた。特定の結果だけでなく、そうした結果を測定する能力も重視された。現実には、国家介入の支持者には、リテラシーが確実に達成されているのを示す調査結果よりも、むしろ貧弱な、あるいは受け入れがたいほどバラツキのある調査結果のほうがはるかに利用価値があった。たとえばフランスでは、一八六四年にモラン将軍が新兵の教育水準に関する調査研究を実施したが、文部大臣ヴィクトール・デュリュイ*10は、この調査研究から、識字率の分布図を作成し、無償かつ義務制の基礎公教育を求める運動に利用した(14)。ロシアの精力的な調査員たちは、政府の活動を急進的に拡張しようとする彼らの立場を強化するために、ロシアと西ヨーロッパ諸国とのあいだに、また広大なロシア帝国の領土内にも、はかり知れないほど大きな格差があることを突きとめた。

一国において、また、国際的なデータが利用可能になった後にはヨーロッパ全域で、基礎リテラシー水準の均質化が必須の目標として次第に確立されていった。このような目標を現実化するにあたって、家族、民間の慈善団体、市場、教会といった国家以外の権力組織は、統計結果からも、またそれらの組織自体に数量把握する能力がなかったことからも、疑念が投げかけられるようになった。ある組織が国内のすみずみまで進歩の測定手段を提供できる制度をもたないこと自体が、その組織の欠陥を示すことになった。これはヨーロッパのほとんどの地域に存在した大規模な構造をもつ非正規教育に当てはまるばかりでなく、一九世紀のリテラシー提供者で、唯一独自にリテラシーを広範囲に提供する能力があった教会にも当てはまる。世俗教育のカリキュラムで、読み書きのスキルにますます重要な意義が認められるようになっていたにもかかわらず、宗教教育のカリキュラムでは、読み書きは従属的なままであり、したがって教育の進歩を示す二次的な指標でしかなかった。

リテラシーに関する統計表は、機械的な教育が優位になる一方で教育の道徳目的が衰退したこと、そして、教育の供給者が優位になる一方で教育の消費者が衰退したことを映しだしている。教師たちは職業集団としての自覚が高まるのに伴って、自分たちの教育活動を評価する粗雑な尺度にしばしば抵抗するようになった。一八六二年の改正教育令でイングランドとウェールズに先進的に導入された出来高払い制度《ペイメンツ・バイ・リザルツ》〔訳注2章22〕は、教育専門職と官僚とのあいだの終わりなき闘争の第一ラウンドであった。しかし、これによって教師たちは、少なくとも教育をめぐる議論に参加することができた。一方、親たちは自分の子どもの教育に対する統制を国家に譲り渡すよう促され、やがてはそうするよう要求されたが、どのような指標を用いれば教育の成功を適切に表せるかという議論では、蚊帳の外に置かれた。かくして、いまや親たちは、自分の息子や娘の価値を測る新しい通貨をどう使えばよいのか、学習しなくてはならなくなった。

一九世紀の官僚たちが発明した達成《アチーブメント》という概念の最後の犠牲者は、歴史家たち自身である。リテラシーに関するあらゆる統計調査は、近代の観察者に進歩という言葉を押しつけた。結婚登録簿の署名、新兵に関するデータ、国勢調査についていえば、この調査の対象になったすべての国において、数値は低く始まり、高く終わっている。統計表には、死亡率とか国民総生産といった、同時代のほかの指標より変化は少ないものの、ところどころに平地《プラトー》と谷《トラフ》が見られる。改善を示す上昇カーブに差はあるものの、その方向性については疑いの余地はない。共通の最終目標は明白で、そこに達するのは単なるタイミングの問題である。各国はそれぞれ自分の競合国に遅れを取りながらも、やがて追いつく。それぞれの国内では、職業・ジェンダー・年齢・宗教・居住地域ごとの集団のあいだでリテラシー達成度の格差が示されたが、その格差も年月の経過とともに縮まる。近代ヨーロッパのリテラシーの歴史に見かけ上の同一性を与えているのは、勝利はいまや目の前だ、という感覚である。遠い始原をもつリテラシーの旅は、いまや至るところでその終着点に達している。どの欄の最低値も、遅かれ早かれ百％に近づくであろう。非識字は、手織機や駅馬車と同じように消え去る運命にある、というわけである。リテラシー水準を急上昇させた原因を明らかにするためにより多くの努力が払われるほど、また、統計の分析方法が洗練されるほど、コミュニケーション・スキルの特殊な測定方法を文化の進歩という特定の考え方に結びつけることに、いっそう多くの是認が与えられることになる。

言語は統計数値から切り離せない。そして、統計数値そのものも、近代ヨーロッパ史における読み書きのスキルの変化に関する説明から除外できない。それは、マス・リテラシーの推進者たちがその目的と達成をどのように考え、どのように伝達したかを明らかにする上で言語と統計数値が中心だからである。もうひとつには、数量化する行為が、この時代全般の調査上不可欠な構成だからでもある。やがて明らかになるように、リテラシーがどのように活用され、どのようなかたちで意味を与えられるかという中心的な問いは、それぞれの国の経済的、社会的、政治的な構造を深く解明するところまでわれわれを推し進める。しかしまずここでは、変化の概括的な枠組みについて一定の理解を得ておくことが重要であろう。進歩と勝利がつねに問い直されるべき概念だとしても、こうしたコミュニケーションの基本様式において、ヨーロッパ全域にわたる出来事が、体系的で比較可能な共通の特徴を伴って生じたことは疑いを入れない。データには欠落や不一致が残っているものの、概要を描く上でじゅうぶんな量の、ほぼ類似した長期的統計が存在する。数値が抽象概念をどの程度とどめているかは、本書の以下のいくつかの章でその意味を追究する際、さらに明瞭になるであろう。

第3節　変化の枠組み

マス・リテラシーの三段階と三つの集団

最も一般的な水準でいえば、マス・リテラシーの変化を三つの段階に、ヨーロッパの国々を三つの集団に分けることができる。一八〇〇年以前のヨーロッパの北部および北西部に位置する一握りの国々は、読み方のスキルという点でマス・リテラシーといえるものを達成していた。スウェーデン、デンマーク、フィンランド、スコットランド、ジュネーブといった国々は、それぞれ国民のあいだにテクストの読解能力を普及させており、フランスのいくつかの地域、ドイツ、イギリスでも、ほぼこれと同じ能力水準を示していた。これらの後に隣接するのは、統計数値の上では書物を所有していたり、それらを読むことができる世帯が遍在する国々、中流と上流の社会階層のリテラシー水準が高い国々である。これらの国々の向こう側、すなわちヨーロッパの西部および南部のはるか先には、いかなる水準であれ、読み書き能力が当たり前ではなく、めったに書き言葉が浸透することのない広範な共同体や田園地域を擁する国々があった。たとえば、比較的に先進地域であるハンガリーのヴァス地方の地主ですら、一八世紀を通じて、二二～三九％しか書く能力を改善できず、彼らの妻はほとんど読み書きでき《イリタレイト》ないままであった[15]。ロシア、オーストリア＝ハンガリー帝国の東部、南イタリア、イベリア半島とバルカン半島諸国では、リテラシーの総計を算出できる場合のほうが珍しいのだが、二五％以下、しばしば一桁という水準で、変化の徴候はほとんど見られなかった[16]。

図1・2と図1・3が示しているように、一八〇〇年以降は二つの段階に区別される[17]。一八〇〇〜六〇年代までの非識字率は、先進的な二つの国家グループ〔イギリスとフランス〕で、全般的かつ相対的にゆるやかに下降した。ここでの非識字とは、結婚登録簿に署名できないこと、また同じく、軍隊の徴兵検査や国勢調査の回答でもやはり署名できないことを意味すると考えられる。図の上位および中位にあるこれらの国々の大半は、男性の場合、非識字率が一〇〜二〇ポイントのあいだで下降しており、女性の場合もこれよりはやや少ない値かもしれないものの、男性の動きとほぼ一致している。これらの国々の相対的順位は、ほぼ一定した変化とはいえない。スウェーデンでは例外的に、非常に急激な進歩が見られた。スウェーデンは一九世紀初めまで、読み方を重視する一方で書き方を軽視してきたが、この時期に書き方もほかのヨーロッパ北部および西部の国々に再び追いつき始めた。これらの国々では、一八〇〇年以前にいくつかの書法《カリグラフィ》が広範に教えられていたが、一八六〇年代になると、非識字を自国民のごく一部の問題と見なすようになり、その完全な根絶計画を開始する国もあった。もっとも、実際にこの目標を達成する見通しが立っていたのはプロイセンだけであった。それ以外の国々の状況はこれとは異なっており、前世紀から生じていた非識字率の改善は小規模かつ脆弱であった。たとえばスペインの男性の非識字者はまだ八〇％以上であったし、女性では九〇％以上であった。これらの国々の内部では、自国がどの程度遅れているのかという意識の高まりは、非常に進歩的な勢力のあいだでしかなか

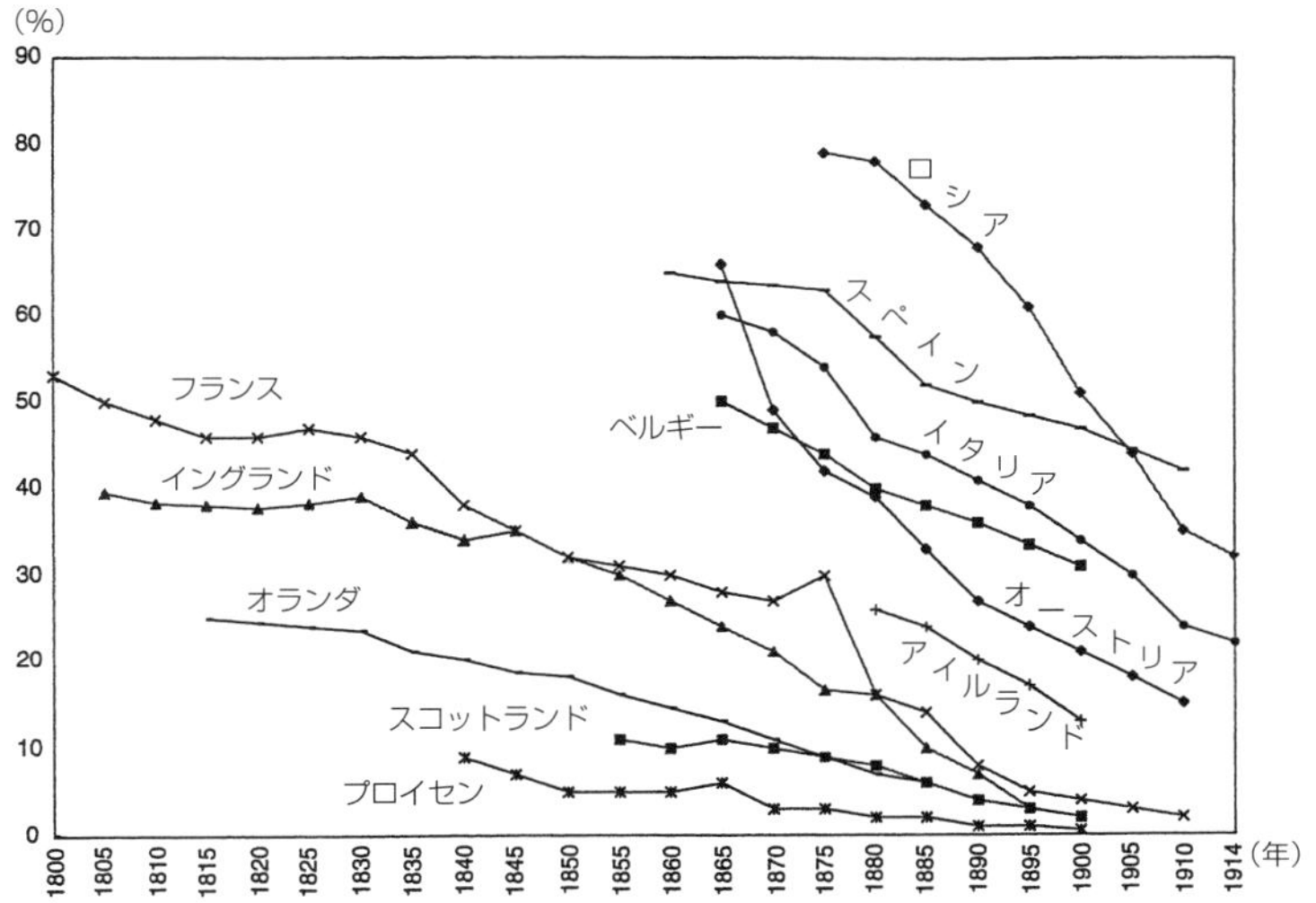

図1・2　ヨーロッパの男性の非識字率（1800-1914年）

った。

変化の速度は、一九世紀最後の三分の一の時期を通じて、再びヨーロッパ全域で上昇した。上位と中位の国々は、社会から名目上の非識字を根絶する課題に取りかかった。ヨーロッパ北部および西部の大半の国々では、非識字率は一〇%あるいはそれ以下に減少した。この地域には、ベルギーやアイルランドのように、二五%もの男性が自分の名前を書けないまま世紀を終えたところもあったが、それらの国々も明らかに同じ方向に向かっていた。ヨーロッパが戦争の準備を始める頃には、やがて戦火を交えることになるそれぞれの国の軍隊は、自軍の新兵があてがわれた兵器の取扱説明書を読むことができ、家族に宛てて返事を書けると確信するようになっていた。例外は、依然としてヨーロッパ大陸の東部および北部周辺の国々であった。各国の統計を概観すると、ロシア、イタリア、ハンガリー、そしてスペインは、一九〇〇

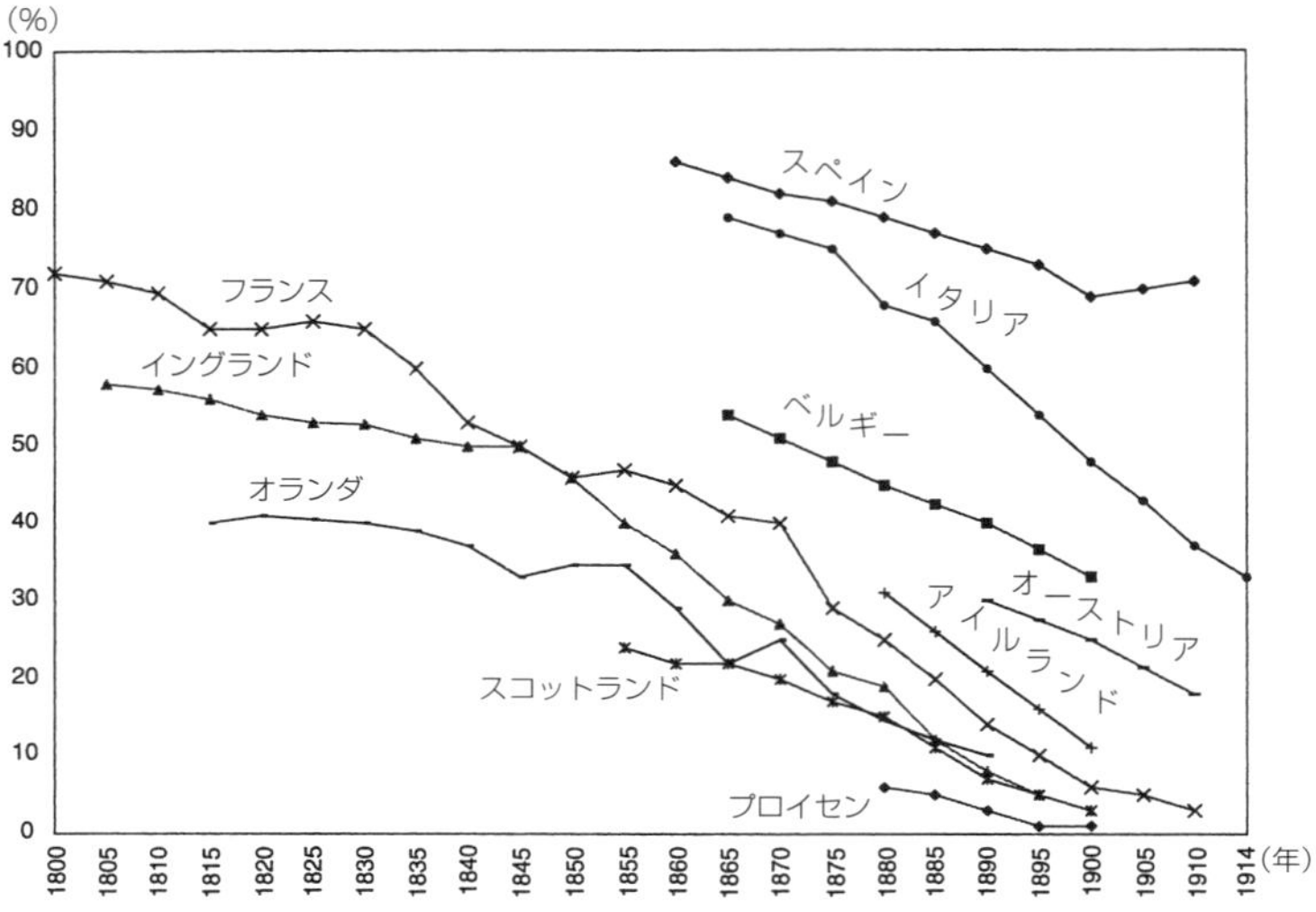

図1・3　ヨーロッパの女性の非識字率（1800-1914年）

年の時点でさえ、ほかの多くのヨーロッパ西部の国々が百年も早く達成していたリテラシー水準にさえまだ達していなかったことがわかる。一八〇〇年当時、バルカン諸国の非識字率は、全体の割合で一二～三九%のあいだを示していた(18)。

これらの地域では、最後まで残された非識字を根絶するために次の世紀の最初の二五年間のほとんどを費やすことになる。しかし、これらの地域でさえ、一八六〇年頃以降には、コミュニケーション・スキルの分布に決定的な変化が見られた。書き言葉の理解能力は、中流階層と上流階層ではありふれたものとなり、都市の上層労働者や地方の熟練工などの階層にも広まっていった。これらの国々はもはや、かつてのように大陸のほかの地域から孤立してはいなかったし、その国民も、もはや分断された階層の寄せ集めではなくなっていた。いまや普遍的なリテラシーは、至るところでひとつの終着駅につながる共通の線路のように、必然的な目標と見なされるようになった。こうして、ヨーロッパ全域で、教会と国家の多くが、普遍的なリテラシーの達成に必要な制度的・物質的な資源を欠いていたにもかかわらず、この目標を受け入れるようになった。

ウラル山脈から大西洋の沿岸部まで、地中海からバルト海まで、歴史は収束するという観念が広まっていた。一九世紀末頃ともなると普遍的なリテラシーを熱望する気運が広範に行き渡るようになり、ヨーロッパ北部および西部では、リテラシーの達成度が大きく均質化された。ナポレオン戦争終結時のフランスとプロイセンでは、男性の非識字率に三〇ポイントの開きがあったが、再び軍事衝突に向かっていた一八七〇年頃には両者の差はほとんどなくなっていた。この二つの国の西と北に隣接する大半の国々と同じように、フランスとプロイセンのあいだにかつてあったいくつかの差異は、いまや小規模であり、さほど重要ではなくなった。また、これらの国々の若年男性が、署名について同じ能力を示すようになると、若年女性も次第に結婚相手と同等の能力を示すようになった。一九世紀初頭の上位と中位の国では、一般に、女性の識字率は男性より一〇〜二五ポイントほど下回っており、下位の国では、読み書きできない可能性はさらに高かった。たとえば、スペインのメセタ高原北部地域では、ジェンダー間の識字率格差は、一八六〇年では五三ポイントであった(19)。

女子は、教育制度ではつねに相対的に軽視されていたが、公立学校の教室《フォーマル・クラスルーム》＊11で書き方を学ぶ場合には特にその傾向が見られた。二〇世紀後半の貧しい発展途上国と同じように、わずかな文化資源が最初に与えられるのはいつも息子であり、娘ではなかった(20)。しかし、こうした共同体の男子が普遍的なリテラシーを求める旅に出発すると、すぐ後に女子もその一行に加わった。リテラシーの達成に見られる男女差は、最初は大きく開いていたものの、一九世紀全体を通じて、女子の非識字率は男子よりも急激に下降し、一九一三年にその差は小数点以下に縮小した。この変化は、大規模であっただけではなく、その過程で文化的な変容ももたらした。何世紀にもわたって男性に遅れをとってきた伝統は変化し、実際に新郎よりもリテラシーの優れた新婦が登場する事態が生じたのである。たとえば、一九世紀後半のエストニアでは、農村地域で育った女性はつねに男性よりも高い識字率を示したが、これはおそらく女子は働きに出される前に、男子よりも長く教室にとどまるのを許されていたからであろう(21)。一九世紀最後の三分の一の時期が始まる頃のイギリスでは、女子の非識字率は、南部および東部に広がる農村諸州では男性より低かった。いくつかの地域では、その差は非常に際立っており、一八八四年当時のオックスフォードシャー、サフォーク、サセックスで結婚したカップルのうち、新郎の二倍もの新婦が読み書きができた(22)。ここでもその理由が、児童労働の需要が高い地域的な特徴と関係していることは間違いない。しかし同時に、結婚登録簿の署名の有無によって覆い隠されてきたとはいえ、実際には読む能力が伝統的に広く普及していたと見ることもできるであろう(23)。右肩上がりのグラフの背後には公立学校《オフィシャル・スクール》の教師の努力があった。イギリスでは、大半のヨーロッパ諸国と同じく、学校教師は女子のリテラシー水準を男子並みに引き上げるよう、正規に力を入れるようになった。

国民教育制度の普及は、ジェンダーだけでなく、都市と、都市住民がしばしば閑静な田園と見なす農村地域とのあいだの伝統的な差異の侵食と関連がある(24)。印刷術の発明以来、書物は都市という世界に属してきたが、それは都市には書物を利用するスキルを普及させる制度的な手段があったためであった。近代初期のヨーロッパの町と都市には高度な学問の場が見られただけでなく、大人と子どもの人口が集中することで、印刷物による消費文化の繁栄や、多種多様な慈善的・商業的な基礎学校《エレメンタリー・スクール》*12の供給が見られた(25)。そこでは、体系的な知識を陳列することで権威と富を得る専門職が増えたが、他方で、肉体労働者も固有のリテラシーの伝統を発展させた。一八世紀後半のパリでは、職人たちの大半が数年間教室で過ごしたし、遺言書に署名できない家事使用人はほとんどいなかった(26)。印刷物と学校教育は時間をかけて農村地域に広まったが、その流れはいつも町から農村へという方向であった。しかも、農村で印刷物や学校教育を所有したり活用する水準は、都市と比べてつねに低かった。都市における印刷物と学校教育の所有率あるいは活用率が一時的に低下するのは、その都市の工業化の中心地が急激な成長を遂げつつある場合だけであった(27)。

全体的に見て、都市の後背地である農村のリテラシー水準は、都市に準ずる傾向があった。その場合、都市のリテラシー水準は、それを取り巻く農村でリテラシーの発展がいつ始まり、どの時点で本格的な離陸期を迎えるかを決定した(28)。読み方は、非公式に教えられたり、宗教書に基づいて訓練されていたかもしれないが、教会が読み方を広める目的で組織されている場合には、農村地域にも広範に普及させることができた。一七世紀と一八世紀に読み方が最も普及していたスカンジナビア諸国では、町の数は少なく、しかも互いに遠く隔たっていた。しかし書き方のスキルについては、一七〜一八世紀までにヨーロッパ全域にわたって都市と地方で大きな格差が生じていたことが測定値から確認できる。

一九世紀においても、まだおもに農業国であった国々では、変化の過程が緩慢であったため、都市と農村の格差はほとんど変わらなかった。たとえばロシアでは、一八六〇年代に識字率の全国平均が二一%であったのに対して、農村の識字率はわずか六%であった。全国平均は次の半世紀に倍増したが、農村の識字率は依然として平均値より一五ポイント下回ったままであった(29)。一九世紀後半のエストニアでは、読み方のスキルという点では都市よりもわずかに抜きん出ている地方がいくつかあったものの、書き方のスキルとなると田園地域は至るところで都市より遅れていた(30)。非識字が一九世紀初期の解決すべき問題として浮上していたヨーロッパ北部および西部の国々でも、主たる関心が寄せられたのは田園地域であり、膨張し続ける都市へ周辺の村から新しく移り住んできた不熟練労働者であった。工業化と都市化の二つの力から取り残された田園地域の大部分では、均質な識字率の達成に至る進度は緩慢であった。ヨーロッパの代表的な教育大国であったプロイセンでさえ、国家統一時の男性の識字率は、ベルリンにおける九八・八%から、西プロイセンにおける六六・八%までの変動幅があった(31)。これらのマス・リテラシー運動が結果的に成功したことで、都市世界と農村世界のあいだの記録上の不平等は解消された。

女性の場合と同じように、二〇世紀初頭までに実質上の普遍的なリテラシーという共通の目的を達成するには、改善のカーブを劇的に上昇させる必要があった。非熟練労働者家族出身の新郎たちと、とりわけ新婦たちの識字率は、一八六〇年代末期の三〇%以下の水準に始まり、それから二世代も経ないうちに九〇%という水準に達した。革命的な変化が起きたのはこうした人口集団であった。これとは対照的に、この時期の都市の熟練工たちの名目上の識字率に特筆すべき変化は生じなかった。イギリス、フランス、プロイセンの町と都市における男性熟練労働者の識字率は、一八〇〇年と一九一四年でほとんど変化しておらず、唯一変わったのは、農村生活の愚鈍に対する彼らの軽蔑の念が弱まったことだけであった。

ジェンダー、地域、職業のそれぞれに存在したリテラシーの格差を解消しようとする努力は、容易に報われることはなかった。先進国のどこで時計を止めても、古くからの非識字率の地理的《トポグラフィ》分布の概要は、いまだ明白に残ったままであった。フランスでは、サン・マロ*13とジュネーブ*14を結ぶ線によって、リテラシーが普及していた北部と北西部はそれ以外の地域と区別された。教会と国家が効果的な国民教育制度を確立するために奮闘していた時期でも、この地理的分布はまだはっきりと残り続け、リテラシーが普及していない地域は徐々に後退して縮小しながらも、南西部の三角地帯として残存した(32)。イギリスでは最北部の諸州、ロンドン周辺の諸州、イギリス海峡に面した諸州は、一九世紀半ばから後半にかけての数十年に、全国的に非識字率が下降するなかで、つねに最も低い非識字率を維持していた(33)。

リテラシーの格差の幅は狭まったが、均質なリテラシーを達成しようとする野心が確信的になると、格差の意味は大きくなった。リテラシーの達成意欲と実際の達成の格差が最も大きかった国々では、地域ごとの偏りも非常に大きく、国家を単一の文化的実体としてとらえること自体が疑わしく思われるほどである。一九一一年に新たに国家統一したイタリアの非識字率は、工業化した北部のピエモンテ*15の一一%から、はるか南部のカラブリア*16の七〇%まで、幅があった(34)。オーストリア帝国は、国家としての統合を保つのに必死であったが、一九〇〇年の国勢調査は、フォアアールベルク*17の一%から、ダルマチア*18の七三%まで、格差が拡大していることを示した。言語集団で分類すると、統計表では、ボヘミア語圏、モラビア語圏、スロヴァキア語圏が三%、セルビア＝クロアチア語圏が七五%、ルテニア*19語圏が七七%、というふうに分散していた(35)。ハンガリーでは、一九一〇年の男性の識字率は全国平均で七二%であったが、これをもっと詳しく検討してみると、いくつかの西部地域の九〇%から北東部地域の四〇%まで幅があり、地域ごとの達成状況は複雑な分布図になることがわかる。六一%という女性の識字率の背後にも、九〇～一〇%以下までの偏りが隠されていた(36)。新しく登場したボルシェヴィキの政府は、公式の数値によれば、識字率が主要都市で七〇%以上という数値から、遠隔地のチェチェン*20やイングーシ*21での一%以下という数値に至るまで、大きな幅がある多言語社会を引き継いでいた(37)。

非識字からの脱却の迷路

リテラシーの近代史がそれ以前の世紀から区別されるのは、誰もが読み書きのスキルを所有するという目標を定め、最終的にそれを達成しようとする行為による。しかし、この変化の最終局面がもつ意味については本書の後の章で踏み込んで検討するので、ここでは、なめらかに下降する各国の非識字率のグラフの背後に、もっと複雑な事態が推移していたことに注意を向けることが重要である。読み書きできない人びとが依然として存在し続けたことは、未解決の非識字としてますます問題にされるようになったが、それは地理や言語集団だけでなく、年齢に関しても明確に現れた。名目上のリテラシー習得の大半が子ども期に生じたために、リテラシーの急速な改善期にはその国民の同一年齢集団《コーホート》間の格差が拡大した。この現象は、一七世紀後半のスウェーデンで初めて展開されたマス・リテラシー運動にも、二〇世紀前半のスペインでも、はっきり見て取れる(38)。改善がまだじゅうぶんに進まなかったところでは、各世代は互いに似通っていた。たとえば、ナポレオン時代のフランスでは、リテラシーと年齢の関連性はまったく認められなかった。また、一八八一年のイタリアでは、一五～一九歳までの少年の識字率は、六五～六九歳までの男性のそれよりもわずかに六ポイント上回っただけであった(39)。

他方、イギリスでは、一八三〇～四〇年代に教育を受けた子どもは、成人期の早い段階で結婚したとき、親世代よりも平均で二〇ポイントほど識字率が高く、その二五年後には今度は自分の子どもから同じぐらいの遅れを取った(40)。一九〇〇年当時のベルギーでは、年少の子どもは十代のうちに九〇％以上が普遍的なリテラシーの領域に入っていたが、彼らの祖父母は読めるが書けない《セミ・リテレイト》一九世紀半ばの世界にとどまり、六〇歳以上の男性の三分の一以上と女性の大部分は書けなかった(41)。世紀の転換点のフランスでは、事実上すべての若い新郎新婦が自分の名前を書けたが、五〇歳以上の女性と六五歳以上の男性の三〇％以上は名前の書き方を学んだことは一度もなかった。絶対値に置き換えると、全人口のうち二〇〇万人近くの男性と約三〇〇万人の女性が、まだ読み書きができなかったことになる(42)。

一九世紀半ばまでに非識字率が一桁の水準まで下降していたプロイセンはおそらく例外で、一九一四年までに普遍的なリテラシーを達成できると勝利宣言していた国々ですら、実際には第二次世界大戦期まですべての国民が名目上でさえリテラシーをもつには至らなかった。他方で、ヨーロッパの南部と東部の大半の国々は、結婚登録簿や徴兵検査よりもむしろ国勢調査の回答に基づいて識字率を算出していたが、そのことによって、それらの国々の後進性が実際よりも誇張された可能性がある。イタリア、スペイン、オーストリア、それにロシアなどの国々では、両大戦間期でもまだ非識字が存在したが、このことは、これらの国々に隣接する、一見先進的に見える北部と西部ヨーロッパ社会でも不十分な教育しか受けていない老人世代が存在していたことと並行関係にあった。

非識字率の下降を示すグラフは、文化単位としての家族要因を考慮すると、さらに複雑な解釈を要する。口承による共同体の娯楽や抵抗が、秩序ある社会にとってますます有害であると見なされるようになると、読み書きはそうした害悪に対処する手段として、一九世紀の公権力によって推進された。しかし、教育投資の結果を測定するために公権力が選んだ方法は、プライバシーに向かう変化を実際よりも誇張する傾向がつねにあった。結婚登録簿と国勢調査の回答用紙はどちらも、一人一人のリテラシーの達成を別々の単位として記録していた。集められたデータの総計に現れるのは原子化された個人であり、そこでは社会を構成する諸個人が印刷文字で意思疎通ができたり、できなかったりしたことになる。しかし、国勢調査の戸別調査員は各世帯を訪問し、結婚登録簿は新しい家族の形成を記録していた。こうした生の証拠事実は往々にして歴史家からは無視されてきたが、男女のカップルあるいはもっと大きな家族集団で各人のリテラシーのスキルがどのように組み合わされていたかを明らかにしてくれる(43)。読み書きできない《イリテラシー》ことはとても恥ずかしいことだと当時の記録者たちに広く見なされていたため、結婚は同じ程度の教育を受けた者どうしが結びつく教育上の同族結婚になった。教育を受けていない新郎と教育を受けている新婦という組み合わせがまれに生じても、その場合には新婦が遠慮して自分の名前を書かなかったため、その格差は表面に現れない。新婦が感じるこうした当惑は、結婚登録簿から余計な複雑さを取り除いたに違いない。

しかし、イギリスとベルギーにおける結婚登録簿の署名と×印という実際の組み合わせパターンに関する詳細な研究は、新たに形成された家族単位で、読み書きのスキルの習得の有無が夫と妻のあいだでまったく一致しなかったことを示唆している(44)。男女双方を教育する伝統があり、それが夫婦間のリテラシーの達成に平等性を保証できるほどじゅうぶんに確立していたのは、中産階級と上流階級だけであった。これよりも下の社会階級になると、たとえば熟練工の新婦は一九世紀初頭には新郎よりもリテラシーの点で劣っていた。農業労働者と都市の不熟練労働者では、夫婦間にあらゆる種類の署名と×印の組み合わせパターンが見られ、この状況はこの世紀を通じて変わらなかった。一般に受け入れられている見解とは反対に、新婦が文字を操ることができない新郎を気遣って署名しなかったことを示す証拠資料はほとんどないが、そうした印象はカップルが自分たちの結婚式に列席を頼んだ証人たちのリテラシーを検証することでさらに強められる(45)。ベルギーでは、読み書きできる新婦とできない新郎の結婚が占める比率は、都市住民から抽出したすべての標本の七分の一から約三分の一までの幅があった(46)。変化に富んだこのようなパターンが識字率のグラフに直接影響する場合、それは識字率の改善速度を加速させることもあれば、遅らせることもあった。非識字に対する全国的な運動の開始時には、イギリスの未熟練労働者のわずか三分の一しか自分の名前を書けなかったが、この社会階層で結婚した者のうち、ほぼ半数に読み書きできる配偶者がいた。既婚者人口全体を見ると、少なくともどちらか一方の配偶者が署名可能な新世帯の比率が九〇%を超えたのは、新郎が単独でその割合に到達するよりも、ひと世代早かった。これとは逆に、非識字は新郎と新婦の回答が示すよりも長く家族内に残存した(47)。一九世紀末でも、八件の結婚のうち一件の割合で、少なくともどちらか一方の配偶者が署名できなかった。さらに証人たちを含めると、結婚式の参列者の六分の一が署名の代わりに×印をつける必要があった。

公式統計をこのように再加工することによって本研究の二つの主題が導き出される。第一の主題は、社会の基礎集団で読み書きできる者とできない者同士が、未知の関係であるのはまれであったことである。彼らは互いに結婚したり、路上やその他の公的な場所で接触し合っていた(48)。彼らは文字を学ぶ機会がほとんどないまま育った両親と一緒に暮らしていたり、学ぶ機会に恵まれた子どもたちと一緒に生活したりしていた。労働人口のうち男性の職業集団、とりわけ都市の熟練工は、一九世紀初頭までに確実なリテラシーを達成しており、その後数十年に別の職業分野も仲間入りした。しかし、仕事場の外でリテラシーの有無が判明することはめったになかった。改革者たちが大衆教育《マス・エデュケーション》を推進する際の願望であった一種の文化的浄化は、その実現に多大な時間を要した。この時期の大半を通じてほとんどの学童は、読み方や書き方をまったく知らなかったり、それを久しく忘れてしまっている大人と出会ったに違いない。

第二の主題は、コミュニケーション・スキルの社会的所有という問題である。プライバシーは本を読んだり手紙を書いたりする行為と必然的に結びついているものだが、労働貧民層の物質文化をあらゆる側面から特徴づけていた資源の共有という感覚がつねにそれを抑制したに違いない。共同体は、ばらばらの個人ではなく、家族、血縁者のネットワーク、村あるいは都市の隣人関係のような大きな集団による自給自足の基盤の上に存続していた。そこでは必然性あるいは利便性が命じるままに消耗品やサービスが求められ、借りられ、売買された。読んだり書いたりすることは、他者に譲渡可能なスキルであった。こうしたスキルは専門の代書人たちを雇うことで得ることができたので、彼らは需要が供給を上回る限りにおいて繁盛した。たとえば、一九世紀初めのイタリアの町では、教育を受けていない犯罪被害者は、警察に提出する告訴状を書く必要があれば専門家の助けを求めた(49)。一九世紀末に、農民のあいだのリテラシーの格差が広がり、とりわけ移住した親戚と手紙をやりとりする必要性が高まると、地方の共同体では、報酬を取る有力な仲介者たちの役割が強まった(50)。もっとありふれた場合には、そのようなサービスは、隣人に代筆や代読をしてほしい者、あるいはブロードサイド*22や新聞の内容を知りたい者に提供された。ヨーロッパの北部と西部でさえ他人の手を借りずにすべての市民が手紙をやりとりできるようになるには、戦間期を待たなくてはならなかった。その場合にも形式的な手続きをしなくてはならなくなったので、新たに他者の助けを求める必要が生じたのである。

スクリブナーとコールは、リテラシーに関する重要な心理言語学的研究のなかで、リテラシーを籠細工と比較している(51)。どちらも、日常的なスキルであり、共同体で共通に利用され、広範な生活用具のなかでしかるべき位置を占めている。また、どちらも近代になって新しく登場したものではなく、それぞれ伝統文化に長い歴史をもっている。どちらも習得に一定の時間を要するかなり複雑な活動だが、さまざまな非公式場面で教えてもらうことができたし、そのスキルを使いこなすために特別な能力を身につける必要もなかった。実際、基礎リテラシーであれば、自分あるいは他の誰かにとって、価値のあるさまざまな事柄をまだ学べていない年齢の子どもでも、身につけることができた(52)。他人の助けがなくてもそうした活動ができたのは有利かもしれないが、他人がもっているスキルを活用することで事足りる場合も多かった。

しかし、リテラシーは籠細工よりも多くの定義問題を引き起こす。一九世紀半ば以前のヨーロッパでは、読むことと書くことの関係がきわめて多種多様であったにせよ、この問題はまず、読み方と書き方という少なくとも二つのスキルに当てはまる。国家がその所有財産の記録を編纂し始めて以来、人生で一度ないし二度、登録簿に二、三の単語を記入したり、国勢調査員や軍隊の徴募官に自分の社会的地位を説明したりすることにどんな意味があるのかという疑問がつねに投げかけられた。たとえば、一八七三年、デンマークの戦時内閣は、新兵の能力について、まったく読み書きできない水準に加えて、さらに次のような六つのカテゴリーを厳格に区別することを決定している。作文できる、署名できて印刷文字や手書き文字を判読できる、署名できて印刷文字だけ判読できる、署名できないが印刷文字や手書き文字を判読できる、署名できないが印刷文字だけ判読できる、署名できるがまったく読めない、の六つの水準である(53)。九千人の兵士のうちまったく読み書きできなかったのはわずか二%であったが、自分の名前は書けるが、それ以外の書き言葉をまったく理解できなかった者はさらに少なく、一%しかいなかった。読めず、ほとんど書けないか、自分の名前しか書けない者は、全体の五分の一をわずかに上回るに過ぎなかった。したがって、残り五分の四の書ける者のうち、四分の三が何らかの文章を自由に書くじゅうぶんな能力を有していたことになる。

一八八六年のある調査は、ヨーロッパで名目上のリテラシーが最も広まっていた社会がどのようなものであったかを示している。ドイツ人五千万人のうち二千万人が聖書、賛美歌集、暦書《アルマナック》を使いこなすことができ、三千万人が新聞を読むことができ、一千万人が「難解な文学の主題」に取り組むことができ、二〇〇万人が定期的にドイツの古典を読みこなすことができ、一〇〇万人が「文字の進化についていく」ことができた(54)。これらの研究は、「読み書きできる」という言葉が意味する状態には、さまざまな幅があったことを際立たせている。これは機能的非識字状態の持続もしくは拡大に重大な関心が寄せられた二〇世紀後半の研究の先駆けであるといえよう。二〇世紀後半になると、イギリスではリテラシーを実際に使いこなせない者《プラクティカル・インキャパシティ》の比率が成人人口の五分の一という高さにまで上昇したと見積もられた(55)。

またこれらの研究は、結婚登録簿に記入された名前は、パーティ向けの手品のようなその場限りのものではなく、重要な証拠資料だと主張する論者に満足感を与えるものである。ヨーロッパの多数の国々は、このような調査研究がおこなわれるまでに多種多様な資料源から情報を産出しており、それらの情報は互いに関連づけることができる。フュレとオズーフは、一八七〇年代初期のフランスにおける結婚登録簿・国勢調査・軍隊の徴兵簿などから得られる統計表を比較分析し、これらのあいだに驚くべき一致が見られることを発見している(56)。全般的に見て、登録簿に署名する能力は、少なく見積って印刷文字をある程度理解でき、大きく見積ってよどみなく完璧にペンを使いこなすことができるという、コミュニケーション・スキルの大まかな指標を意味していた(57)。そしてそのようなリテラシー水準は、一九世紀を通じてほとんどの両親と子どもたちが学校教育に期待していた水準から大きくはずれてはいなかった。したがって、結婚登録簿の署名に関する問題は、それにごまかしがあるのではないかという疑問から、文字を活用する潜在能力をどの程度反映しているかという疑問へと推移する。統計学上の証拠資料がもつ意味は、読み書きのスキルがどのように使えるのか、そして、何を目的にしているのかということにある(58)。これは、やがて義務教育制度となる学校で実際にどんなことが教えられていたかという問題であり、次章の関心事となろう。学童たちの刻苦勉励がその人生全体でどのように生かされるかという問題については、それに続く数章の主題となろう。しかし、一九世紀後半に登場した郵便制度の利用問題に立ち戻るなら、読み書きスキルの受動的所有と能動的所有の関係に、ある程度まで光を当てることができるであろう。

結婚登録簿の署名は機能的なリテラシーの枠から完全に除外すべきではない。新郎と新婦は自分の名前を署名することによって、彼らの人生においておそらく唯一の強制執行できる法的契約関係に入ったのである。彼らが記す×印でさえ一種の内在的リテラシーと見なされ、その結婚式に出席していた教育を受けた役人たちに事実上の署名として扱われた。しかし、手紙の文章は概して署名よりも慎重で、かつ洗練された書き言葉の活用を反映するものであった。読み書きのスキルがごく限られた範囲にしか広まらなかった共同体でも、読み書きできない隣人や家族に宛てて書かれ、また読まれた手紙資料がある。ピエール＝ジャケズ・エリアス＊23は、読むことはできたものの好んで読もうとはしなかったブルターニュ人の祖父について、次のように回想している。「叔父や叔母たちから送られてきた手紙を全部、大声で読み聞かせてくれたのはわたしの母で、その手紙の返信を書いたのも母だった。でも、祖父は読み書きの方法は知っていた」(59)。これとは逆に、一九世紀の最後の数十年間にタイプライター＊24とタイピスト＊25が登場すると、工場経営者や政府部局長が自らの手で業務をすみずみまでこなすことは少なくなった。ここには近代的なエグゼクティブたちの姿が見え隠れしている。つまり、彼らの権力と地位は、その職務上の非識字、すなわち封筒を自分で開けたり返事を書くことさえ拒絶し、判読しやすい署名を記さないことを誇りにするのである。それにもかかわらず、ヨーロッパのほとんどの地域が名目上の普遍的なリテラシーに移行するのにつれて、手紙の大部分が自分で署名し、自分で封筒に宛名を書く個人によって出され、また、読まれるようになっていった。

一八七六〜一九二八年に、万国郵便連合の官僚たちは、一人あたりを基準にして、加盟国の国内およ

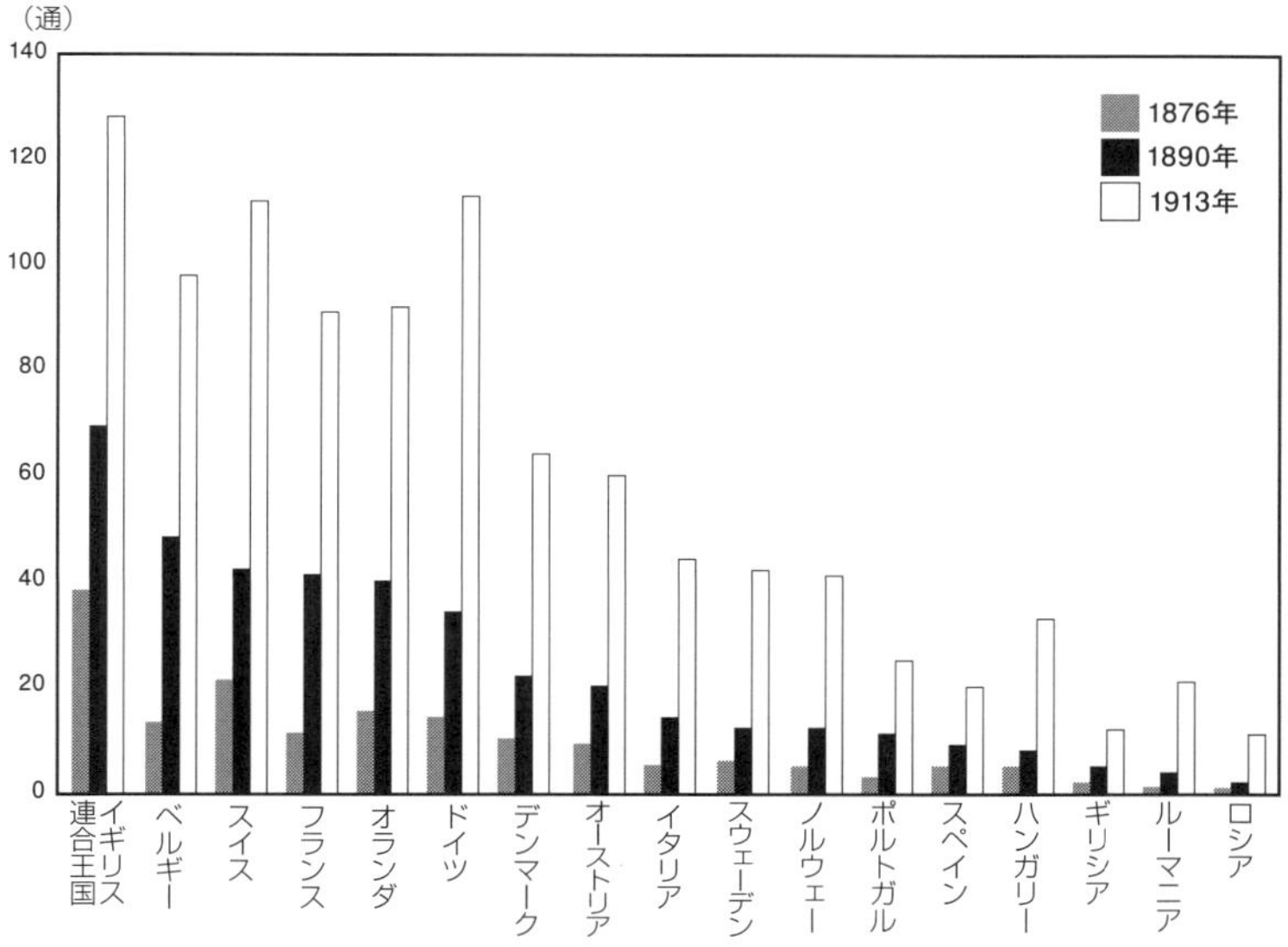

図1・4　ヨーロッパの一人あたり郵便流通量（1876-1913 年）

び国際郵便流通量を算出した(60)。これらの統計表は、この時期の機能的なリテラシーの測定値としては、ヨーロッパ全域を首尾一貫して取り扱った唯一のものである。書物あるいは新聞の出版量のような別の指標も存在する。しかし、書くことに関しては郵便に匹敵する指標は存在しない。図1・4が示しているように、各数値は、驚くべき格差の実態を示している(61)。最初の年は、一人あたりの手紙の利用量は、イギリスの三八通からロシアの一通までの幅があった(62)。その後半世紀以上にわたって、この格差はさらに広がった。一人あたりの手紙の利用量は、イギリスでは一八九〇年に六九通に、一九一三年に一二八通に増えたのに対して、ロシアでは一八九〇年に二通、一九一三年でも一一通にしか増えなかった。一位のイギリスと最下位のロシアのあいだにヨーロッパ全域の国々が散らばっていたが、各国の位置関係は年月が経

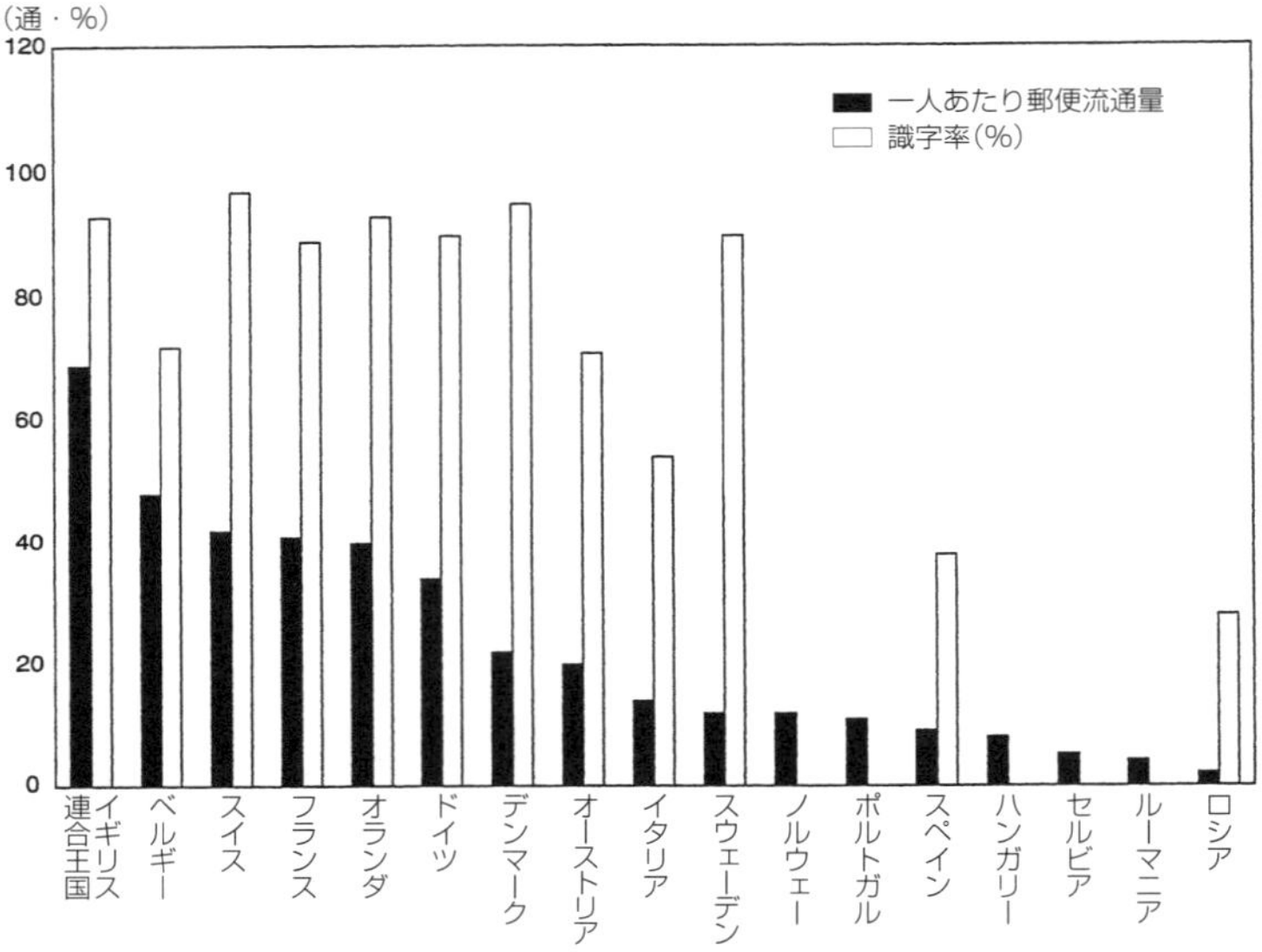

図1・5　ヨーロッパの一人あたり郵便流通量と識字率（1890年）

過してもほとんど変わらなかった。識字統計が示しているように、出遅れた国々は一九一四年以前の数十年間に最も大きな増加率を示したが、この状況でさえ普遍的なリテラシーという共通の目標からは程遠かった。第一次大戦勃発時までに、イギリスの卓越した位置に挑戦し始めたのはドイツとスイスだけであった（世界的な規模ではいまやアメリカ合衆国がリードしていたのだが）。そして、この三国が、表中の最底辺の国々よりも五倍から一〇倍以上も、郵便という読み書きの様式を利用していた。

署名や国勢調査などで測定できるリテラシーの単なる所有と比べると、郵便制度の利用が示す格差は特に際立っていた。図1・5は、国際的な郵便制度と国民教育制度の大部分が確立された一八九〇年のデータを示している(63)。コミュニケーション・スキルの所有とその利用を表す二つの指標、すなわち識字率と郵便利用にはかなりの一致が見られた。リテラシーの実際利用《プラクティス》の水準が、リテラシーの所有水準と同じくらい高かったのは、ヨーロッパの北部と西部であり、南部と東部では低い傾向がしばしば見られた。しかし、署名という技術的な能力が郵便のようなリテラシーの利用法を決定しなかったことは明白である。一九世紀の最後の一〇年間にヨーロッパ諸国の半分は九〇％前後の名目上の識字率を達成したが、それらの国々のあいだですら、一人あたりの郵便利用水準には五倍の格差があった。スウェーデンとノルウェーは長期にわたって読み方のスキルが普及しており、しかも、後年になって達成されたとはいえ名目上完全なリテラシー水準が高かった国である。しかし、人口一人あたりの手紙数は、南部の非識字問題を撲滅するまでにさらに数十年を要したイタリアより少なかった。これに対してロシアは、二つの図のどちらでも底辺に位置していたとはいえ、リテラシーの活用スキルと所有の双方を比較してみると、所有という点で先進国にはるかに近かった。

リテラシーに関するあらゆる種類の実際利用に代わる指標として、手紙を利用することはできないとはいえ、万国郵便連合の統計は、近代ヨーロッパのリテラシーの説明を支配してきた署名の一覧表を根拠とする歴史像に強く修正を迫っている。一九世紀の最後の数年間、名目上のリテラシーの歴史は主要な国々で達成を迎えた。これらの国々で見られた差異は、実際に得られた成果《パフォーマンス》と同様、それぞれの測定方法がもたらす結果でもあった。したがって、単純に差異を比較する意義は低い。これとは対照的に、教室で教えられたスキルの発達には幅広い多様性があったし、またその多様性が執拗に残り続けたことも明らかである。ヨーロッパ全域でリテラシーの達成という収束が起こっていたとしても、それは伝統的な識字統計が示すよりもはるかに緩慢で複雑な過程であった。同様に、リテラシーの所有からその利用へと至る道は、まっすぐに伸びてなどいなかった。リテラシーの実際利用の多様性を理解しようとするなら、広範囲にわたる社会的・経済的・政治的要因を方程式に投入する必要がある。これらの要因のいくつかは統計分析に影響を及ぼしやすいので、この後の章で検討を加えることにする。

第4節　変化の意味

名目上のリテラシーと機能的なリテラシーを対比すると、リテラシーが意味することと、それを説明することの両方に疑問が生じる。その疑問は、変化のパターンについていっそう精緻な調査をし、その意義についていっそう慎重に考察を加えることを要求する。過去二〇年以上にわたって、リテラシーに関する研究は両極化の傾向をつねに示してきた。一方には、書き言葉に出会うことは人間を変容させる効力をもつと強調する立場がある。この立場は、学校教育制度の文脈において読み書きを学ぶことは、人口の大部分の意識と能力に根本的な変化を生じさせたと主張する。この立場に立つ現代の研究者たちは、一九世紀に教育と文字コミュニケーションを推進した人びとの主張を、より精緻に練り直しているといえるであろう。リテラシーはかつて文明化の指標と見なされたが、いまや近代化のプロセスの中心に位置づけられる(64)。エマニュエル・トッド*26の『世界の幼少期』は、印刷文字の大衆化に基礎をおく文化革命こそが、一八〜一九世紀のヨーロッパにまたたく間に広まった人口革命と経済革命の原動力であったと見ている(65)。多くの研究者は、変化についてのこのような壮大な物語には魅力を感じなかった。しかし、にもかかわらず彼らもまた、非識字一掃運動の最終局面に人間を変化させる要素があったことを強調しようとする。この点で、たとえばロジェ・シャルチエ＊27は、「リテラシーの進歩と読み方の普及は、ヨーロッパにおいて人間が自己自身および他者との関係の観念を変える上で寄与した重要な要因であった」と主張している(66)。歴史家の役目は、プラグにつなぎさえすれば、単一の通信手段によって情報を得られるような今日の文化に対して、初めて印刷物のページに出会う時に心の底から湧き上がってくる感動を思い起こさせることにある。ダニエル・ロシュ＊28が論じているように、口承コミュニケーションの制約を受けていた世界に立ち戻り、どのようにして「たどたどしい読む力であっても、民衆階級の普通の感覚と心性をすっかり変えてしまった」のかを理解することが必要なのである(67)。

これと対照的な見解は、リテラシーの説明は、リテラシーによって変化が起きたとする考え方すべてに懐疑的でなければならない、と主張している。ハーヴェイ・グラーフ＊29は、過去および現在の教育事業がおこなう大げさな自己主張を、「リテラシーの神話」と呼んでいる。この神話は、文化発展のパターンを探求しようとする歴史家や社会科学者たちによってあまりにも安易に受け入れられてきたものであるが、それについてはつねに異議を申し立てる必要があると言う(68)。リテラシーによる文化の変容を主張する言説は、両親と子どもに対して自らの権威を主張し、伝統的な統制機関の権力と地位を奪取しようと画策する新しい専門職による自己宣伝の反映であるとしている。しかし、そうした言説は、口承コミュニケーション手段の単純さを誇張しているし、読み書きを学ぶことによって生じる影響を脚色しすぎている。リテラシーはつねに、多くの象徴的な意味を帯びた事柄だった。文字を解読するという基礎的活動ですら、道徳的・知的なカテゴリーの側面が強調されて解釈されてきたのだ(69)。たとえ多くのリテラシー運動が組織的な宗教を犠牲にしようと標的にしたとしても、宗教の側は最悪の場合でも、霊の再生についての自らの語彙をかろうじて世俗的な教育過程に残すことができた。

したがって、研究者にはこの類の言説とそれらの言説に具現化している諸前提を問い直してみる責任がある。新たに教育を受けた読み手や書き手が、自分の属する特定の社会と経済で実際にどのようにそのスキルを役立てることができたのか、あらゆる場面で問われなくてはならない。もしリテラシーがものを考えるために利用されるだけだとすれば、読み書きできるようになることは、個人の思考様式を変容させるにすぎないであろう。リテラシーの単なる所有ではなく、むしろその実際利用のほうが、社会構造の変化の原因を解く鍵である。したがって、社会構造の変化が生じた個々の文脈でリテラシーがどのような影響を及ぼしたかを明らかにしなくてはならないのである。

マス・リテラシーの影響力に対するさらに懐疑的な見解は、近年非常に多くの根拠をもつようになっている。こうした懐疑的な見解は、歴史家が過去の社会のエリート集団の高揚した主張に直面する際、専門家として慎重を期すよう要求するのと同時に、当時の近代教育制度がもたらしたものに対する現代の問題意識にも重なり合う。名目上のリテラシー測定の限界は、今日では非常に明確に論証されている。したがって、リテラシーに関するいかなる歴史も読み書きのスキルの実際の使用に基づいて記述されなければならない。こうした主張は、議論の余地なく正しいように思われる。読み方と書き方は産業化以前から存在するコミュニケーションの道具であり、何かの手工具と同じように、もしも適切な修理によって維持されなかったり、特定の目的にふさわしい使い方がなされないと、なまくらで使い物にならなくなってしまうに違いない(70)。今日おこなうべき課題は、ブライアン・ストリートがリテラシーの

「自律モデル」(71)と呼んでいるものに対して再び闘いを挑むことではなく、大いなる厳密さと想像力を駆使して機能主義的アプローチの含意を活用することである(72)。しかし、リテラシーに対する現代の懐疑が単なる批判にすぎないとするなら、リテラシーの近代史という船にはさまざまな留保と矛盾という積荷が次第に重みを増して、争点の全体が水面下に沈んでしまう恐れがある。リテラシーの重要性を唱える主張が誤っていると立証されてしまうなら、また、声と文字、教育を受けた者と受けていない者、合理と不合理という伝統的な二分法が崩れ、一連の複雑な相互作用と相関性に解消されてしまうなら、人間活動に関する特定領域としてこの主題をさらに深く研究することは、重要性をほとんど失ってしまうのではないだろうか。

最初に、機能主義的アプローチは、純粋に否定的なアプローチと区別しておく必要があろう。たしかに、悲観的な見解を支持する多くの証拠がある。近代のリテラシーについての歴史記述は、教育を受けることによってコミュニケーション能力と想像力がかえって制限されてしまった多数の幼児を対象にしなくてはならない。幼い日のピエール・ベッソンが、いやいやながら早朝の道をぶらついているとき、彼の心は、教育がもたらす閉塞感で覆われていたに違いない。

目の前に広がる光景はまばゆいばかりだ。脳に染み込み、有頂天にさせる霊妙な匂い。ときどき、心は可愛らしい女の子のことで一杯になる。お世辞を言う。ああなんてじれったいんだろう。途中で道草を食ったので、着くのは大幅に遅れてしまうにちがいない。森とヒースで覆われた山をじっと見上げる。すると、あらゆる思い出が記憶の中に湧き上がってくる。……とうとう学校に到着する。入り口は暗く、気味が悪い。学校は厳めしく、冷え冷えとしていて、退屈だった(73)。

たしかに、普遍的なリテラシーをめざす最終運動の背後には数多くの挫折が散乱していた。しかし、普遍的なリテラシーという希望を抱いていたのは教育する側だけではなかった。書き言葉の普及と結びついた興奮と冒険感覚は、大衆教育の供給者ばかりでなく、その消費者にも見られた。したがって、以下のような報告もまた、薄暗く混み合った部屋で、無謀にも地図もないまま知的発見の旅に出ようとした独学の読者たちに寄り添うべきものである。「僕が二四歳になる頃には、そうできると思っていた」と、靴修理工のトーマス・クーパーは振り返っている。

ラテン語、ギリシア語、ヘブライ語、フランス語の初歩に精通できるかもしれない。ユークリッド幾何学や代数で優秀な成績を修められるかもしれない。また、『失楽園』全部とシェークスピアの最も良く知られた七つの戯曲を暗記できるかもしれない。膨大な内容がぎっしりと詰まった歴史書や宗教書を読みこなせるかもしれない。また、最新の文学作品にもかなり精通できるようになるだろう(74)。

そうなるには、長期にわたる学校生活で、感覚が麻痺してしまうほどの退屈さに耐えなくてはならないが、同時にまた、知的恍惚の瞬間にも反応しなくてはならない。ここに、ある若い植字工がマコーレー*30に初めて出会った時の事例がある。

バーナード・ショウ＊31は、普通の人びとがボトル入りのブランデーで酔うよりも、モーツァルトやベートーヴェンに酔いしれることができた、と言っている。その日わたしは、これまでワインやブランデーを飲んだ時よりも深く、その歴史的なテーマの華麗さとともに、文学的な表現技法に陶酔した(75)。

そして、退屈と変容という両極のあいだに、印刷文字がかつてないほど多くのヨーロッパの人びとに、生涯にわたる静かな安らぎを与えたひとときがあった。

さらに、機能主義的アプローチは、リテラシーの有用性という限界を脱しなくてはならない。機能的なリテラシーという概念は、第三世界の経済発展という文脈のなかで、一九五〇年代後半を通じて初めて明確にされた(76)。ごく最近では、学校教育と経済成長との機械的な因果関係が疑問視されるようになったにもかかわらず、現在でもこの概念は決して仕事場との結びつきを失ってはいない。むしろそれは「〔人が属する〕集団や共同体を効果的に機能させるためにリテラシーが必要とされるあらゆる活動」への参加という概念にまで拡張されようとしている(77)。ある職業に就くためにどの程度のリテラシーの獲得が必要とされたか、リテラシーの獲得がどの程度の物質的な帰結を伴ったかという問題への取り組みは、依然として主要な関心領域であり続けている。しかし、リテラシーの目的と結果を、あたかも一定の投資によってつねに予測可能な見返りを生む機械的な過程のように測定するのはもはや不可能である。一例として、そもそも今日では、読み書きに対する早期の取り組みがどのような性質をもつかは、子どもが読み書き活動に与える意味づけに大きく左右されるといわれている(78)。個々の教育方法などよりも、子どもがリテラシーは何に役立つと考えているのか、またリテラシーをどのような種類の出来事と見なすのかのほうが、彼らが文字コミュニケーション能力を身につける探求にはるかに大きな影響を及ぼすであろう。同じように、印刷文字に対するその後の取り組みは、技術的なスキルを一連の象徴表現に適用することだけでなく、外からテクストに与えられた意味と、テクスト内部に書き込まれた意味を複雑に噛み合わせる必要もあるだろう。リテラシーは、諸個人や社会集団が、自己自身および自己を取り巻く世界の理解を拡張できるようにする道具である。そして、そうした理解の対象には、リテラシーそれ自体の理解が含まれている。この過程では、読み書きできる人びとが構築した非識字という概念が、口承的な手段で情報を蓄積したり再生産することになおまだ固執している人びとの自己認識を変えられるのとまったく同じように、まだ読み書きできない者も、読み書きできるようになりつつある者の見解に影響を及ぼすことができる。

マス・リテラシーの到来は、過去の社会を生き抜いた人びと特有の生き方に即してとらえられるべきである。リテラシーの文化史は、リテラシーがそのほかの日常的慣行の様式からどのように区別されたかに加えて、生存競争を条件づけていたリテラシーの機会と剝奪、恐怖と熱望が、どのような構造に埋め込まれていたかも視野に入れなくてはならない(79)。ヨーロッパでは、リテラシーの利用によって文化的境界は次第にすきまだらけになった。このため、リテラシーの文化史は、マス・リテラシーの原因と結果について、より一般的なパターンに注意を払わなくてはならない。しかしそれは他方で、特定の時間と空間の条件にも敏感でなければならない。

このような歴史的な文脈と意味の交錯には、一見するとパラドックスが存在する。一方では、リテラシーの普及が伝統的な位階秩序《ヒエラルキー》に対する溶剤の役割を果たすに違いないという啓蒙主義が生んだ希望は、フュレとオズーフが表現した「社会の惰性」(80)にほとんど至るところで阻まれた。階級・職業・人種・年齢・ジェンダーによる不平等は、教室を通じて解消されるよりも、むしろそれを通じて再生産されるほうがはるかに多かった。ヨーロッパの教会は、大衆教育の供給者として影響力と責任を獲得して最後の黄金時代を享受し、政府は子育てについて獲得した権力によって、国民統制の新しい方法を習得した。たしかに変化は生じていたし、その変化には読み書きの普及が不可欠であった。しかし、多くの社会では度重なる重大な転機において、非識字率のグラフは下降を続け、砂に引いた線のように消えてしまった。個人でも集団でも、リテラシーによってある規模の変容が生じたとする主張は、いかなる場合でも推定ではなく、具体的に例証されるべきである。

それと同時に、ヨーロッパの人びとはこの時期に読み書きのスキルを学んだが、それは彼らが望んだからであった。次章で論じることになるが、就学義務はほとんどの場合、マス・リテラシーの達成に先立つよりも、むしろその後に付随して起こったのである。どの町村でも、私的な理由から自分の子どもに教育を施した農民や職人を見いだすことができる。有給の教師の労力、宗教団体や公益団体の投資、それに聖職者や政治家たちの奨励、これらすべてが教育の普及に役割を果たした。しかし、ほとんどの場合、教育にかかる費用と、教育から得られる利益の厳密な計算は家庭内でおこなわれたのであり、その外部ではなかった。最も現実的かつ合理的に下された決定は、困窮した家計をどう配分するかであった。こうした労働者夫婦は、生涯をリテラシーの普及に捧げた人びとよりもはるかに冷静にリテラシーの限界を把握していた。にもかかわらず、彼らは両親や祖父母たちの伝統から次第にその規模を大きく増して離脱し、子どものために教育を手に入れようとしたのである。

印刷物は本質的に無政府的な力をもつので、下層階級からうまく切り離しておくのが最善とする数世紀前のエリートたちの懸念は、ある意味ではこの時期に現実のものになった。しかし、なぜ人びとが読みたいと思うようになったのか、そうした人びとが書物から何を読み取ることができたのかについては、何も語られていない。書き言葉がどのような価値と可能性をもっていたのかについての評価は、日常生活のあらゆる圧力と束縛にさらされ、逡巡しつつもこうしたスキルを手に入れようと探り、不完全なやり方ながらスキルを使いこなそうとしていた人びとから始めなくてはならない(81)。

第2章　リテラシーの学習

第1節　国家

一八二三年、タインサイド*1の馬車道補修工であったアンソニー・エリントンは腰を下ろし、何枚かの紙切れにその生涯を書き記していた。彼はまず、ペンをとった動機を次のように書き始めている。「ここにぼくの人生や人との付き合いでぼくが味わったことをこと細かく記すのは、それを家族や世間のみんなに知ってもらいたいからだ」(1)。そして、両親と自分の幼年期について簡単に説明したあと、彼が受けた教育を次のように回想している。

ぼくは、読み方をならうため、学校にはちゃんとかよっていた。あれは、ちょうどつづり方をならいはじめたころだった。ある日、トマス・ニスベットとほかの何人かの子どもたちが教室で立たされて、つづり方をこえに出して言わされていた。ぼくは、あいつらがまだならっていない「ストレンジャー」（**strainger**〔正しくは **stranger**〕）という単語を、あいつよりも先に言ってみせた。やがて昼休みになるとあいつがやってきて、はな血がでるほどぼくをなぐった。こうしてケンカがはじまったのだが、けっきょく、あいつを穴にほうりこんでドロまみれにさせたぼくのカチだった。……先生はぼくに書き方もおしえてくれ、すぐに計算のべんきょうのために『よい子のさんすう入門』をくれた。学校にかようようになってひとつきほどしたころ、食事のじかんになって、ぼくはお墓の石に書いてある文字を読んでみようとおもって教会の中庭に入った。するとそこには、掘ったばかりの墓穴があった。とつぜん、四人の腕っぷしのつよそうなやつらがやってきて、ぼくを引っ立ててそのお墓の穴におしこんだ。一人はぼくのあたまをおさえ、のこりの二人は、ぼくのマイソウシキだ、とさけんで、土をかぶせてきた。あいつらはぼくをそのまま置き去りにしていったのだった……(2)。

当時の自伝作家たちが全員、これほど鮮明かつ詳細に、読み方と書き方を学ぶ喜びと苦労を描いているわけではない。しかし、ほぼどの自伝作家も自分が受けた教育が短期間で不十分でも、詳しく書かなければならないと感じていた。どんな自伝でも、リテラシーの基礎教育の実態とその潜在的な可能性は、よく取り上げられるテーマになっていた。

エリントンが子どもだった時代には、西ヨーロッパの多くの地域で、学校に対する公的な関心が高まりつつあった。学校教育というテーマは、フランスではアンシャン・レジームの終焉と、その結果もたらされた混乱によって、いっそう重要になった。もっとも、フランス国民のリテラシーそのものは、フランス革命やナポレオンの登場と失脚といった一連の出来事の影響はほとんど受けなかった。少なくともルイ一四世の死後〔一七一五年〕、明らかに改善傾向を示し、〔一七八九年の〕フランス革命以降もほぼ同じ勢いで続いた(3)。政治危機や戦争が相次ぐ混乱のさなかでもリテラシーが維持されたのは、一八世紀のカトリック教会がいかに大きな投資をしていたか、親たちが読んだり書いたりすることにどれほど熱心だったかを物語っている。他方で一七八九年以降の数年間、学校教育の構造改革は、リテラシーの改善にはほとんど寄与しなかった。教育に関するさまざまな法案が成立したが、この野心的な法が施行される前に、もっと上の政治体制が相次ぐ危機に見舞われるか、国家の人的および物的資源が高い戦費に振り向けられ、実体化されずに葬り去られる運命にあった。

真の変化は、実践よりもむしろ議論レベルに現れた。フランス革命が勃発し、その影響が近隣のヨーロッパ諸国に波及すると、基礎教育の目的と組織をめぐって激しい論争が巻き起こった。一九世紀のヨーロッパの学校が知識を生成したか否かはともかく、学校が情報を創造したことは確かである。声明文・報告書・調査書・カリキュラム・教科書・法案が改革者のペンから次々と送り出され、それらの提案が具体化し始めると、各国の文部官僚機構は、その存在を維持し正当化する上で必要不可欠な文書資料《アーカイヴズ》を集積した。

教育に関する出版物や議論の増加に、またそれらの出版物や議論が依拠する前提にも、変化の一部が現れた。論争の主題は、教育を与えるか否かではなく、いつどんな教育を与えるかという点に移行した。もっとも、教育に関しては以前と同じように、保守から急進まで多様な意見が併存した。そして、ヨーロッパ諸国の教室で、政治、道徳、宗教に関わる根本的な対立が生じると、異なる見解の対立も次第に激化した。しかし、学校教育に無関心という選択肢はなくなりつつあった。大衆を教育することは本質的に間違っており、兵士や労働者になると決まった人びとが、読み書きできる《リテレイト》よりもできない《イリテレイト》ほうがよいと真面目に論じることは、一九世紀にはもはや不可能になった。いまや、誰が教師に給料を支払い、誰が教師たちを監督し、いかにして子どもたちを着席させ、どのように教え、教師自身はどの程度の知識をもっており、教師は自分の生徒に何を伝えるのかが問題になった。教育の目的、教育の権限、教職《ペダゴジー》の資格といった基礎的な事柄に関して異論が飛び交った。しかし、子どもに文字を教えるかどうかは親の意思に委ねるべきであると考えたり、書き言葉によるコミュニケーションの基本的スキルがないまま子どもを卒業させてもよいと考える関係当局は皆無であった。いずれにせよ、リテラシー学習の進展は、一国の命運をかけて奮闘する人びとの責任だと考えられるようになった。

　この時期のあらゆる教育改革構想の共通点は、制度《システム》という概念であった。もっと規律のある国民を形成するのか、逆に、旧体制の規律をかなぐり捨てることのできる国民を形成するのか、いずれにしても制度の導入過程には秩序《オーダー》がなくてはならなかった。一七九六年、オランダがフランス革命政府のイデオロギーと軍事侵略を受け入れようとしたとき、新たに結成された公益協会は、「国民教育のための一般概念」に関する意見書を発表した。教育はあらゆる階級の子どもたちに与えられるべきであると主張された。意見書によれば、政府は教育統制の法的枠組みを整備することで、すべての地方自治体が中央の方針に従うことを確実にする視察体制を設けなくてはならなかった。教員養成、資格認定、そして給与支給は国家の仕事とされた。教室では、「授業は一般的かつ体系的」でなければならず、教師の使用する教材は「どの学校でも同一」でなくてはならなかった(4)。

あらゆる近隣諸国で同様の政策が立案され、広まっていった。オランダの政策の大半は、すでにフランスの法律、とりわけ一七九四年のラカナル法や、一七九五年一〇月、解放前日の国民公会で採択され、その後成立した総裁政府によって施行されたドヌー法に具体化されていた(5)。教育政策は、国家のすべての声明に含まれていなくてはならなかった。地方の高官や貧しく無知な人びとにもっと尽くすように勧告するだけではもはや不十分であった。公益協会の構想では、何事も偶然にまかせてはならず、すべてを関連させるべきであった。すべての子どもが学校に通い、学校運営は包括的であり、学校視察は客観的かつ効果的であることが求められた。教育機関を支配していたのは、教師の選抜・養成・俸給を初めとして、どの教室でも同一授業と同一方法をおこなうという考えであった。

こうした野心的な試みは、啓蒙思想から生まれた。啓蒙思想は、人間は誰であれ、伝統という束縛を断ち切り、理性を働かせて大きく世界に一歩踏み出せるという考えに基づいていた。学ぶという営みは再生産から創造へと再定義された。学習の目的とは、過去の模範を身につけることではなく、自律した個人が新しい未来を創造するスキルを獲得することであるとされた。いかに粗野で暗愚な肉体労働者でも、どれほど因襲にとらわれている農民でも、教育がもたらす解放の力が及ばぬ者はいない。どんな人間も、知的覚醒という過程を経れば、一国全体の経済的・社会的・政治的発展に寄与することができる。だがこれでは、労働貧民層の子どもは、親と共同体のどちらの文化資源からも必要な教育を得られないことになる。日常生活を堕落させ制限している宿命論をただ伝えるしかない人びとは、当然ながら精神的な牢獄から抜け出す鍵を新しい世代に提示することはできなかった。同様に、地方のエリート層も、迷信を存続させることに加担しているか、そうでなければ周りの人びとを支配していた迷信を払拭するには無力であった。したがって、教育の決定事項は中央から発するべきであり、教育改革の担い手は、過去のしがらみを克服できる手段・資源・権力を備えていなくてはならなかった(6)。

教育改革という壮大な構想を実現させる試みは、一八世紀のあいだ続いた。一七一七年のプロイセンを初めとして、一七二三年のスウェーデン、一七三九年のデンマーク、一七四四年のアイスランド、一七五九年のポルトガル、一七六五年のエストニア、一七七一年のバイエルン、一七七四年のオーストリア、一七八三年のポーランドで、基礎教育制度の法制化が進んだ(7)。ロシアでさえ、一七八六年には、標準カリキュラムの設置と各学年に二クラス制を義務づけ、道徳だけでなく読み書き計算も教えるオーストリア・モデルに基づいた法律を導入した。しかし、それらの教育法は、啓蒙思想の意向に近いほど、成功からは遠ざかった。唯一の持続的な改革は、スカンジナビア諸国での取り組みであった。そこでは教育制度は、教会や、子どもが育つ家庭と連携して運営された。また、教育の第一目的は、社会を再建するに足る読み書きのできる市民ではなく、聖書が読めるキリスト教徒を育成することとされた。ほかの国々でも、啓蒙的な野心が大きいほど改革が成功しないという現象が見られ、最も顕著であったのはロシアである。ロシアでは、国家が立法化した壮大な計画を支える資金提供がまったく不可能であることが明らかになった。プロイセンの場合でさえ、いまでは一八世紀に成し遂げた教育事業は、実態より誇張であったと考えられている(8)。

一八世紀後半に展開された教育をめぐる激しい論争に比べると、それ以降の時代の教育は独創性という点で色褪せている。一九世紀には物質生活や文化生活の非常に多くの面で革新思想が醸成されつつあった。しかし、教育上の革新は、いまや新しい思考と行動の様式を生成するきわめて重要な領域であると見なされたにもかかわらず、ほかの革新に比肩しうるほどではなかった。とりわけ基礎教育レベルの教育組織と教育方法という点では、産業革命期に考案された革新はほとんどない。教育制度の管理、教育の目的、教育の普及、といった着想のすべては、フランス革命以前と革命期の多数の私的および公的な出版物や推進案などに見ることができる。もちろん、後の時代の先駆的な教育者たちが、読み書きできない貧民層にまったく新しいリテラシー教育をおこなったとする主張のすべてを否定するわけではない。しかし実際問題として、リテラシーの教育方法の種類は限られており、そのほとんどは、印刷技術の導入以降すでに試されたものばかりであった(9)。

書物が普及し始めるとすぐに、出版者は、書物の読み方を学ぶ補助教材が儲けになることに目をつけた。多数の教育関連の企業家が、拡大し続ける市場に刺激されて初歩的なホーンブック*2や初等読本《プライマー》を作ったりその代用品を探した。ドイツやイギリスでは、一七世紀初頭、すでに挿絵入りの、あるいは挿絵なしの学習到達度別の語彙集が入手可能であった。これらの語彙集では、色・単語・例文の一覧表・フォニックス*3・文字書体に基づく方法が初めて使用された(10)。ジョン・ロックは、一六九三年にアルファベットを書き込んだサイコロを使う教育方法を記している。また一八世紀には、学習の苦痛を和らげるために、創意工夫に富んださまざまなカードやボードゲームが開発された(11)。教育学に関しては、近代において問題になったのは、それらの教育方法がどのように発見されたかではなく、多数の利用可能な教育方法があったにもかかわらず、学校教育が展開する過程で、なぜひとつの方法だけが特定の時点で重視されたのか、さらに、教育制度全般に関して、なぜこれほど多くではなく、なぜこれほどわずかなことしか達成されなかったかが問題になろう。

ヨーロッパの最も先進的な国では、基礎教育の普遍的かつ義務的な制度化に着手し、達成までに、約百年を要している。初期段階の構想は、一八二五年頃に、慎重な改革計画に引き継がれた。この時期、国家は、学校教育を提供できる代替機関、とりわけ教会と連携する必要があることを認めるようになった。そして一九世紀最後の数十年に、新たな野心的計画を試みる段階を迎える。この時期には、無償の公立学校《インスペクテッド・スクール》〔1章訳注11〕が、すべての村や都市周辺の子どもたち全員に用意された。そのため、子どもが受ける教育を決定する親の自由は、最終的に否定されることになった。その後、論争は徐々にカリキュラムの拡大、卒業年齢の引き上げ、基礎教育と中等教育の接続方法の探究へと変化し始めた。

フランスの画期となったのは、一八三三年に制定されたギゾー法＊4であった。ギゾー法は、市町村《コミューン》に男子校を設立するよう義務づけたが、それは無償でも義務でもなかった。一八八一年と一八八二年のフェリー法＊5は、基礎教育を無償かつ義務とし、ゴブレ法＊6は、教育制度に対する国の監督を強化しただけでなく、高等小学校を導入した。イギリスでは、一八三三年に国が教会学校《チャーチ・スクール》へ補助金を交付し始め、一八四六年にはそれらの学校を視察し始めた。しかし、基礎教育が全国的に行き渡ったのは一八七〇年で、義務化は一八八〇年、無償化は一八八六年であった。基礎教育以上の教育機関への狭い橋が架けられたのは一九〇二年になってである。国家が教育供給の基礎部分を担う長い伝統があった国々では、教育制度の整備はもう少し円滑に進んだかもしれない。スウェーデンでは、一八四二年に全国的な義務教育に関する法律が制定されたが、それでも、国家は一八七五年まで教師の給与に対する責任は引き受けず、中等教育への接続も一八九四年になってからであった(12)。国家による教育提供の伝統がまったくなかった地域では、教育制度の整備は遅々として進まなかった。そこでは、あまりにも野心的な教育の法律は、何世代にもわたってそれを実現しようと奮闘する人びとがいたにもかかわらず、法令集に記されただけで放置されるか、次々と法令が出ては消え、二〇世紀にずれ込んでしまうかのいずれかであった。スペインでは一八五七年のモヤノ法*7が、隣接する西ヨーロッパ諸国では最も進歩的な計画に匹敵する制度を文面上規定している(13)。しかし、その規定がじゅうぶんに運用されるまで一世紀を要し、一九七〇年になるまで教育に関する新たな一般法は制定されなかった。ロシアでは、一九〜二〇世紀初頭のほぼ十年ごとに重要な法律が導入されたが、一九一九年一二月でさえ、新たに誕生したボルシェヴィキ政府は、識字問題に取り組むため、「非識字一掃基本法」の公布がいまなお必要だと考えるほかなかった。

　これはたとえてみれば、昔ながらの駅馬車が、まだ数世代にわたって乗客を満載していたのに対して、すでに考案され設計されていたスティーブンソンの蒸気機関車『ロケット』号が線路脇に放置されているような光景である。啓蒙主義に基づく改革者の夢が実現されるまでに多くの時間がかかってしまった理由は、読み書きにかかる費用と関係している。その費用は非常に安く済む場合もあれば、法外に高くつく場合もあった。他方、ヨーロッパでは、政府が国民教育という野心を画策するかなり前から、教材は市場を通じて入手可能になっていた。近世を通じて、小型の印刷本――物語、独学のための手引書、宗教的な小冊子――の流通網がヨーロッパ全域にできあがっていた。ロシアのルボーク*8、フランスの青本《ビブリオテーク・ブリュエ》*9、イギリスのチャップブック*10は、最も貧しい労働者の日給でも買える読み物であり、読み方を学ぶ動機づけと機会にもなっていた。ホーンブック、アルファベット表、入門書《フィーベルン》、読習板《レーゼブレッテルン》、初等読本なども、一晩飲み屋で飲むより安い値段で入手できた(14)。これらの印刷物は、宗教的伝統にもかかわらず、ヨーロッパのどの国民経済においても最も早い時期に大量生産された商品のひとつであった。一七世紀後半のモスクワ大公国では、スラブ語の入門書が三〇万部以上印刷された(15)。一七三〇年代および四〇年代のロンドンでは、ある出版社は売れ行きの良い安価な読本類を二五万部以上発行した(16)。ハンガリーでは、簡単な祈禱書が箒程《ほうき》度の値段で購入可能であった(17)。アイルランドの青空学校《ヘッジ・スクール》*11では、巡回する行商人《チャップマン》たちの呼び売り用に特別に生産された、最も一般的な初等読本が教科書として使われ、一八世紀の英語圏で版を重ねた。さらに、地方の一般的な読み物を集めた特別なテクストも補助教材として使われた(18)。

それに加えて、各宗教団体公認の書物も教会で簡単に入手できたり、また、教区民の家庭に無料配布された。宗教改革によって、各地の母語で書かれた聖書だけではなく、ルターの『小信仰問答書』のような、読み慣れない読者向けの簡潔な教本も普及するようになった。この『小信仰問答書』は、一六世紀半ばまでに多数のヨーロッパ言語に翻訳された(19)。じゅうぶんな量の専門教材を必要なだけ入手できる学校はまれで、そのような家庭はほぼ皆無に違いないが、何がしかの読み物はつねに入手可能であった。フランスの教区学校では、生徒たちが家から持ってくる書物の切り抜きを当てにしており、それができない場合は家族が保存している手書き証文や請願書を持ってこさせていた(20)。書き方はさらに難題で、専門的な設備を必要としたが、学ぶ意欲が強い子どもなら、白塗りの壁と一本の木炭さえあればじゅうぶん学習を始められたであろう。

リテラシーの基礎は、アルファベットがわかる大人なら誰でも教えられた。一七七四年、ディーンの森*12で生まれたジョン・ジョーンズは最初、ある老女のもとへと送られ、そこで教育を受けた。

彼女からは手紙の書き方と綴り方を学んだが、読み方については実際のところほとんど進歩はなかったと思う。当時の村でただ一人だけ書き方を教えてくれたのは、ある老人だった。彼の本業は石工だった――冬の夕方だけ、いつも仕事から帰ってくると教えてくれた。わたしは二年間、冬の大半は彼のもとに通った。わたしの教育を仕上げてくれたのはこの先生だった(21)。

日々の暮らしのあらゆる場所、あらゆる時間が授業の場になった。子どもは大人のそばで遊んだり作業をしながら、初歩的なスキルを身につけることもあった。長期的に教える人が必要な場合には、教室を作ることもそれほど難しくはなかった。ロシアでは、村に設立された非正規学校《ヴォルニエ・シュコレイ》あるいは私立の「野外《ワイルド》」学校で、農民の子どもはアルファベットを習うことができた(22)。フランスの農村部で教会が教育らしいことを何もしてくれない村では、冬の夕方、農民仲間で一番まともに読み書きできる者を先生役にして授業を開いた(23)。一八世紀末のパリでは、秘密の非公認学校が隆盛を極め(24)、プロイセンやオーストリアの都市では、失業中の職人、異端の牧師、退役軍人、家計補助目的の女性たちによって、無認可の私塾《ヴィンケルシューレン》、あるいは路地裏の学校《バックストリート・スクール》が作られた(25)。都市部では、教室を借りたり、代用の部屋を見つけやすかったが、地方で適当な場所を見つけるのはそう簡単ではなかった。バイエルン地方では、学校教師が巡回し、一時的に部屋を見つけては巡回学校を立ち上げて教えていた(26)。アイルランドでは、青空学校《ヘッジ・スクール》が、文字通り牧草地の境界をなす垣根《ヘッジ》の背後、あるいは、学校として建てられてはいるが、ひどくみすぼらしいその場しのぎのあばら屋に設置された(27)。パーマストン卿*13は、スライゴー州*14の私有地でリテラシーがどのように教えられていたかを次のように記している。

教育を求める声があまりに強いため、今ではここに三、四校の学校が設立されており、巡回教師を共同雇用している。教師には道路脇の泥壁の部屋を教室としてあてがい、男児たちは、授業料として、一学期につき半クラウンまたは五シリング程度を支払っている。そこでは読み書き計算が教えられ、学校の外観からは想像できないだろうが、ラテン語やギリシア語の授業もおこなわれた(28)。

子どもたちはこのような学校ではほんのわずかな時間しか過ごさず、親と無資格教師のあいだに契約書のようなものは一切なかったため、こうした青空学校がどの程度広まっていたかを統計的に把握するのは不可能である。公文書の書き手はこれらの学校の存在を把握していたが、その実態を描写するよりも非難するのが常であった。たとえば、アイルランドのある教育改革者は、一八三二年に青空学校の取り組みについて次のように報告している。「このようなみすぼらしくて貧しい場所以上に悲惨なところは想像できないだろう。わずかばかりの読み書きができるようになった野蛮人と見間違いそうな農民が、初歩的な読み書きや、アイルランドの歴史、さらには国家に対する叛逆心を学んでいる」(29)。歴史家に利用されてきた史料の多くもまた、客観的な叙述ではない。それは、補助金を受け取らず、無認可で、何よりも国家の統制を受けなかった私立の教室と、一世紀以上にわたってそれらを排除しようと苦闘してきた教会や国家の官僚制とのあいだの長期にわたるゲリラ戦の公式声明である(30)。教育改革者たちを奮起させたのは学校が不足していたことではなく、むしろこのような学校が存在していたことであった。たとえばデンマークでは、一八世紀末から一九世紀初頭にかけて無認可の教室が急増していたことは、一八一四年に初の体系的な教育法が制定される上で決定的に重要な要因であった(31)。

　公的機関の攻撃が遅々として進まなかったところでは、その分、非正規の教育ネットワークが大きな役割を果たした。一九世紀初頭のイギリスの識字率は、新郎の六割、新婦の四割が署名できるという比較的高いものであったが、これは国の政策とはまったく無関係であり、教会の影響も親たちの努力に比べればたいしたものではなかった。貧しい親たちは、自分で子どもに教えるか、あるいは読み書きのできる隣人に頼んで教えてもらっていた。一八四六年にイギリスを視察したアメリカの教育者ホレース・マン*15は、「イギリスは、ヨーロッパ諸国で唯一、文明と資源の際立った国であるが、過去も現在も、その国民のための教育制度をもっていない」(32)と記している。イギリスが国家としてリテラシー提供に介入し始めてから二〇年が過ぎた一八五〇年代においても、おばさん学校《デイム・スクール》や私立の営利学校《プライベート・アドベンチャー・スクール》に在籍する人数は、国家の補助金を受けた教会視察学校《インスペクテッド・チャーチ・スクール》より多かった。首都ロンドンでは、一八七〇年になっても、議会議員や視学官の目と鼻の先で、私立の週日学校《プライベート・デイ・スクール》には約四万四千人もの子どもがいたと推計される(33)。国家機構が強制的かつ弾圧的な法的措置を伴って、学校教育の領域から無資格教師を追放したのは、一九世紀末期になってからであった。

　一九世紀には、至るところでリテラシー教育の専門職化が生じたが、それは、リテラシーの獲得過程がいかに複雑であるかを誇張しがちであった。しかし、子どもの認知的発達という点から見ると、家計の維持に必要な仕事がほとんどできない年齢でも、リテラシーのスキルを獲得することは可能である。

好奇心が強く意欲的な子どもは、自力でリテラシーを獲得した。アントワーヌ・シルヴェールは次のように回想している。

わたしは、ただ本を目で追うだけで、十年余りのあいだに読み方を覚えました。長いあいだ、何も理解できなかったのですが、福音書が分かるようになると、自力でなんとか読めるようになったのです。毎回教会に行くたびに、四つか五つぐらいの単語を覚えました。わたしは、牧師が知らないうちに、こっそり彼から良い授業を受けていたようなものです(34)。

子どもが成長し、やがて一人前の働き手や親になるためにさまざまなことを学ぶようになると、簡単な文章を読んだり単語をいくつか書くことはすぐにできるようになった。同様に、親は昼間の仕事の時間や冬の夜長にちょっとした時間を見つけては、子どもと一緒に本を読んだり、訓練を受けていない教師にわずかばかりの小銭を払うことは、たいした負担ではなかった。このように、リテラシー教育の普及に親が関与していたことは、この時代の教育史で見落とされているテーマである。その理由の一端は、公式記録がほとんど残されていないという制約に歴史家が挑戦できなかったか、挑戦しなかったからである。文部官僚たちが残したどの公文書も、非識字の克服過程は、学校教育を受けたのは傍観者でしかなかったということになってしまっている。しかし実際は、教育改革者たちにとって問題であったのは、親たちがほとんど関与しなかったことではなく、むしろ関与しすぎることであった。一九世紀の各国政府は、暴力の独占を正当化し、強制するほうが、教育の独占を正当化するよりはるかに容易だと考えた。

国家自体が組織的に学習し、自ら訓練し、視察した教師たちが貧しい労働者の親になしうるサービスが特殊な性格をもつと理解できて初めて、教育の独占は成功した。

ロバート・ロウ*16といえば、安上がりな教育か効果的な教育か、国家はどちらか一方なら提供できると主張して、一八六二年の改正教育令を擁護したことで有名である。しかし一九世紀の各国政府は、効果的な公立学校などほとんどなく、安上がりな学校に至っては皆無だと気づいていた。親に負担がほとんどかからず、子どものリテラシーの向上があっても、国家が納税者の負担を増やさずに国民全体のコミュニケーション・スキルを向上させるのは不可能であった。教育事業の規模は、それだけで教育制度の形態に深刻な影響を与えた。広範な基礎教育制度を維持する業務は、人材・施設・官僚機構への投資を必要とした。軍事以外の市民的領域において、基礎教育への投資に匹敵するものは、国家の警察部隊や、鉄道網、郵便網を維持する費用以外にはない。教室・教科書・教師にかかる費用は、ナポレオン戦争終結後、兵舎、銃、兵士に代わって政府が最も多くの出費を強いられたもののひとつであった。

しかし、啓蒙主義派の改革者から全面的な支持が寄せられたにもかかわらず、一九世紀前半の平時には、教育のいずれの分野でも国家の財政支出は依然としてわずかであった。教育支出が国家財政に占める割合は、フランスでは一八三二年に一%、ベルギーでは一八三五年に一・五%、イギリスでは改革的なホイッグ党が政権に就いていたにもかかわらず、一八三〇年でわずか〇・一%、そして一一年後、トーリー党に政権交代した際には〇・五%でしかなかった(35)。これら近代化を推進するヨーロッパ諸国は、経済・社会・政治上の加速度的な変化に直面しており、最優先課題は治安維持であった。体系的な学校教育は規律を高める効果があると主張しても、学校教師よりもまず警官に投資するのが賢明だと考えられていた。フランスでは、革命の脅威の余波と一八三〇年の暴動のなかで、教育制度の五倍に相当する金額が、またベルギーでは四倍、イギリスでは十一倍の金額が、治安維持に投じられた。近代化を推進する大半のヨーロッパ諸国では、一九一四年まで、公然と国民統制の手段に当てる妥当な金額として、国家予算の約六％が司法制度に投じられた(36)。政治家が安心して眠れるようになって初めて、教育者の要求に耳が傾けられた。最後の非識字一掃運動が始まった一八七〇年には、学校に割り当てられる公的資金の平均的な支出率は、警察や裁判所を上回るようになってきた。最後の読み書きできない世代が追い立てられた後も教育予算は増加の一途をたどり、第一次世界大戦前夜には司法制度の二倍の金額が投じられるようになった。

国家が非特権階層のおかれた状況に唯一取り組んだのは、教育と治安維持を除けば、さまざまなかたちの公共の福祉であった。しかし、一九世紀後半の北ヨーロッパと西ヨーロッパでは、社会福祉への多大な投資が始まっていたとはいえ、教育費がそれらの支出をつねに上回っていた国が多かった。ドイツは、賞賛を受けながらも他国の手本にはされなかった国民保険制度を有していたが、そのドイツですら、二〇世紀初頭には給付金よりも多くの費用が授業に費やされた。学校教育は一九世紀の最後の三〇年間に成長を遂げたが、この時代に、一般市民への公的支出で学校教育よりもつねに多くの予算が当てられたのは、全国に張りめぐらされた鉄道と郵便だけであった。しかし、教師が子どもに授業料を払わせるのを最終的に断念したのに対して、空前の増加を見た手紙や鉄道の利用者には、料金を払わせることができるのがわかった。もし国家財政に関するバランスシートがあるとすれば、切手や切符は、資産の部に記載されるだろうが、リテラシーへの投資収益はすぐには現れてこない。この時代全体を通して、軍事予算は通常あらゆる支出を上回っていたが、統計が残っているなかで唯一の例外はフィンランドであった。フィンランドの教育費は、大公による抑制を免れ、一九一〇年の時点で国防費の一・五倍に上った。ほかの国々でも、学校費用の増加率は兵舎に比べて急増していたが、費用の総額が兵舎を上回ることは決してなかった。皮肉なことに、主要なヨーロッパ諸国のなかで、第一次世界大戦前夜に教育費が陸軍および海軍予算にほぼ匹敵していた国はドイツであったが、のちに責任能力を失った軍国主義の暴発が批判されることになった。

二〇世紀から振り返ると、一九世紀は教育の公共投資が大規模におこなわれた時代であったようだ。しかし、啓蒙主義派の改革者たちが起草した教育計画を起点にしてその後の状況を見ると、歴史はむしろ教育費の支出を回避し続けている。ナポレオンの敗北後の数十年、教育の発展はほとんどのヨーロッパ諸国で沈滞し、不安定であった。改革の実権を地方に委譲した国では特にその傾向が強かった。たとえば、一八世紀の多数の急進的な政策の発祥地であったフランスでは、教育費が国家支出に占める割合は、一八二二年の一%から、半世紀後に二・三%に増え、第一次世界大戦直前になって四倍になった。ノルウェーでは一八七〇年までに教育費は三・九%に達し、その後の四〇年に四倍以上に増加した。デンマークでは一八七九年に三・一%でしかなかった教育費は、わずか二〇年後に一二%に上昇している。

このように教育費の増大は、どの国も単一の軌跡をたどったわけではない。しかし一般的なパターンとしては、国家が正式にマス・リテラシー社会の構築を企図した後にも、教育費は長期に抑制され続けた。少なくとも公益協会の時代から、基礎教育制度をじゅうぶん機能させるには、明らかにすべての教区の教室が雨風をしのぐことができ、暖房や照明、机や椅子を備え、また教師と教材の確保が必要であった。さらにそれだけでなく、教員養成者《ティーチャー・トレーナー》、視学官《インスペクター》、就学督促官《アテンダンス・オフィサー》、試験官《イグザミナー》、行政官《アドミニストレーター》といった一群の集団の組織化、またいうまでもなく、教科書の執筆、出版、配布事業の拡大も必要であった。週日の学校教育に支払う金額は少額で、その程度ではこれら一群の教育集団にかかる費用を相殺するのがせいぜいであっただろう。だが、ほとんどの国家は、必要資金の調達と活用に見合う経済基盤を欠いていた。また、もっと根本的な問題として、教育支出のために前例のない負担を納税者である国民に強いる正当性に大きな疑念があった。教育改革者たちがどれほど成果を確信していても、軍隊や警察組織に比べ、普遍的な教育制度の利益は、すぐに明白なかたちで現れるものではなかった。

第2節　教会

教会は、ヨーロッパのどの国でも伝統的に、多額の資金を調達して労働人口の道徳改革に使用し、なおかつ複雑な官僚組織を管理した経験をもつ唯一の組織であった。宗教改革と対抗宗教改革の時代から、プロテスタントとカトリックはともに信徒集団の教育を躊躇していた。しかし、一七世紀後半を過ぎると、どちらも、スウェーデンのルター派、ドイツの敬虔派、イギリスの福音派、オーストリアの改革派カトリック、フランスのジャンセニスムといったさまざまな宗派に分裂した結果、教区牧師の教育活動が再び脚光を浴びるようになった。聖書についての基礎教育ならびに聖書理解に必要な読解力を教えることは、宗教を復興させると同時にその手段にもなった。世俗の権力者たちが、組織的な教育目的を受け入れる頃、教会は教育領域で蓄積した豊富な経験を駆使し、北ヨーロッパと西ヨーロッパの大部分で読解力を大幅に改善する上で大いにその功績を主張することができた(37)。普遍的なリテラシーを推進する上でほかの国々の模範となったプロイセンが(38)、他国より有利なスタートを切れたのは、聖職者とその信徒集団双方の事業に負うところが大きかった(39)。

一九世紀初頭の数十年のあいだに、急進的な教育改革は失敗に終わるか宗教制度に取り込まれて生き残るか、いずれかの運命をたどった。たとえばバイエルンは、ナポレオンに敗北した対策として、大衆教育に取りかかった多数の国のひとつであった。しかし、完全な全国規模の教育制度という構想は、戦争で疲弊した国の残存資源をはるかに上回った。いくら法令を発布しても、課題の解決には結びつかなかった。何千もの新しい学校をどうやって造設して運営し、また地方の親たちが、子どもをきちんと学校に通わせるのかといった課題に対応できる潤沢な人材と資源をすべての教区で保持していたのは、カトリック教会だけであった。バイエルンでは、カトリック教会と手を結ぶことによって初めて、教育改革が以前のような机上の空論の二の舞になるのを回避できた(40)。

一八六〇年代になると、多くの国がその権力を犠牲にせずにさまざまな教育目標を達成するために、教会とうまく提携するようになっていた。その最も顕著な例はプロイセンであろう。フリードリヒ二世が、ヨーロッパ諸国でいち早く読み書き両方の普遍的なリテラシーの達成を掲げ、一七六三年に地方学事通則を打ち出した。とりわけ一七九四年に制定されたプロイセン一般ラント法*17は、全国規模の基礎学校への国家の権限を正式に主張したが、プロテスタント教会はその後一世紀にわたり、重要な役割を担い続けた(41)。国民学校《フォルクスシューレ》は、国家の法的権力と聖職者が実践的に妥協した典型的な事例であり、聖職者が視学官を支配し、カリキュラムにも日常的に影響を与えることで、リテラシーの獲得がつねに宗派教育と結びつくようにした(42)。

フランスでは、一八三三年に制定されたギゾー法において、国家が（少なくとも男子に対する）普通基礎教育制度を設立する権利を有し、各市町村《コミューン》がその供給に責任を負うことが打ちだされた。しかし、実際の教室運営は市町村長と主任司祭《クーレ》の連携に委ねられており、彼らはともに明白な宗教的要素を確実にカリキュラムに加えたいと望んでいた(43)。普遍的なリテラシーに向かう動きに及ぼす教会の影響力は、一八五〇年のファルー法においてさらに揺るぎないものとなった。というのも、この法律は基礎教育の範囲を拡大すると同時に、市町村における権力バランスを、世俗から教会へと移動させたからである(44)。国家の権限が弱体化するにつれ、教会の果たす役割はますます顕著になっていった。イギリスでは一八三三年に、国家自らが教育領域に参入するのではなく、教会学校に補助金を支給し、教会学校の教育内容は国家の直接統制ではなく、視察下におくと決めた。イギリスでは、一八七〇年に地方自治体に学校設立に着手するよう指示を出したときでさえ、非識字一掃は引き続き教会との共同事業と考えられた(45)。イタリアでは、一八六一年になってもなお全教師の三分の一が聖職に就いていた(46)。ベルギーでは、とりわけ地方では教会が多大な影響力をもつ二元的な教育制度がつくられた(47)。最も極端なのはロシアで、ロシア正教会側が教育に熱烈な関心を抱いた時期は、ツァーの側でも農民の無学に懸念を高めていた時期と一致していた。一八二八～九一年に発布された一連の法律は、すべての農民学校を教会の支配下におくことを最終的に定めた(48)。

少なくとも一九世紀最後の三〇年までは、ヨーロッパのどの地域でも、宗教教育を伴わずに子どもが読み方と書き方を習うことができる唯一の確実な機会は、民間の教育市場を利用することであった。しかし、そうした教育形態は教会と世俗権力双方から軽蔑された(49)。一八七〇年に統一ドイツ帝国が誕生した際も、学校はまだ宗派的アイデンティティを保っていた。フランスでは、基礎学校へのカトリック教会の影響力は、第三共和政下で新しい有権者の大半がカトリックに入信するルイ・ナポレオン時代に最高潮に達した。その後、宗教教育は猛攻撃を受けたにもかかわらず、一九一二年まで修道女は公立学校《パブリック・スクール》にとどまり続けた。北ヨーロッパと西ヨーロッパから遠く離れた教会は、権威の衰退はゆるやかであった。第一次世界大戦前夜でも、ハンガリーの基礎学校の五分の四は宗教団体の管理下にあった(50)。ロシアでは、革命後も司祭が教師の役割を担い続け、教師が専門職として完全に国家の統制下におかれるのはやっと一九三〇年代のことであった(51)。

ヨーロッパにおけるリテラシー運動は、活動と権威の両面で教会に最後の黄金時代をもたらした。教会は、政府がおこなった一連の政策によって、影響力を強化する法的手段を手に入れた。国家は成人の国民に対して、教会への出席あるいは教義の強制的遵守をかなり以前から放棄していたのだが、ここにきて、無垢な子どもの精神生活に徐々に干渉するようになり、子どもを通じてその親の心を動かそうとする教会と共謀するようになった。教会本体も職員も、補助金や給与によって、中央と地方の納税者から前例のない援助を受け取ることができた。たしかに、カトリックやロシア正教の保守派には、テクスト読解力をやみくもに普及させることを公然と非難する年輩の聖職者もまだ見られた。しかし、ほとんどの場合、ローマ法王を戴くカトリックも、ルターやカルヴィンを戴くプロテスタントも、一緒になってこの最後の絶好の機会を生かし、農民や都市貧民層の家庭や個人の心に手を伸ばそうとした。たとえばプロイセンでは、ドイツ帝国を支配する頃には、広域な国土に及ぶさまざまな宗派のどれかひとつがほかの宗派よりも顕著にリテラシーの普及に影響を及ぼすことはなくなった(52)。

宗教権力と世俗権力の連携は、読み書きできる国民の創出という一大事業において、物質とイデオロギーの両方の基盤に支えられていた。最初に、教会が慈善活動と公務の橋渡しをした。一八世紀には、地域の聖職者が、労働貧民層の親に何らかの教育を施す公的責任を負うこともあった。しかし、実際の教育は、教区の寺男など、かろうじて読み書きできる教会の使用人にまかせられることも多かった。彼らはさまざまな仕事の片手間に、それにふさわしい建物・設備・訓練も与えられずに教えていた。教会の利点は、教育が拡大する初期に信徒集団の慈善活動の伝統と機構を有効活用できたことである。また、専門的な国家公務員の教師には耐え難い雇用条件でも、新たに宗教的に覚醒した有志が教育に人生の一部あるいは全部をすすんで捧げたことも利点であった。アイルランドでは、カトリック教会が資金調達と人材確保に大いに成功したので、平信徒の教師集団が急増した。そのため、反政府的な煽動を恐れたイギリス政府は、地域住民からカトリック学校への寄付を禁止せざるを得なくなった(53)。一九世紀初頭に、最も積極的な活動を代表するキリスト教の修道士会の成功によって、マス・リテラシー教育という課題に対処するヨーロッパのカトリック教会の能力は著しく強化された(54)。フランスでは一八三〇年までに、聖職は授けられないものの教会の指導監督を受けた二三七〇名の修道士が、広義の宗教教育の一環として、貧しい子どもたちに文字を教えた(55)。イギリスでは、イギリス国教会下の貧民教育普及国民協会*18と、対抗して設立された非国教徒の内外学校協会*19は、教育に熱狂的な関心をもつ聖職者と平信徒が強力に結合した代表例で、それらは、カトリック教会の教師集団と同じように、革新的な教育方法や教材を開発した。これらの組織は、公的な補助金がなければ、無制限に拡大できなかったであろうが、これらの団体がかき集めた巨額の寄付金は、一九世紀初頭の政府が考えた教育の投資効果を著しく高めた。

国家と教会には、フランス革命の後遺症によって共通の目的があったため、国家は教会と資金面で何らかの連携をする用意があった。一九世紀末に基礎教育の支配をめぐって宗教勢力と世俗勢力が激しく対立したため、それ以前に両者が連携して教育の普及に尽力していた歴史は覆い隠されがちである。一方で、個人の経済的・社会的な成功に対する啓蒙主義の関心は、教会の進歩派に受け入れられた。というのも、教会にとって現世と来世の両方を教区民の子弟に教育することは、必ずしも矛盾しなかったからである。他方で、政治家や支配者層は、教会教育に構造化された道徳規律を、読み書きが潜在的にもつ破壊性を封じ込めるために利用できる最良の手立てだと考えていた。一八一四年に発布されたデンマークの教育法は、基礎学校の目的が「福音主義キリスト教会の教えに従って、子どもたちを善良で公正な人間に教育し、国家の有用な市民に必要な知識と指導を子どもに与えること」であると述べている(56)。

一七八九〜一八四八年以降も、革命の危機を連想させる無神論的、共和主義的な印刷物が隆盛を極め、組織的なリテラシー教育に関わったあらゆる勢力の結束を強めた。プロイセンでは、一八二〇年代の教育制度で教会が再び支配的な役割を取り戻し、学校教師が教会の対抗勢力にはならない保証を得ようとした。学齢に達すること《シュールプフリヒティヒカイト》、すなわち就学義務という概念には、世俗と宗教の両方の価値が含まれていた(57)。改革後のイギリス政府は、第一次選挙法改正の危機を受けて、教会への資金投入を開始したが、社会秩序を乱す新聞や雑誌がかつてなく氾濫した時期であった。フランスでカトリックの影響力が最後の隆盛を極めたのは一八四八年の二月革命以降であったが、この革命は国家の発展を統制しようとする新しい独裁政権の到来を知らせるものであった(58)。

あらゆる結婚がそうであるように、教会と国家の連携もまた、互いの欠点を補い合い、不安を共有して結束するとうまくいく。教会と国家には、いかなる大衆教育にも反対する反動的な要素があったが、両者はそれが最終的に自分たちのすべての権威を失墜させかねないと危惧していた。教会も国家も、迷信だらけの口承伝統の非理性的な信念体系の力を恐れていた。そのため、ほとんどの場合、両者は家庭教育の価値を否定した(59)。これと著しい対照を示したのはスウェーデンで、そこでは家庭教育に取って代わるのではなく、教会を通じて家庭教育を監督する政策が、国家の教育供給の時代も存続した。スウェーデンの一八四二年教育法は、公立学校《フォーマル・スクーリング》への就学前後も継続して親が子どもを支援することを命じたものであった(60)。

しかし、読み書きできない親が、基礎教育を受けたいという願いをかなえようとして統制を受けない教育市場を利用することを、教会と国家はこぞって敵視した。両者は近代化の帰結をつねに懸念する近代主義者であり、社会階層間のコミュニケーションの障壁を取り除くことに関わりながら、他方でこの過程が既存の権力と特権の位階秩序《ヒエラルキー》を崩壊させてしまうことを恐れた。両者が何にもまして抵抗したのは、純粋な技術的実践としての学校教育という考え方であった。リテラシーは、つねに教えられていたとはいえ、決してそれだけが教えられることはなかった。読み方、そしておそらくは書き方という技術も、あくまでも体系的教育の手段であって、目的であってはならなかった。一八三三年のギゾー法は、市町村長《コミューン》が運営する学校と主任司祭が運営する学校を問わず、「子どもたちの魂に、秩序を守り、神に対する畏敬の念をもたせる心情と規律を浸透させる」ために、「道徳および宗教教育は、最も重視されなければならない」と規定した(61)。プロイセンでは、一八五四年のシュティール規則*20で、一週二九時間の授業時間のうち三時間以外をすべて宗教教育に当て、読み書きは宗教教育を通しておこなわなければならないと明記した(62)。教会と国家は、教育制度を構築し、その結果を管理していくために互いを必要としていた(63)。

しかし、多くの結婚がそうであるように、教会と国家の結婚の陰にもさまざまな緊張関係が存在し、離婚という辛い結果に終わることもあった。国政と、地方行政の両レベルで、教会と国家という二つの強力な機関には、たとえお互いが全面的に信頼できなくとも、ある種の妥協を続ける必要があった。両者が妥協に達するにはさまざまな方法があった。プロイセンでは、教会に世俗教育機関の職員を配置することが許された。デンマークの基礎学校は、三役教育委員会《スコレコミッション》の監督下にあり、教区牧師が議長を務め、残り二人の委員は地方自治体から選出された。イギリスでは、教会組織の活動は一八四六年から世俗の視学官の視察下におかれた。フランスでは、一八三五年に基礎学校の視察団が組織され、それまで視察をおこなった地方の名士に代わって市町村内の世俗と宗教双方の教育供給を監視するようになった(64)。ロシアでも、一八六九年に視学官職が設けられたが、教育介入の権限は広範であったが、ほとんど実態を伴っていなかった。

教育統制に関する正規の枠組みは、各地域レベルの教育供給の形式と規模が不均一という恒常的傾向を抑止しようとするものであった。宗教団体や市民団体の意欲や資源に、教育の主導権が過剰に委ねられた。この傾向は農村部にとりわけ顕著で、多くの課題が放置されていた。教育を受けていない者を啓蒙する責務を負った一握りの高位聖職者の対立にあまりにも左右されすぎた。この問題の核心にいたのは、ほかならぬ学校教師である。彼らは資格に見合った報酬が得られないことに憤慨し、親からも、教育を受けていない宗教・世俗の管理者からも、指図を受け入れなくなった。もし国家と教会が共通の不安から、両者のさまざまな緊張関係を公教育の内部に封じ込めたとするなら、教育の専門職化という共通の問題も、両者の緊張関係を絶えず悪化させたであろう。

第3節　教育方法

リテラシーを教えることは、読むべきテクストが存在する限り、そこに利益が生じることでもあった。学校を設立しても、わずかで不安定な収入しか得られないことが多かったが、教材を出版し、子どもが書き言葉を学ぶ効果的な新しい教育方法という評判が立てば、ひと財産築くこともできた。しかし、世俗的・宗教的権威者たちが市場から教育の統制を取り戻し、マス・リテラシーを達成しようとする野心的な計画を決意したことによって、個人と集団の教育活動の本質は、根本的に変化した。最初の変化は教育方法の内容ではなく、概念であった。

一八世紀末〜一九世紀初頭に、具体的な解決策の中身よりもカリキュラムを重視する点に偉大な教育著作家たちの影響があった。ペスタロッチ〔1章訳注3〕の子ども中心主義や、ランカスターのモニトリアル・システム〔訳注1章4〕に高い関心が寄せられたり、薄れたりした。しかし、たとえ教育書の内容が読後に半分くらい忘れられてしまっても、基礎学校の授業が、その場の成り行きではなくきちんと考案され、実施されるべきであるという確信は、実験学校を訪れた者が自国に戻った後も消えなかった。リテラシーの獲得方法には正誤が生じた。子どもは指導なしで学ぶことができないのとまったく同じように、教師もまた誰かの指導なしには自分自身を教えることはできない。子どもの訓練者は、それに先立って自ら教師としての訓練を受けなければならず、資格を得た後も、授業と教室のあらゆる出来事に指導力を発揮することが求められた。この当時成功を収めたのは、近代の教育界の概念でいえば、教師中心の学習《ティーチャー・センタード・ラーニング》であった(65)。

基礎学校は徐々に視察下におかれるようになったが、子どもが印刷文字に接する変化は比較的ゆるやかであった。イギリスは当初、ヨーロッパの先進国でも例外的に、アルファベットを習得した直後に書き方学習の開始計画を立てていた。しかし一般に当時の習字は、近代のカリキュラムに見られる製図技術のように、特別な選択科目である運指技法《モーター・スキル》と考えられた。読み方と書き方は、それぞれ異なる文化の伝統に属していたのである(66)。読み方は宗教教育に必須だと考えられ、宗教教本の解読は授業の形式と同時に目的でもあった。これに対して書き方は、その技術の必要な職に就くと決められた子どもたちだけが身につける、手を使う技と見なされた。この書き方を学ぶのは就学して数年経ってからであった。そのため、同年代の子どもの大半が家業に戻っていくなかで、子どもを学校に残しておける経済力と熱意のある家庭の子どもだけが書き方を学ぶことができた。

政府が基礎教育制度の法的枠組みを整え始め、名目上、書き方にも読み方と同等の価値がおかれた。一八一四年、デンマークでは書き方が必修になったが、一八二七年にノルウェーで、一八三四年にフランスで、そして一八六四年にロシアにおいてさえ、それぞれ必修になった(67)。イギリスの教会学校では、一八三三年に国が補助金を助成し始めたため、大半の子どもが、何らかのかたちで書き方を学習するようになった。しかし、いずれの国でも、最初の2R、つまり読み方と書き方を同時に学習させる新しい野心的な計画は、とりわけ地方では確実に実行されたわけではなかった。書き方の教材は家庭では入手困難で、一九世紀半ばの教会学校はどこも資源が不足し、生徒は過剰であった。書き方が重視されたことは、基礎教育の概念が大きく変化したことを物語るが、その変化のなかで書き方のさまざまな障害を乗り越えるために、教師、親、子どものいずれも特別な献身が必要であった。

制度的な教育の初期段階で大がかりに改革された領域は、教室の編成であった。一九世紀以前には、家庭に始まり、職業教師や教会学校に至るまで、教育実践に連続性が見られた。いずれも、子どもは一対一を基本とする教育を受けていた。すなわち家庭では、家事の合間のわずかな時間が利用された。学校の教室では、一人の子どもが教卓へ呼ばれて指定された教科書を読んでいるあいだ、ほかの子どもたちはできるだけ静かに自習し続けた(68)。一八世紀は、私立学校《プライヴェート・スクール》も教会学校もほとんど教師《マスター》は一人しかいなかったが、クラスの規模が非常に小さかったので、子どもたちは多忙な親が家庭で教えるのと少なくとも同じ時間を、週日の授業時間に教師と接することができた。たとえば、一八世紀後半のハンガリーのヴァシュ県の平均では、各学校に配置された教師はかろうじて一名にすぎなかったが、教師一人に対する生徒の数は、一三〜二五人程度にとどまっていた(69)。大衆教育を進める野心にとって、このような昔ながらの方法は批判的に乗り越えなければならなかった。ホレース・マンの観察どおり、一〇〜二〇名程度なら可能でも、六〇〜七〇名の子どもたちには通用しなかったからである。

一人の子どもの朗読を聴いていると、それ以外の子どもたちの学習や振る舞いに注意を払えなくなる。われわれ教師でそれができるのはほとんどいなかったため、子どもたちが怠惰になったり騒々しくなったりすることが頻繁に起こった——教師への怖れが子どもたちを縛り付けていた場合を除いて(70)。

ジョセフ・ランカスターとアンドリュー・ベルが開発したモニトリアル・システムがヨーロッパ全土で大きな関心を呼び起こしたのは、それがおもに時間調整の方法であったからである(71)。それは、クラス全体の生徒を同時に教える最初の実験的な試みであった。ヘッカーは、すでに一七五〇年頃、プロイセンの敬虔主義の学校で一斉教授法を先駆的に試みており、フェルビーガーもまた、ヘッカーにならってシュレジエンのカトリック学校で実践した。しかし、当時、教育改革者たちが一様に探求し始めた問題——多数の子どもをいかに効率的かつ効果的に教えるか——への解答は、結局のところ一九世紀初頭のイギリスの教会団体〔訳注2章18と19〕が見いだすことになった。その解決法とは、学校を垂直に分割して複数クラスに分け、子どもたちをつねに口頭の授業に取り組ませる助教《モニター》を配置することであった。子どもの好き勝手にさせず、入念に組まれたカリキュラムでひとつずつクラスを上がっていくことで学習の進展を確認するようになっていた。学習の進んだ子どもが遅れた子どもに教える教育方法は、フランス、オランダ、(プロイセン領以外の)デンマークなど、ヨーロッパ諸国でしばらく試された(72)。しかしこの方法はすぐに、優れた経済効率に比べて負担が大きすぎ、実行不可能とわかり、ホレース・マンの指摘のように、一八四六年までに「全国的な世論に押され、これらの国々では廃止に至った」(73)。

しかし、モニトリアル・システムが廃れたあとも、個人よりも集団に基礎をおく教育概念は残った。クラスが教育単位になり、人数的に可能であれば学校全体が二つあるいはそれ以上のクラス編成になった。クラス担任の教師は、クラスの生徒全員が継続的に道徳的・認知的発達を遂げられるように、あらゆる学習機会を有効活用した。

個別学習から集団学習への変化は、リテラシーの教育方法に逆説的な効果をもたらした。基礎教育の機能を近代化させ、拡大させる目的が教育改革に導入されると、当初はリテラシーの教育方法の多様性が狭められた。文字を解読する困難な営みに取り組む標準的な方法は、個々のアルファベット学習か、単語や文の構成の統合学習であったが、それらは少なくとも九世紀以来の歴史があった(74)。子どもは、アルファベットの学習から始め、次にバラバラの音節一覧へと進んだ。たとえば、トマス・ダイクが一七〇七年に出版した『英語入門』には、「ba be bi bo bu　ca ce ci co cu」(75)という音節表が、また、トマス・ディルワースの一七九三年の『新英語入門』には、「ba be bi bo bu　ab eb ib ob ub」という音節表が掲載されていた。これらの本はいずれも、一八世紀後半に大西洋を挟む両大陸で普及した初等読本であった(76)。最初期の、かつ最も簡素な教材のひとつはホーンブック〔訳注2章3〕であった。それは十字架のかたちをしており、片面にアルファベット、基本的な音節の組み合わせ、そして場合によっては簡単な宗教書が記載されていた。この教材の効果には、ロックとデカルトが学問的なお墨付きを与えた。というのも両者は、断片的な知識をまとめて大きなまとまりへと総合する学習過程を支持したからである。子どもは言語の基本的要素から学習し始め、次に文字を組み合わせて音節を学び、音節を組み合わせてからある程度の長さの単語へと学習を進めていく。そして次第に複雑な文章へと進み、最終的に完全なリテラシーを獲得する(77)。さらに、単語の発音も、文字や音節から成り立っているので、子どもは無意味で断片的な文字や音節を声に出すことで、読み方だけでなく綴《スペリング》方学習の基礎も獲得すると考えられた(78)。

このようなリテラシーの学習方法は、時間・空間・社会的地位を超えて、近世から存続してきた。ダイクとディルワースが採用した方法は、一七世紀初頭のモスクワにおけるスラブ語の入門書にも見られるし(79)、北ヨーロッパと西ヨーロッパに流通したABC教材や教科書類にも認められる。これらの教材は、教会学校と一般教育市場向けに制作され、上流階級の子息たちが、女家庭教師《ガヴァネス》*21との授業のなかで使用することもあれば、労働貧民層の子どもが、家事の合間のわずかな時間に勉強したり、農閑期に数ヵ月だけ学校に通える時に使用されることもあった。このような昔ながらの教材は、一斉教授法がもたらした影響によって時代遅れになるのではなく、むしろ生き長らえた。新たに国庫補助を受けたイギリスの教会学校の後援を受けて一八三五年に出版されたヘンリー・イニスの『イギリスの子どものための綴方入門』の最初のページは、「ba be bi bo bu by ab eb ib ob ub yb」で始まっている。ジョセフ・ランカスターが生まれる前から出回っていた最初の入門書は、一九世紀に入っても印刷され続け、一斉教授法のために作成された新しいシリーズの入門書と組み合わされて使用されたが、それらが基づいていた法則は、以前とまったく同じものであった。構成要素とされる音節《シラブル》から単語を積み上げていく方法は、大勢の子どもたちを教えなければならないという問題に恰好の解決策を提供した。要素に分類《クラシフィケーション》する学習方法と、クラスに分ける《クラシフィケーション》教室の構造が合致していたのである。新しい教場における作業の段階的配列は、旧来の教科書の文章が構成要素に分解されていたことと類似していた。生徒がこのカリキュラムでどれだけ上達したかは、単音節語から多音節語への移行で測定された。イギリスの内外学校協会の初期のモデル校には八クラスが設けられた。最初の四クラスは、アルファベットから四文字の音節へ、次の二クラスは一ないし二音節単語、そして最後の二クラスでは簡単な宗教句集や情操を高める短編集を扱った(80)。

かつて、子どもたちの文章読解用であった初等読本は、いまやそれ自体が学習課程になった。前述のように、一八世紀に教材の需要が高まると、民間の教師の負担を軽くする創意工夫に富むさまざまな教材が現れた。非常に豊富な種類の詩集や散文集はもちろんのこと、アルファベットのボードゲームやカード、パズルなどが、購買力のある人びとに向けて発売された。家庭や教場を問わず子どもを教える責任のある者たちは、購入教材と手作り教材、昔ながらの音節入門書と独創的な新しい教育方法、専門教材と、家に転がっていたり生徒たちが学校にもってきた印刷物の切れ端など、自由に教材を組み合わせて使用した(81)。しかしその自由は、体系的な学校組織では許されなかった。普遍的なリテラシーと専門的な教育の両方を推進するには、教育の選択肢を狭める必要があった。新たに養成された教師が専門職の地位に就くには個人の自律性を犠牲にしなくてはならなかった(82)。また、クラスを分割せず一斉教授の指導に当たる場合、利用可能な方法が豊富にあっても、ひとつを選択するだけで精一杯であった。実験も即興も容認されなかった。統合的アプローチは、印刷された言葉の習得過程で道徳規律と指導を維持する最も有望な見通しを提示していた。

伝統的な技法が定着する事態は、教育環境でも同じように見られた。それまで教場が静かな場所であったことはなかった。個別教授法では、教師が生徒一人ひとりの復唱を聴いているあいだ、残りの生徒は自分の番に備え、各自が読む練習をしていたので、教室ではつねに子どもたちの声が聞こえていた。教義問答《カテキズム》は、長きにわたって学習法であると同時にその成果でもあった。すなわち、子どもが一連の質疑応答を繰り返すことによって、宗教儀礼に必須の決まり文句をどの程度知っているかが判明した。しかし、真に理解して読めている子どもと、単に暗記しただけの子どもの区別はつけにくかった。個別学習から集団学習へと移行しても、子どもたちの声がそろったにすぎなかった。子どもは最初は文字や音節を、次いでお祈りの言葉、聖書の一節、道徳的な読み物の一節を一斉に復唱する合唱団員になった。リテラシーへの声のアプローチは確実に生徒の足並みをそろえ、これによって教師は自分の権威が保たれ、リテラシーの基礎と精神的規律という二つの目的が着実に推進されているのを確信できた。この方法は、授業を組織する手段であっただけでなく、自分たちの実践がうまくいっている宣伝手段でもあった。どの視学官や学校を訪問する高官たちも、教師が生徒集団に内在する無秩序志向を克服し、専門の教科書が頻繁に不足するのもかまわず授業している様子を、目で見るだけでなく耳でも聴くことができた。こうして教室は、教会の礼拝の式次第に色を添える音楽こそなかったものの、まるで教会の集会のようになった。

公《オフィシャル》立と私《アンオフィシャル》立の学校における学習構造は、宗教改革時代にまで遡るさまざまな教育方法の工夫を、どのように適用したかによって分裂していた。研修を受けた教師は、受けていない教師とは異なり、ただひとつの教育方法を遵守し、生徒の声を一斉にそろえさせる力量があった。生徒に馴染みの少ない教材が、組織化され統合された教室で徐々に絶対的なものになったのは自然の成り行きであった。他方で、家庭教育のカリキュラムや、設備が不十分な私立学校の教室では、どんな授業をするにせよ、即興性と適応性が重要な役割を果たした。多くの場合、成長しつつある子どもたちが経験すべきほかの形式の学習でも同じようにこのことが重視された。いまや、名目上のリテラシーを身につける学習方法は、その他の認知的スキルを獲得する方法とはまったく異なると感じられるようになった。とりわけフランスではその考えが強く、一九世紀の最初の二五年間に設立された公立学校の生徒はアルファベットの修得からすぐにラテン語購読へと進んだ。教室で教える教師から見ると、この目新しい教育方法は、二つの必要不可欠な機能を果たしていた。その第一は、教師が生徒の道徳的・精神的性格を改善するだけでなく、改造する責務も負うことを劇的に表現した。大衆向けの基礎教育の推進は、家庭でも子どもを教育できるという考えの完全否定の上に成り立っていた。親まかせの子どもは道徳的に間違った振る舞いを覚えてしまうか、いい加減な読み書きしかできなくなる、というわけである。就学時に子どもが無知で学び方さえ知らないという思いが強いほど、教会と国家が広範囲に展開した教育事業は成功を収めることができた。

第二に、この方法は、リテラシーを教えることに一生を捧げようと決心した男性の、時には女性の、専門職のアイデンティティを確立する一助になった。教師は、生徒がもつ文化資源やスキルに自分の教え方を合わせるのをあえて拒否することで、世帯で子どもに教えるだけの素人や、健康を損ねたため過酷でない職を求めて教師になった労働者とは一線を画した。教師たちが結果を出す重要な手段として教育方法にこだわったことは、次第に「師範学校」の影響力が増してきたことと関係している。このような教員養成カレッジは、一七六五年にシュレジエンに姿を現し、続いて一七七一年のウィーンにも現れた。一七九四年に設立されたデンマークのブラエトロールボルグ学校の例のように、設立当初、宗教教育と読み書き算術〔3R〕は非常に重要視されていた(83)。

一九世紀の最初の数十年頃、西ヨーロッパ諸国の大半は、国家の助成と視察を受ける基礎学校の教員を養成し、資格を与える諸機関のネットワークを確立しつつあった。当初これらの師範学校は、教師という労働力全体のうちのごく少数しか養成できなかったが、教師の専門職のアイデンティティの発展にとって中心的な存在であった。師範学校は、当時出現しつつあった教職《ペダゴジー》が自律的に活動できるようにする制度的な背景を形成した。村の学校教師がつねに何かの制約に直面せざるを得なかったのに対し、師範学校で教える教師は、技術的な実践として教育方法の性質を熟考する場と、次世代の最も優れた教師たちに、教育方法に関する自分の洞察を伝える機会をもっていた。師範学校の教師は、頻繁に政府や教会の統制下にあった視学官と並んで、次世代の教科書を生みだす原動力となった。彼らは、教育の広義の道徳目的に関心をもち続けていたが、他方、教師という職業は、ただ善良な男性（あるいは、教員養成カレッジが一九世紀半ばに門戸開放し始めた時には善良な女性）であるだけでは不十分であると次第に自覚を強めた。新たな教育労働力という専門職の地位を守り、その責任を全うするために、教師がリテラシーの正しい教育方法とその活用法を心得ることは、決定的に重要であった。

もちろん実際には、すべての公立学校の教室で、教師たち全員が師範学校の教師が定めた基準に沿って、増えつつあった視学官集団が要求する基準を満たす授業をしていたかどうかは定かではない。この当時、現場での養成はなかった。新たに正規の教員資格が導入されたからといって、教師の基準がゆるかった時代に採用された教師が働けなくなることは滅多になかったし、ひとたび適切な養成を受けた教師は、その後四〇～五〇年間、自分の教育実践を変えずに働き続けた可能性もある。たとえばフランスでは、個別学習から集団学習への移行は、伝統的なアプローチに何の問題も感じていない教師や親がいる地方の学校に浸透するまで数十年を要している。教職を正規化しようとするさまざまな試みにもかかわらず、子どもたちが教育と出会うとき、圧倒的な影響力をもっていたのは、やはり教師の性格であった(84)。どの国でも、二一～三名以上の教師を擁する基礎学校はほとんどなく、多くの学校には教師はたった一人しかいなかった。教育施設に支出する際に最初の力が注がれたのは教師数を増やすことではなく、広い教室を建設することであった。ヨーロッパで最も組織化が進んでいたプロイセンの教育制度でも、一クラスあたりの平均生徒数は一八四八年頃には八〇名に達しており、一八八〇年代前半のオランダやオーストリアでは七〇名程度、イギリスでは九二名にも上っていた(85)。そのような状況は効率的な教育方法を重んじる結果をもたらしただけではなく、学校の制度的なアイデンティティよりも、教師の個人的な性格のほうが大きな影響力をもつ傾向があったことも意味した(86)。大都市中心部の教員養成カレッジから遠く離れた所では、農民の息子が一教室か二教室しかない学校で教師として何十年ものあいだ教え続けてかろうじて生計を維持していた。そのような子どもたちの読み書きに対する考え方は、教師が野蛮か優しい性格か、怠けているか、やる気があるかといった要因に大きく左右されるのがつねであった(87)。

こうして、師範学校と視学官の存在は、かつてないほど大勢の専門職の教師の実践を支援すると同時に、教師の欠点に注意を喚起する役割も担っていた。師範学校と視学官は、初めは家庭学習と臨時の教師の授業を非難した。しかし、その後数十年経つと、公的資金で運営され、視察を受けている学校だけで多数の子どもたちに真のコミュニケーション・スキルを教え込むのはとても難しいと認識するようになった。一斉に声を合わせ、機械的に暗唱する音節法《シラビック・メソッド》への初期の熱意は、徐々に冷め始めた。また、一九世紀前半には、書き方と書法《カリグラフィ》はどこでも同じと考えられていたが、書法としての書き方と、ある種の創造活動としての書き方を区別することに注意が向けられるようになった。歴史家たちは、非正規の教育を退けようとした当局の見解に依拠しがちであった。これと同様に、視察を受けた初期の基礎教育の教育方法が愚かしいほど厳格であったとする歴史家たちの批判も、当時の視学官や教員養成カレッジの講師が残した記録から引き出されたものであることが多い。子どもたちが退屈している姿や、次第に長期化する授業時間が何の役に立つのかという疑問は、二〇世紀後半だけではなかった。一九世紀半ばになると、雇用主らの政治的・宗教的命令から知的な距離を取っていた教師たちは、数世紀にわたって領有されてきた教育方法の成果に疑問を呈するようになった(88)。専門職としての自意識が次第に高まり、独自の達成基準を適用する権利を要求し始めた。

第4節　親たち

このような教師の専門職意識の高まりは、基礎教育制度の第一段階の特徴であった国家の復興と安全保障といった問題に加えて、近代の児童心理学や体系的な認知発達研究が登場する基盤を形成した背景のひとつであった。それは普遍的なリテラシーの実現には、結局のところ、単に労働貧民層の家庭を服従させるだけでなく、彼らを積極的に支援することも必要だと認識することにもなった(89)。一九世紀半ばまでに、視学官の報告書が蓄積され、何万人もの教師の経験が知られるようになると、親の要請は抑えがたく重要であるという確証が次々にもたらされた。宗教的・政治的権威が、国家と地方レベルである種の和解に至ったとしても、どうすれば子どもを教室に来させ、最低限の学習課程を修了するまで就学させるかという根本的な問題が残された。プロイセンとスカンジナビア諸国では一八四〇年代までに就学義務を導入したが、その他のヨーロッパ諸国では、一九世紀の最後の三〇年間まで、同様の措置は講じられなかった。オーストリアでは一八六八年に就学義務が法制化され、ドイツも一八七一年の統一後すぐそれにならった。その他の国々も徐々にこれに従ったが、就学義務は、オランダでは一九〇〇年、ベルギーでは一九一四年、フィンランドでは一九二一年まで、それぞれ法制化されなかった。法が成立するまで（可決後もしばしばかなり長いあいだ）、朝起きた子どもに家事を手伝わせず学校に行かせるか否かの最終判断は、親まかせであった。親たちが直面する規範的・物理的圧力は増え続けたが、どの教師もよく承知していたように、子どものために何を望むかについて、親は独自の見解をもち、実際にそうする自由をもっていた(90)。

一九世紀の大半を通じて、学校教育は大多数の親にとって犠牲を払うことを意味した。子どもの人数が多ければ、そのぶん直接の授業料もかかったが、通学にふさわしい服装代も、必然的に就学に付随する家計支出であった。当時、公教育を受けさせる最大の障害は靴の代金で、長い距離を歩いて通学しなくてはならなかった農村では、特に深刻であった(91)。イタリアでも比較的先進的であったボローニャ地方の一八七四〜七五年の公式調査によると、在籍していた子どもたちの半数以上は通学しておらず、欠席者の五分の一は慢性的な貧困、約四分の一は特に学校が家から遠いことが欠席理由であった。さらに、欠席者の二七％は子どもの就労が理由であり、これよりはるかに多かったのは親の「放任」であった(92)。これらの証拠が示唆しているのは、ボローニャでもほかの地域と同様、農民と都市貧民層が、学校教育に対して目に見える見返りを求めていたという事実である。宗教教育は安息日に無償でおこなわれたし、親たちは、自分の道徳教育が無効どころか有害でさえあるという公式見解には納得しなかった。職業訓練は、子どもが就学を終えるまで本格的に教えられなかったとはいえ、年長の労働者が子どもに技能を教えるのが常であった。

親たちが学校教育を必要としたのは、おもにリテラシーの基礎教育を求めたからであった。エギル・ヨハンソンがスカンジナビア諸国について述べたように、「全体として見ると、農村部の人びとは、書物の勉強は日常の用途にはそれほど必要とは思っておらず、リテラシーは日曜日に教会に行った時にだけ必要」(93)と考えていた。親たちは自分で読み方を教えられたし、実際にそうしていたが、専門家がその役を引き受けてくれるのなら便利で効率もよかった。特に書き方は教室のほうがずっと学びやすかった。教師は、特殊で限定付きのサービスをおこなうために雇用された。一八六二年、トルストイは、ロシア農民の要請で設立された教室のことを次のように記している。「これらの学校は、まるで仕立屋か指物師の作業場のようだった。人びとは、学校と作業場を同じものであるかのように考えていたし、教師も作業場と同じ方法で教えていた」(94)。

この一年前の一八六一年、ニューカッスル委員会*22は、イングランドとウェールズの基礎教育について徹底した調査を実施した。この調査は、数十年にもわたる教育投資と教育改革にもかかわらず、なぜ就学率*23が思わしくないのか、その原因を探るためであった。調査員たちは、なぜ親たちは公立よりも私立学校を好むのか、その理由を突きとめるよう命じられた。ある調査員は次のように報告している。「丹念に調査したが、この問題に関する見解の相違は何ひとつ見いだせなかった。教師、国教会派・非国教会派の聖職者、教区伝道主任たちが口をそろえて言うには、貧民が学校を選ぶとき、もっぱら3Rの授業がよいかどうかを見て決めるということだった」(95)。実際には、親たちは学校を選択するにあたって彼らなりの指針をもっていたが、教師はあえて口をつぐんでいた。教師は、誰も座っていない机が並ぶのを眺めるのが嫌であれば、貧民層の要求に合わせてこっそり正規のカリキュラムを修正するほかなかった。一八三〇年代初頭のフランスの視学官は、「親たちは、わずかな3Rができるだけで満足し、教師もそれに同調してしまっている」と不満を漏らしていた(96)。

教員養成と学校視察が大規模におこなわれるようになったことは、地方の多種多様な実践を統制しようとする表れであった。しかしそれは同時に、統制が実際にはほとんど効き目がなかった証拠でもあった。大半の諸国で、親たちの幅広い反対に直面しているにもかかわらず強制力をふるった場合、イデオロギー的・実践的に重大な困難がもち上がった。より良い解決策は、大衆教育推進への全面的な統制を維持しつつ、慎重に教育の消費者の好みと折り合いをつけることであった。親が納得し、進んで子どもを学校に通わせようとすれば、最終的に法的対処が必要な問題も少なくなった。その結果、教育理論家や教育改革者たちは、一七～一八世紀の教育市場で親たちが利用していたリテラシー教育のさまざまな工夫を見直すようになった。体系的なカリキュラムが推進されて姿を消していった教育方法のなかには、長時間無意味な音節や終わりのない単語一覧をひたすら覚える単調な作業を省略して、短文に含まれる単語全体を教える方法があった。この昔ながらのアプローチを最初に批判したのは、一八世紀後半のドイツの教育者たちであった。しかし、音節の発音は短い単語に直結していなくてはならないという彼らの主張が、当時の硬直した授業を改善することはほとんどなかった(97)。それから半世紀が過ぎても、ほとんどの公立学校の教室《オフィシャル・クラスルーム》では依然として、イギリスの元視学官が書き残した以下のような音節法を使用していた。「子どもたちは、機械的に音と文字を結びつけ、即座に声を出して単語を読む学習をしていた。途中でまごつくことはまったくなく、印刷された単語をそのまま発音していた」(98)。

一九世紀中頃になると、イギリス、ドイツ、ロシア、アメリカで、「一見読み方式《ルック・アンド・セイ・メソッド》」*24について議論が起こった。アメリカの教育改革者ホレース・マンはこの方式を支持したことで知られる(99)。一見読み方式では、音節法とは対照的に、教師は子どもが学校外で身につけた言語スキルに対応しなければならなかった(100)。この方法は、子どもが口承コミュニケーションで獲得した自信を失わせず、むしろその自信を土台にした。新奇さはもはや教育方法の本質的な価値とは考えられなくなった。別の教科書には、「導入授業《ファースト・レッスン》は、子どもたちに耳馴染んだ単語だけにしなければならない」(101)と書かれていた。学習者が当て推量で答えるのを禁じる代わりに、単語を試しに発音してみることを推奨した。この方法によって、子どもがリテラシーの授業で学んだことを生まれ育った世界を学ぶなかで発見したことに結びつける可能性が開かれた(102)。イギリスでは、一八五二年に一見読み方式が公的に認可されると、またたく間に新しい種類の教科書が生まれた。

「一見読み方式」が、どの範囲まで、またどの程度の早さで広まったかを明らかにするのは難しい。この新しい技法は、イギリスとアメリカの両方で伝統的な綴方を駆逐したわけではなかった。もともと保守的であった教師は、音節法という排他的なアプローチの皮相な論理を捨てきれずにいたし、視学官も、新しい一見読み方式と従来の音節方法の組み合わせを推奨することが多かった。それにもかかわらず、教育方法の革新は、リテラシーの要点が重要な変化を遂げつつあることを示すものであった。専門職の教師は徐々に、また多分に躊躇しつつも、親が望んでいることや子どもが何を知っているかを考慮するようになった。一九世紀初頭には、公立学校から姿を消していた宗教色のない散文集や詩集が再び高学年のカリキュラムに使用されるようになった。その道徳内容にはまだ注意が払われていたものの、いまや読む喜びと楽しみが許容されるようになった。一八六〇年代後半、当時のフランスの教育相デュリュイは、リベラル派から基礎教育の義務化をはかる野心を挫かれて苛立ち、子どもの興味を引こうとして、世俗の教科を基礎学校のカリキュラムに導入するよう開始した。一八六七年、パリから遠く離れたドゥ・セーヴル県では、村の学校のカリキュラムに歴史と地理が登場し、少年たちを大いに喜ばせた(103)。イギリスでは、親の要求に応えようとすることが、当初はフランスと逆の結果をもたらした。一八六二年の改正教育令では、宗教教育を含む全教科を3Rよりも下位においたが、それは、親が子どもの教育に実際に要望していたものが、おそらく3Rであったからである。同様にプロイセンも、一八五四年にカリキュラムを削減してリテラシーの基礎へと立ち戻った。その後数十年を経て、イギリスでは、初級クラスでリテラシーの基礎を習得した子どもに、徐々に世俗の教科がふたたび教えられるようになり、おもな教材として聖書が使用されることはもはやなくなった。

同じ頃、書き方の機械的スキルの側面を過度に強調することにも疑問が投げかけられるようになった。一八七一年、イギリスのカリキュラム史上初めて作文《コンポジション》という科目が登場した。これはスタンダード六という基準に到達したわずか二%の子どもを対象にした科目で、その内容も、一八四〇年設立のペニー郵便制が提供した文通の利用手引きでしかなかった。しかし、これはリテラシーをめぐる新たな展開の始まりであった。同年、新生統一ドイツでは、基礎学校に関する「一般法」において、作文とともに国内の優れた詩人の作品を学習する科目が設けられた(104)。このようなリテラシーの取り組みによって、子どもが生まれつきもっているあらゆる想像力と創造性をことごとく破壊するよう要求することはもはやなくなった。

しかし、親たちと折り合いをつけたからといって、権威が放棄されたと混同すべきではない。専門職としての教師は、自分たちがもはや不要な存在だと考えるつもりはまったくなかった。教育方法は依然として最も重要で、新たに革新が考案されるたびに論争を呼び、正式の認可を受けた別の教科書が必要になった。いまや子どもは、時には即興の受け答えが許されたが、教師は違っていた。視学官は、子どもの好奇心を喚起する必要性を頻繁に強調し、それができない学校を非難したが、制度的活動としての教育を最優先することに変わりはなかった。どの国も、教育の供給パターンは、他国とは入れ替えられない独自の発展を遂げた。しかし、ヨーロッパ全体を通して、一九世紀末の公立学校の教室では読み方と書き方の授業には、一九世紀初頭ほどの多様性は見られなかった。リテラシーの教育方法への取り組みは長期にわたる混乱を生み、不完全に終わったにもかかわらず、公立学校と、当時公立学校が調和を保たねばならなかった二大勢力である教会と家庭との関係を決定的に変容させた。

フランスの第三共和政とカトリック教会は、基礎教育の統制をめぐって大規模な抗争を巻き起こしたが、これは、さまざまな点で一般的な変化とは異なる特殊なものであった。一八八一～八二年に制定されたフェリー法は、国家の危機と地域の紛争という二つの状況の産物であった。というのも、フランスでは世俗教師と聖職者のあいだに長期にわたる地域の紛争が続き、それがフランス特有の国家と教会による学校の共同管理体制によってさらに強められていたからである。しかし、こうした劇的な変化は、各国政府が自国の支配的な教会と取り結んでいた関係のいかんにかかわらず、大半の国に共通していた劇的とはいえない変化を見えにくくしてしまう。ひとつには資源のことがあった。一九世紀初頭の国家は、マス・リテラシーを多少とも推進するのに教会の援助を必要とした。しかし、一九世紀終盤になると今度は教会が、一部の子どもにしか供給してこなかった教育をすべての子どもに無償で与える、真に包括的な制度に移し変えようとして、次第に国家の財政・法制・行政手腕を必要とするようになった。もうひとつは相対的な優先順位の変化であった。一九世紀初期の数十年で、書き方、とりわけ読み方は、原則的に宗教カリキュラムでは明確な学習目標にはなっていなかったが、いまや基礎的コミュニケーション・スキルを使いこなせる能力は、明確な学習目標として定められ、かつてほど厳格でなくなった道徳の教育目的と結びつけられるようになった。それは、単線的な世俗化の過程というよりはむしろ、リテラシーに付与された意味が決定的に変化したことであった。どの国でも、とりわけ深刻な事態にあったフランスの第三共和政や、悪戦苦闘していたイタリア王国では、読むことと書くことを自己規律というさらに大きな問題から切り離す余裕はなかった(105)。しかし、教室で教えられる道徳は、次第に一般化し、親への尊敬、教師への服従、目上の者たちへの敬意を重視し、あらゆる娯楽、特に性行為、飲酒、安価な書物の消費をしないよう、節制が重視された。

学校教育と家庭教育の関係が変化したことも重要な問題であった。この時期に変化したのは、当初から学校と家庭それぞれの教育観に見られた対立関係であった。貧民層の子どもが学ぶことの本質は、さまざまな境界が消え去ることにあった。子どもは観察し、模倣し、話し、聞き、実際にやってみることを通して、共同体で生きていく上で必要なスキル・知識・価値観を身につけた。学びは誕生の瞬間から始まっており、連続する各段階はそれぞれ次の段階に溶け込んでいる。遊びと教育、家庭と教室、学習と労働を分ける公立学校制度の特徴は、子どもにとってはほとんど何の意味もなさなかった(106)。ブルターニュの人類学者ピエール＝ジャケズ・エリアスは、このような新旧二つの世界に身をおいていた。彼は二〇世紀初頭のフランスの教育制度を回想するなかで、自分の子ども期の特徴が中世以来変わらないことに、はっきりと気づいている。

どんなふうにしてごく幼い頃の教育が始まったかは、すでに書いたとおりです。――木、草、石、鳥、風、水といった、田舎にあるあらゆる資源の使い方を学びながら、わずかな物でも無駄にしないこと、たとえば、一本の杖をこしらえる時は、同じ樹木から二本の枝を切らないようにするといったことから学び始めたのです。わたしは、ほかの人たちがやっていたのと同じように、どんなふうにしてわたしが農夫の仕事を上手にこなせるようになったのか、必要な段階をいくつ踏んできたかについて、描写しておきました。もしわたしが教師にならず、郵便配達員にも、鉄道員にも、海軍の二等下士官にもなっていなかったら、そのまま農夫になる運命でした。農夫の仕事は、未熟者がひっかかりやすいあらゆる罠がどんなところに潜んでいるのかを含めて、身の回りのあらゆることに熟知することで成り立っています。ですから、生活必需品を得るために自然に順応すると同時に、時には自然に相談することも必要だったのです(107)。

このような複雑な学びの過程は、次のような二つの意味で家計に依存していた。第一に、学ぶ内容の大部分は、家庭の物質的な幸福に貢献できるよう子どもに準備させるものであった。第二に、どの日に、あるいは一年のどの時期に子どもを学校に通わせ、その費用を支払うかは、家計がどの程度潤っているかによって決まった。しかし、学校教育制度の初期の支持者たちがたどったのは、教育に関するこのような概念と衝突せざるを得ない道であった。彼らは、正統な教師《レジティメット・ティーチャー》という考え方を著しく狭め、ほとんどの非公式カリキュラムの価値を否定し、地域経済のリズムと実態を無視しようとした。その結果、家庭と公立学校がそれぞれの立場を大きく変えることでようやく解決の糸口を見いだすまで、長期にわたって軋轢が生じた。教育の消費者という立場から鍵となった出来事は、児童労働の需要と利益が減少するのにつれて家計も少しずつ変化したことである。都市と地方の発展によって最低限の収入が得られるようになると、世帯の物質的圧迫は緩和されたものの、法律と生産技術が変化したために、幼児の働き口はますます見つかりにくくなった。子どもを学校に通わせる機会費用と心理的コストは、どの地域でも減少した。その結果、教育に対する親の態度は、教育の内容ではなく定期的に学校に通わせられるかどうかに向けられた。子どもに3Rのどれかひとつ、もしくはふたつ以上、可能であれば専門の教師に有償で教えてもらいたいという願望は親たちのあいだに以前からあったが、一九世紀末までに、西ヨーロッパ諸国の大半で、六〜一二歳の子どもを数年間継続して学校に通わせる条件はかなり整っていた。

第5節　学校教育とリテラシー

権威者たちは、当初の野望が相対的に挫かれたために、やむなく労働貧民層の境遇と願望を調整せざるを得なかった。地域経済の季節的事情から子どもが学校を欠席することは、かつては多くの教師が悩んだ末にこっそりと容認していたが、いまや欠席は公立学校の年間行事で正式に許可された。国民学校制度への進歩的な補助金が、ついに基礎教育の無償化を実現させた国もあったが、それとともに、通学に適した服装や筆記具がなく、深刻な貧困のために放置された生徒の栄養失調に対処した国もあった。このような文脈で教師がリテラシーの教育方法を専門的に反省する過程は、さらなる変化の象徴であるとともに、変化を連続して推し進めた。親たちは子どもを入学させるだけでなく、修了までの数年間就学させねばならないという要請に、当初はしぶしぶ従ったが、学校に通わせればかつて自分たちがほかの供給源から得ようとしたリテラシーの基礎教育が得られると確信するようになった。そして、少なくとも能力の高い子どもは、かつて家族の語り部から聞いた物語や、道ばたや野原の冒険遊びしか機会がなかった想像力に満ちた発達や発見を、学校の授業でも得られるようになった。

しかし、こうした変化が大規模で、恒常的にあったと過剰に脚色すると誤解を招くことになろう。公式の就学統計データは、世紀を追うごとに信頼できるようになる。統計データを額面どおりに受け取るなら、一八八〇年代初頭までに、組織化がさらに整ったヨーロッパ諸国では総人口の約一五%が基礎学校に在籍したが、これは五～一四歳の子どもの四分の三に相当する(108)。しかし実際は、このデータが現実と一致していたのは、プロイセンとスカンジナビア諸国の一部だけであった。ホレース・マンによれば、プロイセンで認められていた唯一の欠席理由は、「病気と死亡」だけであった(109)。イギリスとフランスでは、一八三〇〜八一年の公式統計上の出席人数が二倍に増えたが、親は子どもを定期的に通学させることに依然として徹底抗戦し続けており、特に娘を家事手伝いのために家におくことで、実質的な就学免除の公認を力ずくで手に入れた。ほかの国でも、就学義務は親の願望ではなかった。スペインでは、就学義務が法的に定められてから四〇年後の一八九七年になっても、学齢に達しながら不就学と推計される子どもは二五〇万人に達するという。そして、一九三〇年に、学籍はあるが不就学の子どもは一五〇万人にもなった(110)。ロシアでは、政府が算出した数値を見る限り、第一次世界大戦直前になっても、八〜一一歳の子どもの約半数はまだ一度も学校に行ったことがなかった(111)。ハンガリーの学齢人口の一〇%は、一九二〇年代後半になっても、公教育制度とまったく接触がなかった(112)。

地方レベルでは、権威者たちに認可されているか否かにかかわりなく、学校の開設あるいは閉鎖が一五年後の教区登録簿冊の署名数に影響を与えたことは明白である。しかし国家レベルでは、就学率と識字率の関係を正確に把握するのは難しい。学校教育への投資が識字率に大きな影響を及ぼしていたことは明らかである。プロイセンは、早くから効果的な就学義務を課して名目上のマス・リテラシーを短期間に達成した先進的な事例である(113)。しかし、ヨーロッパ全体を見ると、正規の学校教育が読み書きスキルの普及を示す代理指標であると考えることはできない(114)。その理由のひとつは、一九世紀の最後の数十年間に、総合的・義務的・無償の教育制度へ移行する動きが生じ、リテラシー水準として現れるよりはるかに均質な供給パターンを生んだためである。このパターンは、公立学校の教師の仕事より

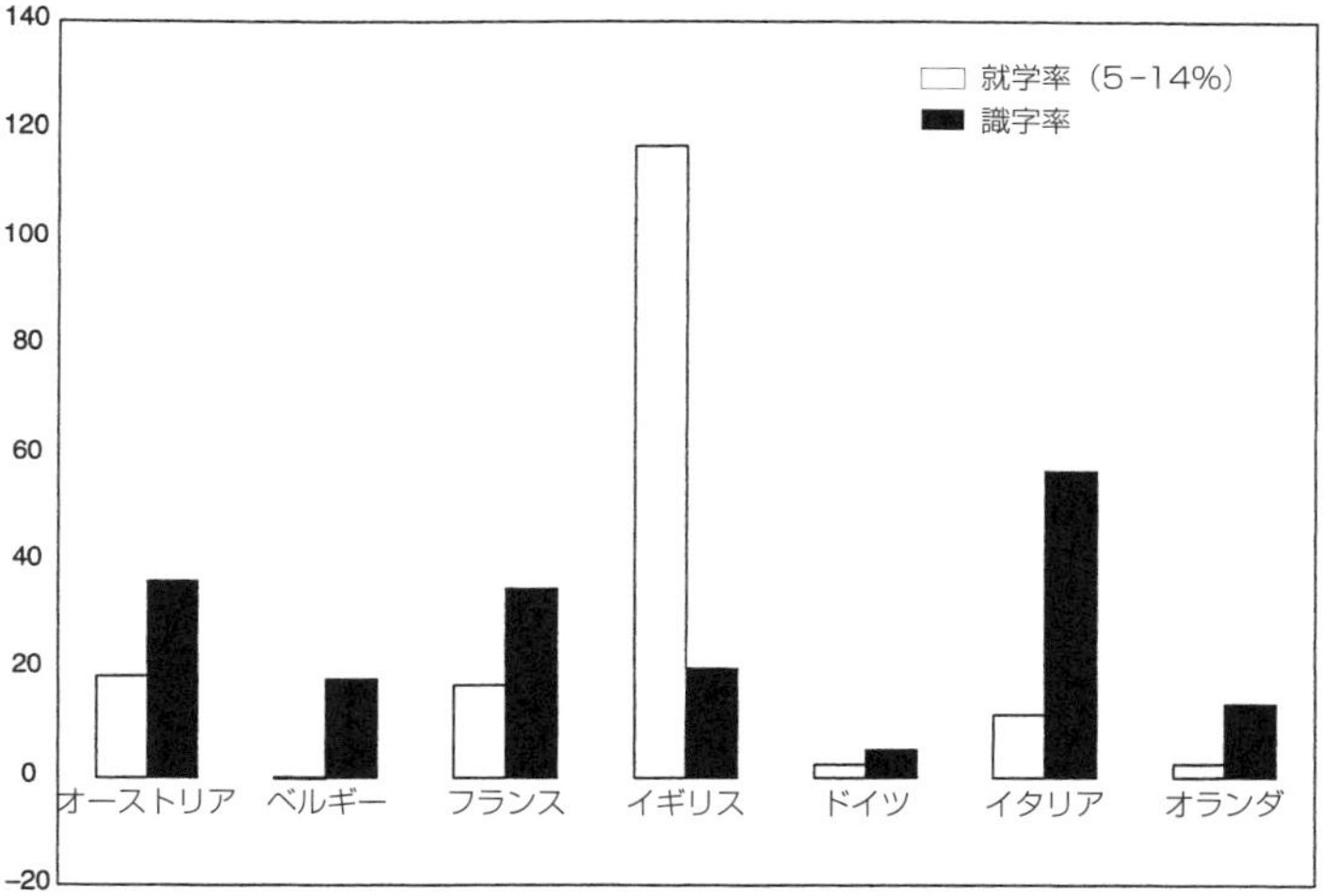

図2・1　ヨーロッパの就学率と識字率の上昇（1875-1900年）

も広範な諸力に条件づけられていた。一八九〇年代までに、イタリアやスペインなどの諸国の就学者数の水準は、結婚登録簿の年次報告書よりも北ヨーロッパあるいは西ヨーロッパの近隣諸国にはるかに近い数値を示すようになっていた。また、学校教育の普及と識字率の関係を明らかにできないもうひとつの理由は、国家が教育の独占権を掌握する以前の数十年間において、公式の年次報告書が私立の週日学校が果たした役割を記載しそこなったことにもある。図2・1(115)は、公立学校制度が整備統合された時代の就学率と識字率の上昇を比較したものだが、イギリスの就学率が突出して増加したことの説明となる。イギリスがヨーロッパのなかで特異なことは、結婚登録簿の署名の急増よりはるかに急速な教育の改革という点ではなく、むしろ先進国でリテラシー水準が最も急上昇した時期に、非公認で記録に残らない学校に最も依存していた点にある。ほかの国々では、

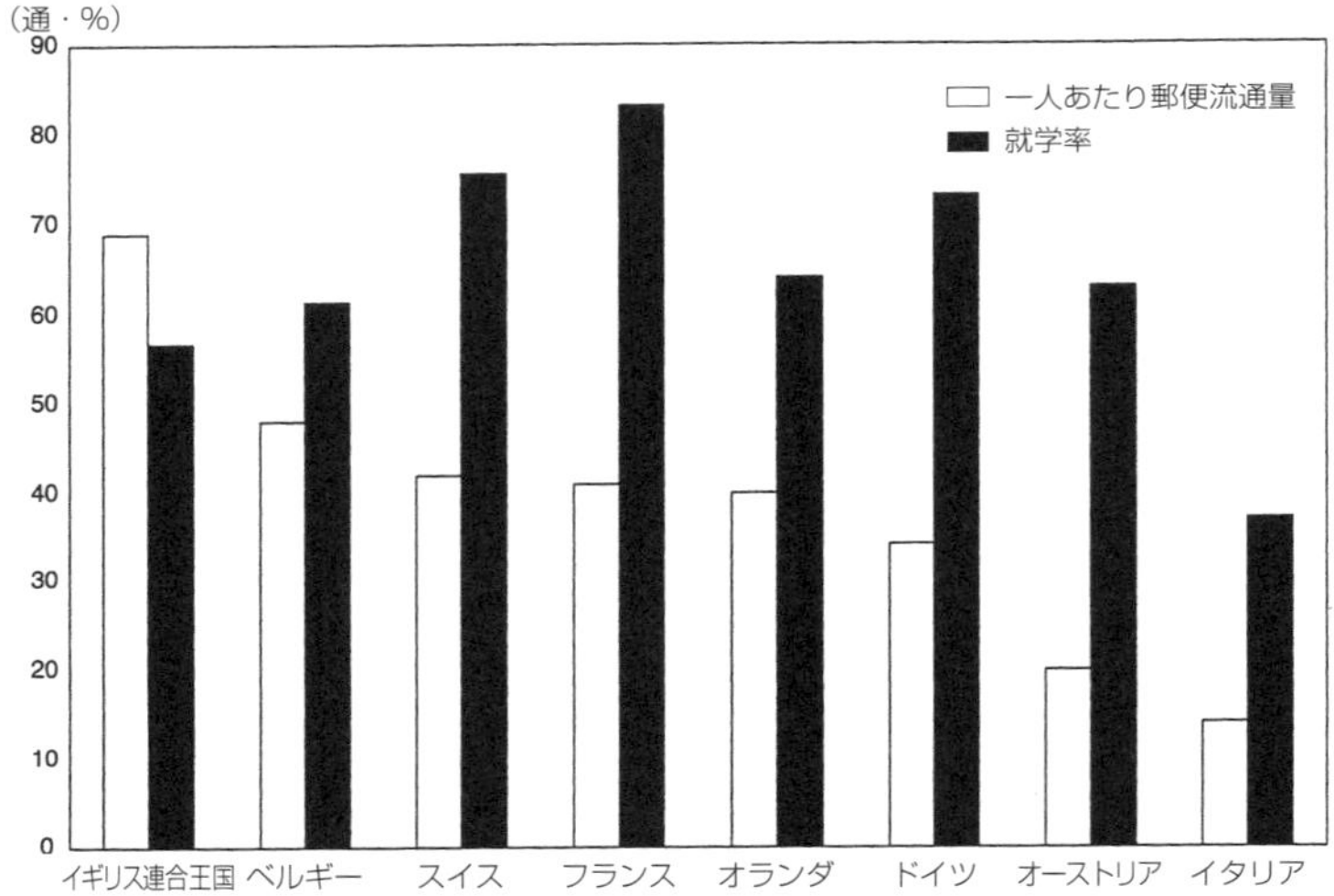

図2・2　ヨーロッパの就学率と一人あたり郵便流通量（1890年）

就学者数よりも識字率の伸びのほうが若干上回る傾向があった。重大な変化は入学者数にではなく、リテラシーの授業から一定の利益を得られるほど長期間在籍し続けた子ども数に生じたという事実にある。

就学率が識字率の代理指標であると単純にいえない最後の理由は、公立学校の教師が教えたコミュニケーション・スキルの質に関係している。書法から作文への移行は時間がかかる上に不十分であった。すべてのカリキュラムを修了したごく少数の子どもだけが、引き続きペンを使って知識を創造したり、他者の考えとつながる正規の授業を受けることができた。したがって、一人あたり郵便流通量はリテラシーの利用を統計的に示す指標のひとつであるが、結婚登録簿の署名率よりも就学率と緊密な相関関係を示さなかったとしても何ら驚くべきではない。万国郵便連合が設立された当初、公式統計によるとイギリスの就学率は近隣諸国で最も低かったが、手紙の書き手の水準は最も高かった。公立学校制度の整備統合によって、就学率と識字率の不一致は一八九〇年までに緩和されたが、図2・2(116)が示すように、このような特殊なコミュニケーション形式は、学校教育の経験との関連性がまだ薄かった。ほかの機能的なリテラシーと同様、リテラシーが特定の時期にどの程度達成されるかは、教室の影響力の枠を越えた一連の諸力によって決まった。

この時期には二つの物語《ヒストリー》があった。一方には、教育学上の論争、イデオロギーの対立、制度改革といった盛り上がりを見せたドラマがあり、他方には、数世代にわたって幼児の世代が家庭から公式のカリキュラムへと移行したことの地味ではあるが複雑な物語があった。ヨーロッパ社会で、リテラシー教育の制度化が推進されたためにすっかり人生が変わってしまった唯一の存在は教師であった。一九世紀のほとんどの学校では、読み方と書き方の授業は、アルファベットと断片化された奇妙な言語から始められた。ますます多くの成人男女がそうした教育に職業生活のすべてを捧げるようになった。だが、教師がどれほど骨折って取り組んでも、目の前に並んで列をなしてひしめきあって座っている子どもたちに決定的な影響を与えることはできなかった。量的観点から見ると、正規の教育と名目上のリテラシーが一致するのは教育を修了した時点だけであった。一八世紀以後多くの地域で、親の高い要求と優れた教師、外部からの寛大な支援などが組み合わされると、リテラシー水準が七〇〜八〇%に押し上げられる時もあった。普遍的なリテラシーに至る道をたどった西ヨーロッパ諸国では、法律による就学義務は長い奮闘の歴史の末に、最終段階においてようやく実現した(117)。基礎教育の効果的・義務的・強制的な国家制度の主要な役割は、どの子どもにも、大人になるまでに読み方と書き方それぞれの最低限の理解力を身につけることを保障する、ある意味で消極的な役割でしかなかった。したがって、マス・リテラシーは、リレー競争にたとえられよう。リテラシーというバトンは、初めの何周かは両親、年長の兄や姉、私立学校の素人教師、公立学校の専門職教師などに手渡された。そして、ようやく最後の一周になって公立学校制度が単独でその仕事を引き受けるようになった。これは、教育責任を最終的に国家に譲り渡すことを生徒の親が納得して初めて実現した。

近代化しつつあるヨーロッパ社会の労働貧民層の子どもは、生活《ライフ》を通じた学びから人生《ライフ》に備える学びへ転換する必要があった。家庭内のカリキュラムであまり複雑でない課題が選別され、その修得のために子どもは世帯から切り離された。かくして子ども期はほかの年齢段階とは区別される時期となり、ひとつの段階から次の段階へ目に見えるかたちで進歩するという新しい問題に注意が払われるようになった。教職の専門職化は、修得した読み書きスキルが基礎教育終了後の年月でどの程度保持され、実際に使われているかという問題に初めて取り組むことになった。ロシアはヨーロッパで自国の遅れを最も自覚していた国だが、一八八〇〜一九一一年に、農民が学校で学んだことを卒業後どれくらい活用しているかを検証する一連の研究が蓄積された。この調査研究は、意欲と機会次第で農民たちは読み書きできるようになり、その能力を残していたと結論している。彼らの読み方は流暢とはほど遠く、文法や綴りもしばしば間違っていたが、学校で教え込まれたことは根づいて生き残っていた(118)。まだ義務教育制度がなかった国々では、農民たちは、大切な初歩的リテラシー獲得のためだけに、わが子を学校に通わせた。史料を見ると、農民たちは概して、学校教育に支払った犠牲と釣り合うだけの見返りは得たようである。ヨーロッパのどの国を見ても、労働貧民層が、公立学校が提供しようとした以上の洗練されたコミュニケーション・スキルの基礎教育を要求した形跡はない。

親にとって、また長期間我慢して通学しなくてはならない息子や娘にとってなおさら問題となったのは、子ども期の学びがますます断片化するなかで、学んだ事柄をいかに関連づけるかであった。この問題の複雑さを最も顕著に経験したのは、女子である。ヨーロッパの至るところで急速に拡大した基礎教育の際立った特徴は、男女が、とりわけ読み方と書き方の教育で、ますます平等に扱われたことである。公的資金の導入は男子に限定する場合が多く、通常、教育規模の拡大は男女別学のクラスあるいは学校の設置を目標にした。しかし、リテラシーの学習自体は、ジェンダー化された活動ではなかった。同じ単語や文章を教えるために同じ方法が用いられた。女子のリテラシーは、男子より遅れて向上し始めたが、その速度が男子を上回ったことを考えると、本章で論じた変化は、おそらく、労働貧民層の息子より娘の方に大きな影響を与えたであろう。彼女たちがアルファベットを学習したり文章を書き写した時間は、人生で味わうことができた唯一の経験であった。すなわち、おそらく同世代の男子と同一内容で、同じ名目上の読み書きスキルを修得した。ロシアの視学官の規準では、一九世紀末の数十年間に、女子が男子と同等の水準を達成して学業を終えていたことが明らかになる。もちろん、当時もその後も、中等教育あるいは高等教育を修了したごく一部の恵まれた階層に、同じことが言えるわけではない。

リテラシーの獲得に平等な領域があったという事実は、教育全般のジェンダー化されやすい性質を強調しがちな歴史家たちに、しばしば見落とされている。ジェンダーの差異は、授業それ自体でなく、授業がその他の学習経験に埋め込まれるやり方に生じた。西ヨーロッパの学校では、女子は男子よりもはるかに集中して、道徳教化を受けた。初期の体系的カリキュラムの大半が道徳でおおわれていたのである(119)。女子は教会学校に通うことが多かったが、学校で学んだ道徳的価値を現在の、あるいは成人後に新たに築く家庭に伝える特別な責任を負うと考えられていたからである。一八六六年のフランスではリテラシー運動が本格化しており、男子のわずか一九％に対して、女子の五三％が聖職者の教師から教育を受けた(120)。女子は肉体労働者の運命をいっそう強く自覚させられた。男子に職業技能を教える試みは総じて中途半端で、失敗に終わった。親たちは、そのような訓練にわずらわされたくなかったし、教師にもその素養は乏しかった。また、公権力も、教室で労働させて学校教育の費用を埋め合わせる試みは一度も成功しなかった。しかし、女子の学校生活を埋めていた編み物や裁縫の授業は、学校が将来女子が送るべき人生の準備をしているという強いメッセージを伝えた(121)。同様に、イギリス、ドイツ、フランスの上級読者向けの教科書にも、生徒向けの厳格なジェンダー役割モデルが明示された(122)。家計の逼迫は、あらゆる子どもの学習に影響したが、女子にはそれが最も強く現れた。教育が完全に無償化かつ義務化された地域でさえ、親は娘を息子ほど学校に通わせたがらず、困った時に家事を手伝わせるために、あれこれ理屈を並べて娘を家におこうとした(123)。視学官や就学督促官も、女子が学校教育の全カリキュラムを修了できなくても、男子の場合ほど関心は示さなかった。

　教室の内と外の関係の性質は、リテラシー教育に付随する意味に深い影響を与えた。子どもたちが読み方と書き方の学習から得られる内容は、何のためにそれをやっているのか、また、学習と生活の幅広い過程のどこに位置づけられるのかによって決まる。女子も内心では裁縫や家政が好きではなかったかもしれないが(124)、授業《レッスン》経験は、授業の意味について教訓《レッスン》を教えたのであり、この意味で、女子は異なるリテラシーを学習した。しかし、体系的カリキュラムが確定されるまでは、カリキュラムは種類よりも難易度において多様であった。機械的な教え込みと退屈な道徳教化から逃れられる子どもは、ほとんどいなくなった。それが教会と国家に統制された公立学校の特徴であった。リテラシーの教育方法を子どもたちの幅広い言語発達の実態に合わせようとする動きは緩慢で、本質的に不完全であったが、男女ともそこから恩恵を得ることはできた。同様に学校教育は、貧しい家庭の子どもでも、彼らの過去と将来の生存条件を左右したことであろう。多くの場合、子どもは通学していても、心ここにあらずという状態であった。しかし、男子と女子がリテラシー教育を受けることは、たとえそれが簡素で不十分であっても、知的探求への扉を開けてくれるものであった。

第3章　経済発展

第1節　職業と経済的繁栄

リテラシーを経済成長と関連づける伝統は、少なくとも啓蒙主義の時代まで遡る。重農主義者たちは、農業の生産性を向上させるために小作農階級の教育を奨励した。農村の労働力が基本的なコミュニケーション・スキルを修得すれば、日進月歩に増える新しい農業技術の出版物が読めるようになり、資本主義的な市場経済で積極的な役割を果たせるに違いない。労働者が文書を解読し、署名できるようになれば、時間と空間を超えて複雑な業務に従事する能力が身につく。さらに一般化すれば、印刷文字に接することで精神に流動傾向が生まれ、慣習や因襲的な無知というしがらみから解放される。読み書きできる労働者は、新しい考え方を受け入れる力があるので、その土地に古くから伝わる仕事を新しい方法で試すことができるであろう。このような労働者とその家族は、学校で費やした時間に見合うだけの物質的な見返りを得るであろうし、経済は、基礎教育への投資は全体的に見れば釣り合うとわかるであろう。だが、大地主や封建領主たちは、農村の働き手を精神的な牢獄から解放させられず、放置していたので、各世帯は前の世代の誤りを再生産するほかなかった。学校教師たちだけが人びとを過去の束縛から解放し、労働人口全体に将来の経済力を得る手段を自力で身につけさせることができた(1)。

経済成長を研究する歴史家たちは、リテラシーを経済の近代化に関連づけた。チポラは、この主題の最初の定評ある概説のなかで「読み書きができる国ほど産業革命を受け入れる時期が早かった」と指摘した(2)。ガーシェンクロンも、一国の発展水準の構成要素のひとつにリテラシーを組み込んでいる(3)。そうした主張の根拠は、ひとつにはリテラシーが最も容易に数量化できる文化的な財のひとつであるからであろうが、リテラシーという指標は、大規模な比較研究でもしばしば取り上げられてきた。C・A・アンダーソンは、主として二〇世紀半ばのリテラシーに関する世界規模のデータから、「成人の識字率または初等教育の入学率が約四〇%に達すると、経済成長の出発点になる」(4)という命題を提起し、近代化に関する多くの研究で過去三〇年以上にわたって広範に引用されてきた。

職業別のリテラシーに関する入手可能な統計資料では、男性、ときには女性が、どのように生計の糧を得ていたかと、お互いにどのようにコミュニケーションをしたかには、重要な関連があると明確に立証されている。アンダーソンの調査研究が扱った時期以前についてはR・A・ヒューストンの要約がある。それによると、「ルネサンス期から一九世紀初めまでのヨーロッパ全域で、リテラシーは社会的《ソーシャル・》地位《ポジション》と緊密に関連していた」(5)。ここでいう「社会的地位」とは、おおむね職業労働《ワーク》を意味している。この点で、一九世紀は一五〜一六世紀と何ら異ならない(6)。一八五八年と一八六〇年のフランスの下層階級《メニュ・プープル》に関する研究では、識字統計の最上位近くを小売店主、民宿経営者、カフェの店主が占め、そのすぐ下に伝統的な熟練工、新しい工場のプロレタリアートが続き、最下位を占めたのは都市の日雇い労働者、農村労働者であった。

イギリスでは、改正後の結婚登録制度から初めて得られた数値によると、地主階級、専門職階級および商業者階級には、ほぼ普遍的なリテラシーが示されているが、労働者階級にはリテラシーの達成度に大きな違いがあった。労務職《マニュアル・ワーカー》の統計表では、郵便局員、警察官、それに鉄道員のような近代的な「読み書き能力《リタレイト》」を必要とする職業を筆頭に、町や地方で働く伝統的な職人、工場労働者、半熟練労働者、鉱夫、不熟練労働者といった多様な職種が続いた(7)。最上位の職業と最下位の職業では、当初、識字率に七三ポイントもの差があり、それは数十年のあいだに徐々に縮まってきた。しかし、こうした階層間格差は、結婚式で教会の祭壇に向かう若者のあいだでは、二〇世紀初頭まで顕著な違いとして残り続けた。戸外の畑や市街には、署名できない年老いた不熟練労働者たちが多数存在し続けた。

収入は、もはやリテラシーの有無を決定する唯一の要因ではなかった。ほかの多くの要因のなかで、地理的条件、人口密度、教会や国家の介入は、結婚登録簿に×印をつけたり署名する能力の全国的な分布に影響した(8)。それにもかかわらず、広範な職業別の分類以上にリテラシーと一般的な関連性がある社会的要因はほかに見当たらない。支配的な社会秩序は、×印や署名を書ける人びとの分布でも、またそれらの能力を読解力の等級や就学期間によって記録する場合でも、つねに認められた(9)。相対的に見て、農村労働者のリテラシーは、重農主義者の野心が失敗に終わった証拠となったが、その場合でも、土地所有の規模と教育の達成水準には顕著な相関があった(10)。

しかし、ヨーロッパの加速する経済成長の背後に、リテラシーに対する一定の需給関係があったと結論づけるには、大きな二つの難問がつきまとう。最も明白な問題は、因果関係の方向づけである。工業化と関連づけられるほかのあらゆる要因と同様に、人間という資本の形成に関しても、経済成長はリテラシーの変化の過程を生みだす原因であって、その結果ではないという可能性がつねに存在する。前章で論じたように、リテラシーを公教育で教えることは、それが法律の文言上は無償制になった時でさえ、家族に大きな負担を課したし、実際に公教育が無償制になると、今度は国家が重い財政的負担を担った。結婚登録簿の署名率は、個人の経済的繁栄《プロスペリティ》と国家の隆盛《プロスペリティ》の条件というよりも、むしろその帰結のひとつと見るほうがより適切であろう。これと関連しているのは、第二の問題、つまり因果関係のメカニズムの性質を特定する問題である。この文脈で人的資本形成の説明は議論の的になるが、技術的なスキルとしてのリテラシーか、制度的な権力としての学校教育かという問題は必ずしも明らかにされていない。また、リテラシーと経済成長の結びつきが機械的な実践（特定の職業で読み方あるいは書き方の能力を具体的に使用すること）によるのか、それとも、心的態度やパーソナリティ（教室で学んだことの活用とはほとんど関係がなさそうな職業への順応）によるのかも、明らかにされていない(11)。また、このどちらの問題も、経済と教育が急速に発展した時代に提案された解決策が、ヨーロッパ諸国のすべてに適用できるかどうかも、必ずしも明らかではない(12)。

贅沢品としてのリテラシー

リテラシーは最初贅沢品《ラグジュアリ》として始まった。貧困状態ではつねに必需品のリストが絞り込まれ、購入が任意に委ねられる品目数が増える傾向にある(13)。週末に食べ物がテーブルの上にあるか、家賃が払えるかといった不安定な世帯は、生きていく上で必要最低限の消費にしか注意を払わなかった。反対に、家計が安定すれば、その分より多くの商品やサービスが必要最低限の生存に不可欠だと見なされる。直接であれ間接であれ、教育、さらには、読む本や書く紙への支出は、必需品から任意購入の項目へと容易に移し変えられた。学校教育は突出した延期可能な支出であった。

近代の私立教育の場合、ひとたび入学申込みを決めると授業料を前払いしなくてはならないが、一九世紀の基礎学校への通学はそれとは異なり、義務教育になった後でさえ、授業料を支払うか否かの選択がつねについて回った。学校教育に関しては、死亡や疾病保険といった貧民家庭への保障政策とは違って、支払いの遅滞に罰則はまったくなかった。就学登録を済ませた後でも息子、とりわけ娘に、家族が破産せずにかろうじて暮らせる必要不可欠な仕事を免除して、学校に通わせてやるべきか否かの判断が、毎日その都度なされた。比較的豊かなヨーロッパ社会では、体系的な教育の創成期でさえ、学校教育に強硬に反対する親はわずかであったものの、教育支出をつねに見直す必要のない親はそれよりさらに少なかった。家計が安定し、就学を恒常的支出にできる安定した家計を維持できたのは、学歴が必要な職業にすでに就いた人びとだけであった。子どもを学校に通わせるか否か、通わせる場合どれくらいの期間かについて、大半の世帯に必須のパターンはなかった(14)。このようにして子どもに対する親の希望や野心は簡単に揺さぶられ、その経済的風圧は、家族という単位さえも恒常的に揺さぶった。それを示す恰好の例が、父親の仕事であるピーターヘッド*1の捕鯨産業が成功したおかげで学校に通えたロバート・ラウアリーであった。ラウアリーは通学し始めることはできたものの、父親が体調を崩して二〇年間のグリーンランド遠洋捕鯨から戻ってきた後には、通えなくなってしまった。

父が病気になると、ぼくは九歳で学校から連れ戻された。そして、もう二度と学校に戻って、教育の恩恵に浴することはできなかった。ぼくはもう、標準試験に合格して実践に進んでいたし、すでにレニーの文法書を二回ほど練習――といってもそれは丸暗記していただけであったが――していたので地理と歴史の授業で学んだよりもっと勉強したいと思っていた頃であった。母のわずかな貯えもすぐに尽き、母は女子の学校を開いた。一〇歳を過ぎたぼくは働きに出た。ぼくは鉱山の出口で石炭から真鍮を選別する仕事をして、毎週五シリング稼いだ(15)。

まず、個人のリテラシーを、経済的繁栄の前提条件と見なすのではなく、むしろその結果と見なすべきである。ル・ロワ・ラデュリは、一八六八年にフランス陸軍が徴募した新兵の身体的・文化的特徴を検討した結果、「学校教育を受けた者より、リテラシーのない者のほうが背丈が低いことは疑いない」(16)ことを明らかにした。また彼は、「学校教育は、子どもたちに要求された肉体労働の総量を制限することで、身長が伸びるように刺激したのであろうか?」と問いかけている。この問いに対する答えは、当然ながら「否」である。教育を十分に受けられないことと背丈が低いことは、どちらも子ども期の貧困を示すものであった。一九世紀末までに名目上の普遍的なリテラシーを達成した西洋諸国が、同時に、歴史上初めて重大な飢餓から逃れた国々でもあったのは、決して偶然ではなかった(17)。ヨーロッパの労働力の大半は依然として農業に従事していたが、そのおかげでヨーロッパ全域が不作に見舞われることは非常にまれで、後の世代になるほど、余剰収入のうちの若干を必ずしも必需品ではない文化的な財に振り向けられるようになった。第2章でも触れたように、政府も、国防、中央行政、法と秩序などの基本領域からさらに進んで、必要支出の概念を拡大し始めていた。この点で、ピレネー山脈を挟んだフランスとその隣国スペインの例は対照的である。スペインの予算支出は、一九世紀の終わりまで軍備中心であった。これは、経済停滞と植民地での高価な戦費を反映している。一九〇〇年時点で武器に割り当てられた予算は学校予算の九倍であった。額で比較すると、住民一人あたりの教育費は、フランスが五・六ペセタ*2であったのに対し、スペインでは一・五ペセタでしかなかった(18)。

大まかに言って、一国の労働力をおおう物質的な貧困状態がどの程度であるかによって、非識字の克服の優先度が決まる。近年ユネスコがおこなった現代のリテラシー調査の結論は、ここで検討する時代にもほぼ当てはまる。「非識字はどこでも、とりわけ最下層の人びとや集団、無防備な人びとに集中する。非識字率は、それぞれの国の状況に応じて、多かれ少なかれ不熟練労働者や民族・国家・言語・宗教上のマイノリティ、遊牧民、移民、難民、身体・精神障がい者に集中する。しかし、どこでも非識字であることは、とりわけ失業者、移動手段のない遠隔地の住民に集中する」(19)。どんな形態であれ、贅沢品としてのリテラシーへの投資力は、世帯がどのように経済活動に参加するかに左右されてきた。問題の核心は単純に余剰収入の問題である。収入の先には、特定の生産様式をもつ場所や組織が、学校教育の利用度や親の支払い能力をどのように条件づけるかという問題が横たわっている。熟練工は、周期的に収入が得られなくなるのを承知しながらも、教育市場や印刷物市場が繁栄できる人口集中地域で働く傾向があった。また、彼らは自分の世帯構成員の労働管理をしようとしていた。こうした熟練工は、都市の不熟練労働者とは異なり、自分の家計管理を一日単位でなく一週間単位で考えていたかもしれないし、支出の見返りをどれくらい待てるかをよく考えていたかもしれない。

経済条件の幅が大きいほど、リテラシーの達成度がいっそう多様になる社会がある。トマソンは、アイスランドが名目上のリテラシーの普遍化を達成したヨーロッパで最初の国であった理由の一端は、おそらく異常なまでに社会階層の幅が狭いことであったと説得的に論じている(20)。それ以外の国々では、産業化の初期の影響が労働力のさまざまな領域間の格差を拡げ、リテラシーの完全な普及をめざす最終戦の開始を妨げた。このような見解は、教育水準を直接破壊したのは工場制度であったとする、マイケル・サンダーソンがかつて展開した理論を二五年以上支持してきた。サンダーソンは、イギリスで数世紀前に達成された比較的高い識字率は、世界で最初の産業革命の原因というよりはむしろ産業革命の犠牲であると主張した(21)。この議論に最終的な判断を下すのは難しい。なぜなら、サンダーソンが注目するイギリスの事例では、識字率の低下は、国家が結婚登録簿に新郎と父親の職業の記録を要求する以前から始まっていたからである。就学年齢と結婚年齢の隔たりを考慮すれば、識字率が損なわれた時代を一八世紀後半まで遡ることになるが、その時代には工場制度はまだ揺籃期であったし、体系的な基礎教育もほとんど構想されていなかった(22)。たとえば、これよりはるか後の時代のスペインのバスク地方とカタルーニャ地方の工業化に関する研究では、非常に近代的な工場制度や教育制度にもかかわらず、それらが識字率を損なう事実はまったく見当たらなかった(23)。イギリスの事例では、リテラシーに対する障害が工場生産の特質から引き起こされたのか、初期の工場労働者の性格からもたらされたのか、それとも、工業化の初期段階に、ヨーロッパ全域で引き起こされた都市での生活危機からもたらされたのかについて不明確なため、この命題を検証するさらなる障害が生じている。

もっと広範囲にわたる詳細な事例研究は、右に見た第一の要因である工場生産よりも、第二の要因である工業労働者の性格や第三の要因である都市で生活危機にあったことを示唆している(24)。そのような事例はイギリスだけでなく、周辺の工業化が進行していた国々でも明らかであった。これらの地域では、発展した工場地域を擁し、数十年のあいだに名目上の識字率が下落した(25)。プロイセンでは、工業化の加速期と国民全体の識字率の停滞期が一致した(26)。しかし、一八世紀後半から一九世紀初頭にかけて、イギリスの結婚登録簿を再検討した結果、まれに職業情報を含むこともあって次のことが示唆された。すなわち、工業化によって識字率が下がるという問題の根源は、周辺の村や町から急激に不熟練労働者や半熟練労働者の家族が都市に大量流入したことにあった。彼らは、伝統的にリテラシー水準の低い者たちを都市に連れてきたため、安定的な都市共同体の高水準のリテラシーを短期間に低下させてしまった(27)。町や都市の既存の職業集団のリテラシーが工場生産の確立によって押し下げられたという証拠はほとんどない。問題は、農村部から移住者が押し寄せたか、後発地域が先発地域に追いつけなかったかのどちらかによって引き起こされた。

スコットランド中部で識字率が下降した原因は工場にではなく、むしろ雇用を見込んで都市に引き寄せられた大量のアイルランド移民にあった(28)。詳細な分析によると、プロイセンで識字率が停滞した原因も、工場にではなく、発展した経済部門の進歩に困窮した田園地域が追いつけなかったことにあった(29)。一般的に言えば、急速な都市化の初期段階には、教会からパブ、クラブや社交場に至るまで、あらゆる種類の社会施設が崩壊する恐れがあり、学校がその弊害を免れたと考える根拠はどこにもない。

私立と公立を問わず、どの学校もより多くの教師を探さなくてはならなかったし、既存の水準を維持するだけでも多くの教室を作らなくてはならなかった。学校教育は消費するかしないかを任意に選択する商品であったので、都市に移住してきた第一世代の子どもが教育を受けるのを中断され、延期され、一度も教育を受けられなかった可能性はじゅうぶんある。

ここで新たに付け加えるべき要因は、移住それ自体の性質である。教育がしばしば改革派の人びとに推進され、保守派の人びとに恐れられたのは、教育が単に柔軟な精神だけでなく、移動可能な人口を創出する可能性もあると考えられたからである。リテラシーのある成人男女は、新しい生活様式や新しい労働形態にこれまで以上に引きつけられるであろうし、祖先が住む村から脱出しようと準備したであろう。さらに、ペニー郵便制の導入も、安価な文通を可能にし、移住を喚起する潜在力をもつゆえに正当なものと受け入れられた。地方の家族は、彼らのもとを去った者たちから来る手紙で都市の魅力を知ったであろうし、やがて郵便配達員を通じて家族と連絡を取り続けることができたため、家族のネットワークから離脱する危険を冒す覚悟はますます強まった。経験的研究にも、このことを支持するものがある。西ヨーロッパの近代化しつつあった農村の人びとから、新たに解放されたロシアの農奴に至るまで、読み書きに長けた人びとのほうが、生まれた土地を離れて移動する傾向があった(30)。成長する都市共同体の市街や、新大陸への移民船は、村の学校で教育を受けた人びとであふれていた。しかし、それ以外の社会的行動にとってリテラシーが決定要因になったとは思えない。もし、それまで何らかの教育を与えられるほど経済的に安定していた世帯が、新しい生活を求めて移住しようとするのは、その世帯の家計が致命的な危機に陥ったことを意味する。空腹は近代精神と同じくらい世帯を動かす力のある要因であった。リテラシーのない者たちが町へ移動するのを妨げるものは何もなく、ますます増大する、土地をもたない労働者の大群を引きつける多くのものが町にあった(31)。たとえばマルセイユでは、移住者で結婚登録した新郎は、地元生まれの新郎と比較して、平均してよく読み書きができたが、それでも都市に着いたばかりの時点では、男性の三〇％と女性の七〇％は自分の名前すら署名できなかった(32)。学校教師が、都市経済は空腹を回避しやすいと教えていたわけではなかったし、学校教育が旅行に必要なパスポートであったわけでもなかった。工場の内外には教育資格をまったく必要としない職業がたくさんあったし、一九世紀末までは、ほとんどすべての仕事は求人広告や書類申請よりもむしろ口伝えで見つけられた。

リテラシーの観点から見ると、標準的な移住者のようなものは存在しないし、標準的な町や工場はなおさらである。個々の工場地域の研究は、リテラシーの一貫した変化の軌跡を見いだせずにいる。この本が生まれる大学に隣接するスタフォード州の製陶地帯のように、工場が設立されると長期にわたって識字率が下降あるいは停滞した事例もある(33)。しかし、急速に発展したフランス北西部ノルマンディーの工業都市カンのように、大量の移住者を受け入れても識字率が変化しなかった事例もある(34)。北西イングランドの隣接するいくつかの工業地帯は、結婚登録の署名に関して、地域ごとに著しく異なる様相を示している(35)。

ここから一般化できることはおそらく二つだけである。第一に、識字率の決定要因は、新たな工場の設立や人口増加ではなく、むしろ、都市における労働力編成の変化にある(36)。工業化が進む都市部では、そこに住む多数の熟練工は比較的高いリテラシー水準を維持したように思われる。同様に、不熟練労働者は伝統的に低い識字率にとどまった。都市共同体全体のリテラシー達成の決め手は、それぞれの地域の労働者層の上位と下位の均衡であった。基礎段階の工場が急速に発展する過程で、リテラシー水準の既存の成長パターンが一時的に破壊されてしまう場合もある。しかし多くの事例に見られるように、工業化は工場内外に熟練労働者向けの新しい職種を創出した。このようなところや、カンのように、周辺の田園地域の知的エリートたちが都市に居場所を見つけたところでは、都市社会における伝統的な教育の浮揚力が維持された。第二の結論として、工業化がリテラシー水準を下落させたところでも、リテラシーの達成度は数世紀前の水準に戻るように作用するよりも、むしろ、一時的に抑制されるのが普通であった。都市共同体が新しくよりよい社会的施設を建設するにつれて、早晩そうした抑制状態は解除され、工場の労働力は安定的に自己増殖し始め、いっそう高い生活水準を達成するようになった。

経済成長は必ずしもリテラシーの敵であったわけではないし、逆に、リテラシーによって経済成長が必然的に生みだされると考えるべきでもない。読み方と書き方を学ぶことと、世帯や国家の経済努力の第一義的な関係は、教育という特権への投資が許されるほどの経済的繁栄があるか否かに左右される(37)。しかし、だからといって、経済成長とリテラシーの二義的な関係が成り立つ余地がまったくないわけではない。親世代よりもコミュニケーションの方法が改善されたので個人単位で繁栄したとか、学校教育の水準が高まったので経済全体が成長した、などの可能性は、一定の職業的文脈でリテラシーの正確な役割を精査して初めて解明できるであろう。もっとも、職種の違いによって要求されるコミュニケーション・スキルの水準に明確な区別は存在しないので、この作業は複雑になるであろう。また、第一次世界大戦前には、リテラシーが職業の参入や実践の形式的あるいは現実的《デ・ファクト》条件になったので、肉体労働を越えた検証は困難である。職業におけるリテラシーの利用をカテゴリー化する最も注意深い試みは、イギリスにおける職業とリテラシーの需給関係についてのミッチの研究に見ることができる。ミッチが設定した「リテラシーが要求される」水準は、幅広い商業層や専門職を包括し、たとえば教師や下級公務員のような職業は、次第に労働者階級の子どもたちにも門戸を開きつつあった。しかしミッチのリストでは、読み書きスキルが要求された労務職は、警察官と監獄の看守だけである(38)。だが、これ以外にも、印刷工や植字工、とりわけ郵便局員や鉄道職員のような、制服職の部門を加えることもできよう(39)。実際、一九世紀の「読み書きできる」労務職は、コミュニケーション革命によって生まれたか、あるいはコミュニケーション革命それ自体を支えた(40)。

一八二五年以降のイギリスにおける都市化と工業化の定着によって達成されたリテラシーとして、イングランド北西部のランカシャーの手織機職人ベン・ブライアリー＊3が弟について書き残した例が挙げられる。

弟は、後世、名を遂げることになる多くの少年たちとつきあい始めた。一人は、いまやイングランド北西部のアシュトン・アンダー・ラインの綿紡績業の支配人であり、また治安判事の職も務めている人物であった。もう一人は、この支配人のパートナーで、二人とも彼らの知り合いから大きな尊敬を集めていた。彼らは互助会のようなものを結成し、互いの家で交互に会合を開いた。私はその仲間に加わった弟の上達ぶりにとても驚かされた。弟は驚くほどのスピードで計算できるようになり、速記法に習熟し、少し後では、同業者のピットマン＊4が出版していた音声学の雑誌で文通をしていた。弟は卓越した物書きになった。私が、判読しにくい象形文字のように苦労して読んでいたのに対して、彼は銅版画に写し取るように、さっさと文を読み取っていた。彼は、この時期に苦労して身につけた読み書きスキルのおかげで良い仕事を得ることができた。弟は絹卸問屋で「出版発行人」になった。しかし、彼を雇っていた会社が事業に失敗したため、機織り機の前に戻って何か良い働き口が見つかるまで織物の仕事を続けた……。弟は数年前に結婚し、家族が増えていた。織物の仕事ではわずかな収入しか得られず、状況が良くなる見込みはほとんどなかった。弟はわずかなツテを頼ってオールダムの警察とコネをもった……。警官になってから昇進するまで時間はかからず、現場の仕事から警察署の事務職に異動した。しかし、この職に就いて昇進の見込みが最も大きいと思われていた時期に悪性の熱病に罹り、生命を落とした(41)。

このような機会を得るには、リテラシーの基礎教育だけではなく、さらに継続的な勉学が必要であった。そして、教育に才能や野心、努力をどれほど注いでも、工業地帯における死亡率の上昇に抗うことはできなかった。リテラシーが要求される少数の職業を除いて、職業のあいだの境界線は不明確になった。ミッチはその他の労働力を次のように区別した。すなわち、リテラシーが「おそらく有用な職業」、リテラシーが「有用なことがある職業」、リテラシーが「ほとんど必要ない職業」の三つである。第一のグループは、ほとんどが伝統的な熟練工で構成され、第二のグループは、比較的複雑な工場生産の従事者や、さまざまな種類の小売商である。そして、第三のグループは、単純な製造業の従事者や鉱山人夫、不熟練労働者などである。これは、可能な限り最も安定した分類であるといえようが、それにもかかわらずきわめて暫定的な試みである。ミッチの分類には職業を下位カテゴリーに位置づける明確な規則がない。また、ミッチが設定したどのカテゴリーも、読み方、特に書き方を利用する必要やその実際の利用ができなくても生計を立てることができた労働者を見いだせる。簿記でさえ、自分ではペンを使わずにつける方法を長期にわたって利用していた。一八三〇年代後半のケント州についての綿密な研究は、夫の代理で木材取引業に従事していたある女性が、自分の子どもを使って帳簿をつけさせており、自力ではできなかったことを明らかにした(42)。他方で、少なくとも西ヨーロッパ経済においては、折に触れてメッセージを送り、契約書に署名し、会計帳簿を作成し、道路標識や移民通知を解読できる農業労働者や日雇い労働者たちが存在した。

地域的な文脈では、一般化を許さないさまざまな形態の職業別のリテラシーが発展した可能性がある。ミッチの分類では、住み込みの奉公人は最下位に入れられているが、フランス革命前夜のパリでは、奉公に従事していた男性のほぼ全員が財産目録に署名できたし、彼らの約三分の二はペン、インクスタンド、砂の角べら《サンド・ホーン》だけでなく、筆箱や机も含む筆記具一式を所有していた(43)。特定の地理的な場所で、特定の職業集団が、リテラシーが直接もたらす経済的な利益に還元されない学校教育への態度を養っていった。確言できるのは、時とともに上位のカテゴリーのほうが下位のカテゴリーより拡大が速かったことである。ミッチは、リテラシーが必要とされる、あるいはおそらく有用な職業に従事する男女は、一九世紀後半で七〜一〇%上昇したと見積もっている。これは革命的とは言いがたい数値であり、彼が分類した「リテラシーが要求される」部門は、一八九一年の時点でも男性で一一%、女性はその半分にとどまっていた(44)。

職業とリテラシー

相対的な達成度をもとに、識字統計表から職業集団をカテゴリー化することは、適切なデータが存在する限り、どの経済においても確実にできる。しかし、そうしたカテゴリー化と、生計を立てるために読み書きスキルを利用する必要の有無で職業を区別することのあいだには重大な違いがある。なぜなら、かろうじて読み書きができる人びとからそのスキルに長けた人びとまでを含む、あらゆる職業を、結婚登録簿を用いて識字者と非識字者の二つに区別することと、リテラシーの職業的活用に焦点を当て、実際のリテラシーの活用程度に応じて職業を区別することには違いがあるからである。それはまた、特定の作業のために、読み書きを直接利用することと、社会の特定の地位に結びつくようなさまざまな文脈で読み書きスキルを幅広く活用することの境界が曖昧だからでもある。経済に及ぼす教育の潜在力に関心を寄せた改革者も、人びとのリテラシーの達成度を測定しようとする歴史家も、当時の労働者がなかなか認めたがらなかった職業カテゴリーの境界を押しつけている。ここで問題なのは、職業上の実践ではなく、職業文化である。それは、顧客、雇用主、労働者とのやりとりと切り離せない職業威信への関心、遠回しの経済戦略やレクリエーションなどが渾然一体となったものであった。

たとえば、一八世紀フランスのガラス職人であったジャック＝ルイ・メネトラの回想録を見れば、教会や国家がこの問題に組織的に着手する以前から、なぜ都市の熟練労働者集団がリテラシーの高水準を達成していたか、示唆を得られる(45)。メネトラの生涯は書き言葉で満ちあふれていた。彼は、顧客や職人たちとの仕事で書き言葉を用い、業務上の帳簿を作成し（一度などは、未亡人となったガラス卸売商のために自分が清書した書類に彼女の署名を偽造した）、また、仕事の機会に関する情報を含む手紙をやりとりした。彼は、どこに行くにもガラス職人の資格証明と、新しい技術やデザインを記録したスケッチブックを持ち歩いた。彼はガラス職人組合で責任ある地位を獲得したが、その任務を果たすには頻繁に文字を書く必要があった。あるとき、リヨンに到着した彼は次のような記録を残している。「こんな大きな都市にいて、わたしは、職人仲間の到着や出発を世話したり、フランスの巡歴先の諸都市から届く手紙から、親方と職人のあいだに起こるもめごとの処理まで、ほとんど毎日のように職人組合の用事をこなした」(46)。仕事だけでなく彼の私生活もまた、文通で成立していた。というのも、若き職人《ジャーニーマン》として遍歴するあいだ、母親や、知り合った女友達と手紙で連絡し続けたからである。彼は、家の内外で、次第に増えていった家族とともに、読書を楽しみ、戯作《バーレスク》や詩歌を創作した。そして晩年には、フランス革命の危機が生んだ激しいプロパガンダ闘争に熱中した。読み書きは、彼の公生活と私生活、仕事と余暇、現実と想像とのあいだを横断し、それらを結びつけたが、これら両面の描写から、当時増大していた労働者階級の自叙伝というジャンルに寄与した初期の作品の構成内容を知ることができる。

多くの労働者にとって次の一九世紀は、それぞれの職業に応じて書き言葉の位置が変容するよりも、書き言葉の発展が制限された時代であった。熟練工たちは、経済取引の範囲を徐々に拡張し、その集団行動を組織化し始めた。一八三〇年代のイギリスでは、印刷物は同業者組合が作成するようになっており、組合の指導者たちは次第に、連絡員から官僚へと変化した。協同生産や分配という実験的試みにおいて、3Rのすべてを積極的に利用するよう要求された(47)。農業経済は交換関係から貨幣関係へと徐々に変化し、文字記録を保管する重要性が増した(48)。商業発達が新たに呼び寄せた町や工場で最初に必要になったのは、書くことよりも読むことであった(49)。労働者は、駆け引きの新しいルールを習得するために、個人で学ぶ以外にもさまざまな手段を有していたが、工場主たちは壁に就業規則を貼り出し、遵守できない者に罰を与えた。炭鉱のような産業では、安全通達は法的拘束力をもつようになった。しかし、新規採用者が、それを解読できるかどうかに注意が払われることはほとんどなかったようである。職工長たちは、読み書きできることがかつて以上に頻繁に期待された。しかし、従業員の大半が日々の仕事を首尾よくこなすために学校教育を利用する必要に迫られたのは、一九世紀後半の先進的な工場生産だけであった。この時期まで工場労働力は、大部分の出身地であった農村の職業と比べて、学校で学んだ知識をほんのわずか利用するだけであった。また、非機械化産業の熟練工と比べて、機能的なリテラシーを文化的伝統としてうまく伝えていくことができなかった。

リテラシーの変化の方向性と規模を混同しないことは重要である。工業化の時期全体を通じて最も注目すべきは、書き言葉が肉体労働にいかに広く侵入したかではなく、いかにそれが少なかったかである。たとえば、ほとんどの職業の求人は、正規の広告より個人的な縁故でおこなわれた。新聞はかつてより多くの求人広告を掲載し始めていたものの、これらは上級の使用人のような、特別な職業に関するものがほとんどで、ある時点の全求人件数のほんの一握りの情報しか提供しなかった。大工場の近代的な雇用主でさえ、専門の人事部を組織するよりも家族の縁故のほうが信頼でき、ずっと安上がりな方法であるとわかっていたため、適切な新規採用を自分の工場で働く人びとに委ねた。実際的な読み書きスキルを必要とする工程では、正規の徒弟制度が次第に圧力にさらされていたとはいえ、職業訓練は依然として模倣と口頭指示という伝統的なやり方で実践された。フランス中東部の町ル・クルーゾの工場主シュナイダーは、一九世紀半ばの数十年間に基礎リテラシーを学ぶ学校をいくつか設立しただけでなく、勉学のできる子どもにも技術的な知識を訓練させたが、そのような雇用主は当時の一般的なやり方では例外的であった(50)。

急速な工業発展の初期段階で新規採用した従業員たちが工場に携えてきた資格に雇用主がどれだけ注意を払ったかは疑わしいが、ヨーロッパで一九一四年以前に基礎教育と技術教育の効果的な結びつきを確立した唯一の国はドイツであった(51)。ヨーロッパの労働力を官僚化する継続的な圧力は生産工程ではなく、むしろその周辺で発展した福祉制度からもたらされた。伝統的な熟練工のあいだでも、失業給付や疾病給付のための互助組合の管理は最も重要で、洗練されたリテラシー利用の代表例であった。国家が提供または出資する保険が登場したのは、ビスマルク時代のドイツが最初で、ほかの先進経済国では、これらの保険によって、労働者心理として雇用と書類との結びつきが第一次世界大戦前後に強められた。彼らが書面を埋め、署名しなくてはならなかったのは、仕事の遂行のためではなく、むしろ解雇や負傷によって仕事を失うかもしれないと予想したからであった。

リテラシーをコストと機会の観点から見ると、学校教育を修了しておくことは、親の初期投資を価値あるものにするほど生涯所得の見込みをじゅうぶん高めたといえるであろう(52)。しかし、この種の計算をし、それに基づいて行動した世帯がどれくらいあったかということだけでも、突きとめるのは難しい。国民教育制度が確立すると、非識字者が就くことができない、給与水準が比較的高い職業範囲がはっきりわかるほど増大した。しかし、リテラシーを推進する合理的な意思決定と対立する二つの強力な要因があった。第一の要因として、就学の利点は、主として男子にしか当てはまらないという点が挙げられる。一家の稼ぎ手になると見込まれている男子の利点の大部分は、その結婚相手となる女子にとってほとんど当てはまらなかった。不熟練労働者の娘たちが読み方と書き方を学ぶことで、より稼ぎの多い男たちを見つける見込みはかなり高まったかもしれない(53)。しかしその学習は、この娘たち自身が労働市場でより良い職に就ける見込みを高めることはほとんどなかった。教職、そして一九世紀末には看護職あるいは秘書といった仕事が現れ、それらは労働貧民層の娘たちに、安定した、体裁の良い、まったく新しい雇用機会を提供したが、そうした仕事にありつくには、まさしく運にまかせるほかなかった。一九四五年以降まで、そのような職歴のほとんどは結婚によって絶たれており、女性が教育を受けて得る金銭については、それ以上検討されなかった。女性の雇用部門のなかで家事労働は第一次世界大戦まで急速に拡大したが、読み書きができるかもしれないカテゴリー、あるいはわずかにできるというカテゴリーに、はっきりと分類されていた。

第二の要因は、名目上読み書きができる労働者の供給と、リテラシーを要する仕事の需要との関係の変化に求められる。大衆教育が成功の軌道に乗りつつあったヨーロッパ経済は、根本的なパラドックスに悩まされるようになった。学校教師が一所懸命に教えるほど、大半の子どもは積極的な価値がなくなってしまうのである。一九世紀の最後の三〇年間に、書類に基づいた職業の拡張が識字率の上昇に追い抜かれた。これは特に不熟練労働者に当てはまる。彼らの結婚登録の署名率は、一世代のあいだに四〇～五〇ポイントも上昇したが、学校で身につけたスキルを必要とする働き口は、識字率の上昇に見合うほど増加しなかった。特に女性の場合はなおさらであったが、男性の場合でさえ、リテラシーの最も大規模な向上は、経済の近代化が創出した就業機会と最も無関係な労働部門において生じた。このような世帯では、リテラシーの需給バランスを保ち続けるのがますます困難になった。読み書き能力があらゆる新規就労者の標準的資質になってくると、それまで労働市場で重視されていたリテラシーの価値はしぼんでしまった。子どもを学校に通わせるほど、家計への福利厚生の損害はいっそう大きくなった。とりわけ女子の場合、就学させれば子守りの人手がなくなり、就学させないと罰金を課される可能性にさらされた。イギリスの法廷が一九世紀の最後の二五年間に共同体の最も貧しい地区に下した金銭的処罰の理由として、酩酊の次に挙げたのは不就学であった(54)。

しかし、ある時点を過ぎると、親たちは利害得失の計算を裏返して、読み方と書き方の初歩を覚えて得られる利益よりも、子どもが読み書きできないまま成長する損失のほうに焦点を当てる必要性に迫られるようになった。文字を学べなかった熟練労働者の息子が社会的に下方移動する危険性が高まったことについてはいくつかの証拠がある。しかし、この場合でさえ、収支をプラスにするのは容易ではなかった。正確に比較するのは不可能だが、一九世紀後半に読み書きできない者が生計を立てる機会が減少する速度は、結婚登録簿に署名できない新郎新婦の数が減る速度よりはるかにゆるやかであった。工業経済の隙間には、依然として正規《フォーマル》の教育、事実上の教育を問わず、教育をまったく必要としない職業が多くあり、それらに従事する読み書きできない年老いた労働者が多数存在した。実際、息子や娘に教育を与えないことが不熟練労働者の家庭にとってしばしば合理的な選択であったからこそ、就学義務が導入されねばならなかったのである。しかし、あとで見るように、これらの世帯の多くは賭事を好み、賭事に参加するために、新たに身につけたリテラシーや計算能力を積極的に活用した。したがって、教室で過ごす時間を賭事という観点から見る可能性が残されている。すなわち、運にまかせてサイコロを投げることは、受け継がれてきた貧窮サイクルを打ち砕くわずかな手段を求めたものかもしれないのである。

第2節　不平等

リテラシーの利害得失をめぐる競争で成功を収める可能性は、時代によっても、国々の状況によっても、さまざまな様相を呈した。いつの時代もリテラシーの成果から利益を得るには長い期間を要したが、最終的に普遍的なリテラシーへ向かう時代には特にそうであった。制度化されたリテラシー教育は、啓蒙主義の壮大な計画を分断する太い断層線を超えて構築された。一方では、教育は封建時代の遺物を解体し、属性による地位を個人の達成と取り換え、多くの人びとに個人の才能をじゅうぶんに開花させる機会を身につけさせる仕組み《メカニズム》だと見なされた。しかし他方では、単独で社会的・政治的な秩序を支えていた不平等と服従の構造を経済的な近代化が解体する傾向を打ち消すために、労働貧民層の世帯に介入する手段とも考えられた。そもそもリテラシー自体は本来的に矛盾するスキルであり、一般に受け入れられている支配秩序の知の伝達手段になることもあれば、それに異議を唱える武器となることもあった。カリキュラムにおいて読み方と書き方の教育に重点をおくほど、革新派と保守派双方の野心の緊張も高まった。こうした葛藤の解決策は、ここで検討している期間を通じてまったくなかったし、実際には今日の時代に至るまで、二つの勢力間のバランスが変わることはあっても、改革を叫ぶ雄弁な言葉が実体と一致することはめったになかった。

教育改革の目的の不明確さが最も明瞭に現れたのは、ヨーロッパのマス・リテラシーを先導したプロイセンであった。一八〇六年に着手された最初の教育改革は、人間の生来の潜在能力を知的な生活に向けて発達させるには、教育制度が必要だとするフンボルト*5の精神を具体化したものであった(55)。国民文化を手ほどきするために、学校教育は職業訓練を度外視すべきだと考えられた。続いて一八一九年に施行された教育施策では、農民向けの農村学校《ラントシューレ》と都市の労働者の子ども向けの都市学校《スタッツシューレ》が分離されたが、どちらの学校も、能力と意欲のある生徒は、より高度な教育を受けるよう奨励された(56)。しかし、制御不能の経済力や社会的野心が国家によって強化されるのを恐れた保守派の反動によって、一人の生徒もこの階段を登ることがないまま、この施策は縮減された(57)。むしろ、一九世紀の残りの時期に、教育による上昇移動は次第に困難になった。ドイツ統一時には、読み方と書き方の初歩学習で良い成績を収めればもっと教育を受けられると待ち望む子どもは一三%もいた。だがその二〇年後、この割合は半減した(58)。ロシアでは同様の出来事が、いっそう陰鬱に起こった。ロシアでは、革命期のフランスから取り入れた教育制度の統合は、当初は熱烈に受け入れられたものの、ニコライ一世によって突如中断させられた。具体的には一八二七年、ニコライ一世は、大学と中等教育機関に農奴の子どもが入学することを禁止した。その後の農奴解放によっても、農奴が教育を受ける見込みはほとんど改善されなかった。第一次世界大戦直前でも、ロシアの中等教育制度全体で農民の子どもはわずか三万人しか在籍しなかった(59)。

階級《クラス》という概念が、工業化を遂げつつあったヨーロッパ社会で一定の意味をもっていたのは、教室《クラスルーム》という場所であった。才能に応じて就業機会が開かれるという神話は生きていても、それはせいぜい中等教育への進学可能性がそれなりにあったことにすぎず、それ以上ではなかった。工場制度と学校制度が合体して、肉体労働者とホワイトカラー労働者の区分を確定する一般的な傾向が見られた。各世代の子どもは、アルファベットや読み物を繰り返し音読しているうちに、自分の野心の限界を知った。フランスとイギリスでは、共同体規模で子どもを包摂する基礎教育は法的に禁止されなかったものの、中産階級の親たちが、自分の子どもが低い階層の子どもと日常的に接触するのを回避させるには金銭的な負担もやむを得ないと決断したため、完全に分離した教育制度が創設されることになった(60)。子どもがまだ幼い年齢で、さまざまな次世代の子どもと混在することに非常に寛容であった社会でも、学校教育が将来のキャリアに対してどの程度の重要性をもつかは、依然として階級ごとにまったく異なっていた。国家がリテラシー教育に投資するほど、リテラシーの授業は職業的出世への準備とはいえなくなった。各国で近代学校教育制度が構築されるあいだ、一般に学校教育は階級を固定化する傾向にあったが、おもな例外は、階級の固定化のために任命された職業、すなわち教職に就くことであった。経済がまだ近代化していない地域ほど、教職は重視された。

一九世紀末までのロシアでは、教職が国全体の官僚数を凌ぎ、単一では最大のホワイトカラー雇用部門を形成した(61)。支出削減策として徒弟教師制が導入されたが、これによって男子、そして女子にさえ、肉体労働者の運命をまぬがれる見通しが提供された。しかしこの参入が一因で、基礎学校の教職は、中等学校の教師よりもはるかに低い収入と威信に甘んじなくてはならず、最も貧しい部類の地方聖職者と同等の収入を得るのにも苦労した。教職に就くと、教室が一つか二つしかない学校に閉じ込められたため、農民の子どもで最も聡明な者ですら、それ以上の職業的・地理的移動の見通しを失った。彼らは日常生活の重労働からは解放されたものの、家族を扶養する金銭を稼ぎ続けるために、あるいは彼らの威信を守る地位を維持するために、つねに悪戦苦闘しなくてはならなかった。

効果的な義務教育を課すと決定する場合、国家は基礎教育の物質的な実益をあらためて強調する必要があった。就学は、一定期間継続して子どもを家計から完全に切り離すことになるので、教室から職場への移行という問題をはっきりと提示した。読み書きを学ぶ道徳目的がますます世俗化されると、個人の出世のために努力することにいっそう大きな重点がおかれた。かつてはどの地域経済も、雇用の際に能力と適性を見分ける複雑で非公式な手段を備えていた。家族の背景、手先の器用さ、身体能力、そして職業的気質などの問題は、教室で過ごした数ヵ月とはほとんど関係がなかった。いまや国家は、労働市場に独自の適性基準を確立するようになった。たとえばフランスでは、一八六〇年代後半にデュリュイがおこなった卒業試験の新制度を拡張して、初等教育修了証〔*certificat des études primaires*〕を設けた。これは、生徒にカリキュラムを修了するよう促すとともに、将来の雇用主への便宜も意図していた(62)。しかし、フェリーの改革で最終的に学校制度が無償かつ義務制になると、成績表が導入され、これによって初等教育修了証は二次的となり、カリキュラムをこなしただけで与えられた。これと同じ二層構造はスウェーデンでも創設され、教育修了証〔*avgångsbetyg*〕が試験で授与される一方、通学さえすれば「最低学歴」が与えられた(63)。イギリスでは、3Rの六段階、のちには七段階の能力の証明を得ることができた。そして他国と同じように、求職応募者の「人格」の情報源として、地方聖職者、医者、地主に教師が加えられた。

3Rの成績は、学校と国家、教師と家族、教育制度と労働市場のあいだの取引において基本単位となった。子どもがつまずかずに読める文の長さや、綴りの間違いをせずに筆記できる単語数が、政府、親、雇用主の判断材料になった。つまり、政府は生徒の成績によって税収から財政支出の効果を測定できるようになり、親は自分の子どもが長い年月にわたって教室で過ごすことでどれだけ進歩したかを確かめられるようになった。さらに雇用主は当時、応募書類に自分の名前を完全に署名できる求職者を選別できるようになった。これらの取引のうち、学業成績の重要度が最も低かったのは雇用であった。郵便局のようにリテラシーの達成度が実際に重要な職業分野も少数は存在したが(64)、郵便局は、多忙で過重労働気味の教師たちがおこなう不確実な評価に依拠せずに、独自に試験をおこなうようになった。教育の修了証明書はせいぜいのところ、良い家庭の出身か、じゅうぶんに手をかけて育てられたかといった、求職者がつねに問われる基本的な質問を傍証するものでしかなかった。学歴主義《クレデンシャリズム》の浸透は、肉体労働界では、正規の学校教育の普及と比べてきわめて緩慢であった。

基礎教育のカリキュラム修了に正規の承認が与えられると、それぞれの教育水準のあいだで境界線を引くのか、関心が集まるようになった。教育の修了証明書は次の段階の学校に進む適性があるか否かを測る役割も果たした。教室にとどまることを余儀なくされた最初の同一年齢集団《コーホート》は、広範なホワイトカラー職業への参入を可能にする制度的な教育機会を提供された最初の世代でもあった。教育機会の供給は、洗練された知的訓練あるいは職業訓練を生徒に提供する、ある種の上級基礎学校という形態をとるか、中産階級の縄張りであったグラマースクールへの入学許可という形態をとった。フェリー法の下でリセは、教育を受けた子どもたちの憧れの的になった(65)。イギリスでは、上級学校と、グラマースクールの少数の無償席をめぐる選抜の両方を供給した一九〇二年のバルフォア教育法によって、単なるリテラシーを超えて、学校教育を求める傾向が強まった。スウェーデンでは、一八九四年と一九〇九年の教育法でわずかながらも中等教育の門戸を開いたが、デンマークも、一八九九年と一九〇三年に同様の措置をとった(66)。これらの改革は、保守と革新の両面をもつようにみえる。これらの教育改革が具体化した野望は、すでに啓蒙主義の時代に表明されていた。そして実際、多くの国々では、一九世紀の大半の時期よりも一八世紀のほうが、貧しい生まれでも能力のある子どもがグラマースクールや大学まで入学する機会は多かった。同時にまた、一九四五年以後のヨーロッパ全域で教育制度が再構築されるまで、教育の機会均等という論理が、完全な進学制度と理解されることは決してなかった。

第一次世界大戦前後に、四〜六年間の基礎教育を受けるようになった子どもにとって、新しい職業世界の階段への第一歩として、リテラシー能力を利用する機会はきわめて少なかった。したがって、リテラシーの使用に関するこのような名目上の可能性は、子どもにどれだけ才能があるかというよりは、どれだけ才能が無駄になったかを示すほうが多かったように思われる。教育機会の保障が想定されてから半世紀後の一九三二年のフランスでは、バカロレア取得予定者のうち、いわゆる「労働者」子弟が占める割合はわずか二・六%にすぎず、さらに小売商の子弟が占める割合は三・九%であった。ドイツにおけるそれらと比較可能な値は、それぞれ七%と二四%であった(67)。イギリスでは一九〇二年のバルフォア教育法によってさまざまな教育機会が生まれたが、その結果は、小学校に通っていた男子の一四人に一人、女子の二〇人に一人しか中等教育に達することができず、さらに、大学に進学することができたのは、男性一〇〇人のうちわずか一人と、女性三〇〇人のうちわずか一人しかいなかった(68)。一九一八年のフィッシャー法の時期になってようやく、国家による基礎教育を受けた生徒の九・五%が基礎リテラシーの学習から中等教育へ進むことができた(69)。一九一一年のイタリアでは、大学生の五％が労働者の息子であり、これは一九三一年でもわずか三％にとどまった(70)。

教育達成の成功を収めるには、子ども本人の生まれつきの能力と意欲だけでなく、献身的な教師や、建前上、中等教育が無償であった場合でさえ、経済的負担を大きく強いられても、引き受けられる親が必要であった。それに加えて、進学者は男子でなくてはならなかった。中等教育への進学は、男子がかろうじて通れるほどの狭き門であったが、女子にはほぼ完全に閉ざされていた。国家は、労働貧民層の賢い娘たちに中等教育を与える義務をほとんど感じなかったし、それは親も同じであった。こうして女子は、進学に立ちはだかる障害のために、正規のリテラシー教育を受ける意味はますます狭められた。彼女たちが望むことができたのは、基礎学校の教室に長くとどまり、師範学校への入学準備をすることであった。だが、師範学校で養成されたのは、次世代の貧しい娘たちに将来の見通しは限られていると教えることであった。

社会移動に及ぼすリテラシーの影響に最終的な評価を下すには、いまなお進行中の、より体系的なヨーロッパの比較調査の結果を待たなくてはならない。暫定的な評価は、全体的な見通し《パースペクティブ》にある程度かかってくる。教育は属性的な特性の普遍的な解決策として機能するという学校教育の単純モデルに対抗するならば、こうした評価は概して悲観的なものになる。国民教育制度の発展は、肉体労働者とホワイトカラーの社会的地位および物質的報酬の格差拡大に大きく寄与した。生来の不平等を再生産する国民教育制度の役割は、職業の世襲を脱する能力と意欲を促進する潜在力をはるかに上回った。ヨーロッパの社会移動研究がもたらした最も重要な二つの知見は、教育機会が拡大したにもかかわらず、読み書きできる集団が彼らの父親と比較してほとんど上昇移動しなかったことと、逆に読み書きできない集団が、それにもかかわらず出身階層から若干の社会移動をおこなったという二つの事実である。自分の名前を書けるようになった大半の男子、そして高い割合の女子は、成長後に自分よりも読み書きできない親と同じ仕事をするか、あるいは親よりも職業的の地位を落とす場合さえあった(71)。ミッチが使用している一八六九〜七三年の結婚登録簿の署名サンプルのうち、熟練労働者の息子の六人に一人は、父親よりも低い階層にあった。読み方や書き方を学んでも、仕事の世界では何の保証にもならず、破産への備えにすらならなかった。ヨーロッパ社会のいずれも、結婚登録簿の署名率と就学率が急上昇しても、それと並行して社会移動も急増するグラフを描く国はひとつもない。この意味で、読み書きできる社会になればなるほど、いっそう多くの子どもが受けた教育は無駄になった。

以上の見解とは対照的に、読むことと書くことができるようになることで労働貧民層のすべての子弟が職業の世襲という牢獄から即座に解放されると考えた者は、一九世紀から二〇世紀初頭における公教育の供給者にはほとんどいなかったし、公教育の消費者にはさらに少なかったと論じることもできよう。ささやかな上昇移動は、構造的再生産という枠組みにおいて可能であった。ほとんどの経済が近代化するなかで、社会移動の絶対量は増加したのであり、リテラシーはその過程に関係している(72)。データの主要な資料源である結婚登録簿は、新婦の職業記録がめったになかったことを考えれば、このデータでは教育を受けた男子の進歩しか計算できないことになる。これまでの研究で明らかなのは、どの部門でも、署名できる人はそうでない人以上に父親の地位よりも上昇する見込みが高かったことである。イギリスの結婚登録簿に関する二つの研究は、読み書きできる不熟練労働者の子弟は、読み書きできない不熟練労働者の子弟と比較すると、二倍の割合で、結婚までに半熟練またはそれ以上の水準の仕事に上昇移動できたことを明らかにしている(73)。労働者階級から中産階級の世界へ困難な移動を成し遂げた人びとは、彼らの父親たちのように依然として自分の腕前で生計を立てていた人びとよりも、自分の名前を署名できる場合が多かった。

この時代の職業移動の大半は、労働者階級からブルジョワジーへの越境ではなく、労働者階級の内部で生起した。リテラシーは、肉体労働者のさまざまな階級で、親の背景という重要性を侵食する際、最も大きな影響を及ぼしたと考えられる。たとえばマルセイユでは、高い識字率は熟練工の職業的成功にはほとんど役立たなかった。というのも、彼らにとって教育は、実務上役立つよりも、せいぜい文化的でしかなかったからである。リテラシーがはるかに重要であったのは小作農である。なぜなら小作農は、基礎的な学校教育のおかげで、いざとなればはるかに幅広い雇用機会がある都市に移る計画を立てられたからである(74)。人口が密集する都市共同体では、基礎教育は職業上の再生産を徐々に減少させる上で欠かせない役割を果たした。家具職人の息子が街路の清掃夫の息子と一緒に机を並べるようになると、貴族階級と同じように労働貴族にとっても父親が何者であるかが重要となる問題は、決して完全に消滅しなかったものの、縮小した。家庭が比較的豊かであることや子女への親の期待は、依然として重要であった。しかし、一部の子どもは、新たにスキルを身につけたり基礎的な資格を得ることによって、また、折に触れて自分を支援してくれる教師と出会うことによって、職業世界で仕事を得て生き抜く新たな武器として、リテラシーを所有するようになった。

一九世紀後半には、リテラシーの役割はリテラシーの需要側でますます増大し、リテラシーを必要不可欠とする、あるいは望ましい特質とする職業が新たに創出された(75)。イギリスでは全就業者のうち「ホワイトカラー」と特定できる割合は、一八五一〜一九一一年にほぼ三倍になり、さらに、労働者階級の内部でもリテラシーの利用と直接結びつく産業は、顕著な上昇傾向を示した(76)。製紙業、印刷業、出版業として記載される産業は、一八四一年以後の七〇年間にほぼ六倍になった。文字を学んだ不熟練労働者の息子がこのような種類の職業に就く機会を得たことは、何ら驚くべきことではない。絶対数という観点からすれば、最も重要なのは、就職機会の拡大が、肉体労働者《ハンドワーカー》よりも高い階級ではなく、彼らの内部にあったことである。制服職の労働者階級は、一般的に最も安定し、最も年金を受ける資格がある地位を提供した。そしてこれらの職業は、正規の資格あるいは就職試験を最も必要とする仕事となった。一八九〇年当時、ヨーロッパ全体で二一万八五九二名の郵便関連の労働者がいたが、一九一三年には五〇万四四八一名となった(77)。郵便局員たちは、巨大なコミュニケーション制度において単一では最大の雇用組織を構成した。第一次世界大戦直前のドイツには一四万八七六九名の制服の郵便局員が手紙を配達しており、イギリスには一二万六一九〇名の郵便局員がいた。ほとんどのホワイトカラーの仕事は、一〇歳または一一歳で学校教育を修了した者たちにはとうてい手の届かない資格を要求した。しかし、ホワイトカラーが急速に成長し、当時のブルジョアがそれらの職を占める量を超えてしまったため、幸運な少数者が下の階級から引き上げられることもあった。このような社会移動の見通しが最も高かったのはフィンランドのような国で、そこでは、専門職、官僚、起業家の需要の急増に、歴史的に小規模であった中産、上流階級の内部では対応しきれなかった(78)。

第3節　経済成長

リテラシーが、たとえ個人の経済的繁栄《プロスペリティ》をもたらす資源としては心もとなくても、教育投資によって経済成長の全体が維持されたとする議論は、依然として魅力がある(79)。ヌネスは、工業化時代のスペインでは識字率と経済成長のあいだに「統計的に有意な相関関係」があることを見いだしている(80)。ミロノフは、ロシアでは、「国民所得を産出する上で教育の純粋な寄与は、すべての要因の約三五％を占める」と結論づけている(81)。どちらの国でも、教育投資とその結果得られる利益とのあいだには、時間的におよそ一世代のずれがあった。しかし、ヨーロッパ全域から得られる事実は、この明瞭さとはほど遠い。イギリスの初期の工業化についての文化史的な説明は、専門職としての教師にではなく、職人のスキルを教える非正規の構造に焦点を当てる傾向がある。結論として現在広く受容されたのは、イギリスは貧弱な初等教育制度にもかかわらず、世界に先駆けて工業化を主導したのであって、初等教育制度が原因で工業化が進んだのではないというものである(82)。アンダーソンが示した識字率四〇％という数値は、〔この水準に達しなければ経済成長が始まらないという意味で〕せいぜい消極的な要因として働くにすぎない。アンダーソンの仮説は、なぜロシアやスペインのような国が、工業化を初期に達成した国々に一世紀も遅れてやっと工業化に着手したかを理解するのには役立つかもしれない。しかし、なぜ西ヨーロッパ諸国の経済成長が多様であったかについては、何ら光を当ててはいない(83)。ブロウグが三〇年前に指摘したように、アンダーソンが提示した数値は、識字率が三〇～七〇％までの範囲では、何ら有意な相関関係を示さないが、この範囲こそは、西ヨーロッパ諸国の経済が、工業化の離陸期に経験した状態であった(84)。工業化の離陸期のイギリスにとって、最も明白なライバルはフランスであった。そこでは、フュレとオズーフが示したように、社会的・経済的な活力を示す指標のうち、識字率の水準は、フランス革命やナポレオン戦争によって深刻な被害を被らなかった数少ないひとつであった(85)。

経済成長とリテラシーの関連は、出来事の時間区分と因果関係という問題を洗練することによって、初めて見いだすことができるであろう。たとえば、スウェーデンの経済成長に取り組んできたサンドベリによれば、一八世紀のスウェーデンは、工業化に必要な天然資源に恵まれていたほかのどの国よりも広範に読み方のスキルが普及していた。しかし、サンドベリは、外的理由で経済成長が始まるまで、読み書きできる労働力は経済成長とはほとんど関連性がなかったと結論づけている(86)。一九世紀後半、国際的な需要が高まってスウェーデンの森林資源の価値が大きく変化した時にようやく、子どもに文字を教える長い伝統は職業としての意味を獲得した(87)。高度の経済とコミュニケーションの基盤が整備されたことによって、労働力はそのスキルをますます世俗目的に利用するようになった。リテラシーが経済成長の直接原因であったとすれば、それはおそらくヨーロッパの多くの人びとが教育を受けて紙の消費量が増えたからであろう。経済成長が始まった後に、国家があわてて支出を割いて新しい学校制度を創出する必要がなかったのは、おそらくその国の経済成長の速度と関係しているであろう。しかしこの場合でさえ、近年の研究では、スウェーデンのデータと、競合するヨーロッパ諸国のデータの双方を注意深く再検討し、リテラシーの影響規模については大幅に修正している。それによれば、スウェーデン（そしてまたほかのスカンジナビア諸国）の識字率と就学率の相対的な高さは、経済成長全体でなく、「一八七〇年の初期条件をもとに統制した後の残余成長」のたかだか三分の一を説明するにすぎなかった(88)。スカンジナビア経済の駆動力になっていたのは、依然として貿易、移民、資本移動といった国際関係の進展であった。この同じ研究は、「ヨーロッパの先進工業国」の多様な経済成長の項目に、学校教育が及ぼしたと認められるような効果を何も見いだせなかった(89)。

スウェーデンの事例は、リテラシーと経済発展の相互作用がどのような地域性をもつのかについても、注意を喚起している。肥沃な地域であるスウェーデン南部では、この相互作用の変化に異なったパターンが見られた。一八世紀末から一九世紀初頭にかけての囲い込みの推進と、それに連動した土地を対象にした市場関係の発展は、契約書を交わし、革新的な生産形態に従事することが可能な小作農の出現によるところが大きい(90)。これは相互的な進展であった。すなわち、農業が商業化されるほど、リテラシー水準を達成しようとする意欲、とりわけ読むことだけでなく流暢な書き方も習得する意欲が高まったのである(91)。しかし、同時代のイギリスの農業は、労働力のリテラシーとは何の関係もなく、スウェーデンよりもさらに大規模な囲い込みを推進した。最後の共有地が失われた後も、依然として、農業労働者は、結婚登録簿に署名することはできなかった。スウェーデンとイギリスの差異は、教育水準にではなく土地の所有形態にあった。スウェーデンの農夫は、所有権が公文書化されることで一定のものを得たが、これとは逆に、イギリスの農業労働者はそれによってすべてを失った。フランスの農民は、土地の所有権という点で、ドーバー海峡を挟んだ隣国の農民より強い感覚をもっていたが、一九世紀半ばに至るまで、自分のコミュニケーション・スキルを利用して生産力を高める機会はほとんどなかった。

この場合も前述したように、その後に生じた農村の経済成長は、家族や国家による教育投資の増加の結果であるよりは、その原因であった(92)。

リテラシーと経済成長の関係については、一国の国内経済全体という観点、あるいは特定の関連部門をヨーロッパ全域という観点から見ても、単一の説明は存在しない。個々の事例を越えた全体的な主張は、非常に高水準の一般化によって初めて可能であろう。リテラシーに対する投資は、教育支出という観点で評価しなくてはならないが、だからといって、われわれが見てきたように、そこに機械的な関係があるわけではない。また他方で、リテラシーには一〇〇%という限界があるのに対し、教育支出は、結婚登録簿〔の署名率〕のグラフが一〇〇%に達しても、なお拡大し続ける可能性がある。豊かな経済国や地域が、貧しい国や地域よりも教育に費用を投じたことは明らかであるが(93)、〔リテラシーと経済発展という〕二つの指標の相互作用は決して一定しなかった。さらに経済が繁栄していた国々では、一九世紀初頭までに男性の識字率は五〇%以上に達したが、その後、これらの国々の国内総生産は、測定された公教育制度の成果よりも急速に成長していた。たとえばイギリスでは、一八二〇〜一九〇〇年に、男性の識字率の三倍の速さで経済成長が見られたし、フランスでも二倍の速さで成長した。逆に、工業化が遅れた国ほど、教育の普及を相対的に短期間で成し遂げた。これらの国々の両極はドイツとロシアであった。ドイツの国内総生産は、一八七〇〜一九〇〇年に、すでにじゅうぶん高かった男性の識字率の八倍の速さで成長を遂げたのに対して、ロシアでは同じ期間に、停滞した国内総生産の七倍の速さでリテラシー水準が向上した(94)。イタリアはこの二つの国の中間に位置し、一八八一〜一九一三年に、経済成長とともに就学率が伸びたが、両者の成長速度は同じではなかった(95)。

リテラシーと経済成長に関する比率がそれぞれの国でまったく異なるのは、次の事実を反映しているといえよう。すなわち、初期の工業化は、長期にわたる相対的な経済的繁栄を必要とし、基礎リテラシーを含む複雑な市場経済の基盤整備が進んだのはこの期間であった。そしてその後に、経済が独自の原動力を発揮し、教育よりもはるかに急成長する文脈において、教育投資を継続し、増大させることができたのである。他方、経済的離陸が遅れると、絶対主義時代には教育のような贅沢品への支出はますます少なくなった。しかし、その国全体の基盤投資の必要から生産部門の成長が抑制された可能性を考えると、教育費はますます生産部門の重荷になっていたのかもしれない。

さらに、リテラシーと経済成長の関係を一般化するには二つの特殊な障害がある。その第一は、機械化された生産と、経済活動一般とのあいだの関係が不確定だということにある。産業革命の心臓部であった工場制度は、イギリスが支配していた発展期には読み書きできる労働力をとりたてて必要としなかったし、そうした労働力の創出もしなかった、と論じることもできよう。重要なのは、市場関係が発展しつつあったあらゆる経済分野で、コミュニケーション・スキルが良好な水準で維持されることであった。しかし、ひとたび工業化が発展し、熟練工の技能から機械操作〔による生産形態〕へ進化すると、設計図の青写真やその他の文書を解読できる工場労働者を少なくとも数名は、工場におくことがより重要になった。ほかのカテゴリーへの公的介入と同様に、後発の工業国ほど、政府による教育介入がいっそう重要であったことを意味するかもしれない。そのことはまた、イギリスのように、近代的な国際経済が発展しながらも、教育のあらゆる段階に低水準の投資しかおこなわなかった国が次第に競争力を失っていく運命にあったことも、意味するかもしれない(96)。

しかし、工業化と教育との関係は、一九世紀末およびそれ以降の工業化の進展がリテラシー水準の直接的帰結であったことを例証しているわけではない。イギリスに続いて起こり、技術的にはイギリスより進んでいたドイツの産業革命の原因として、学校教育を単独で取り出して証明する試みは不首尾に終わっている(97)。また、工業化と教育の関係は、工場への投資と初等教育への投資のあいだに適切な均衡が存在し、すべての国がその均衡を発見したことを意味しない。ドイツの場合ですら、少なくとも第一次世界大戦までは、労働者を対象にした学校の技術教育に過剰投資したために、経済発展が妨げられていた可能性がある(98)。

第二の障害は、教育と経済行動のあいだの影響関係がつねに不安定であるということにある。この領域の近年の通説によれば、「経済成長の説明という点から、また技術革新の源泉という点からはなおさら、人的資本の形成についてもっと多くのことが解明されなくてはならない」(99)と結論づけている。本書で議論している知識やスキルの形態に関しても、それらが経済に与える影響の性質に関しても、依然としてかなり混乱が見られる(100)。基礎リテラシーの観点からすると、リテラシーがもたらす分配効果――つまり、労働市場で就労機会を発見し、それに対応できるように強化された労働者の能力――と生産性効果――つまり、マニュファクチュア生産に対するリテラシーの直接的帰結――を区別する必要がある(101)。第一次世界大戦以前には、とりわけ初等教育が宗教的あるいは国家的主義的課題に支配されていた地域では、3Rの基礎教育よりも、中等教育がどの程度普及していたかのほうが、産業の成長と関係が深かったかもしれない(102)。一九一四年以後では、結婚登録簿の署名率は、少なくともヨーロッパの先進経済の相対的成長を説明することはまったくできなくなった。

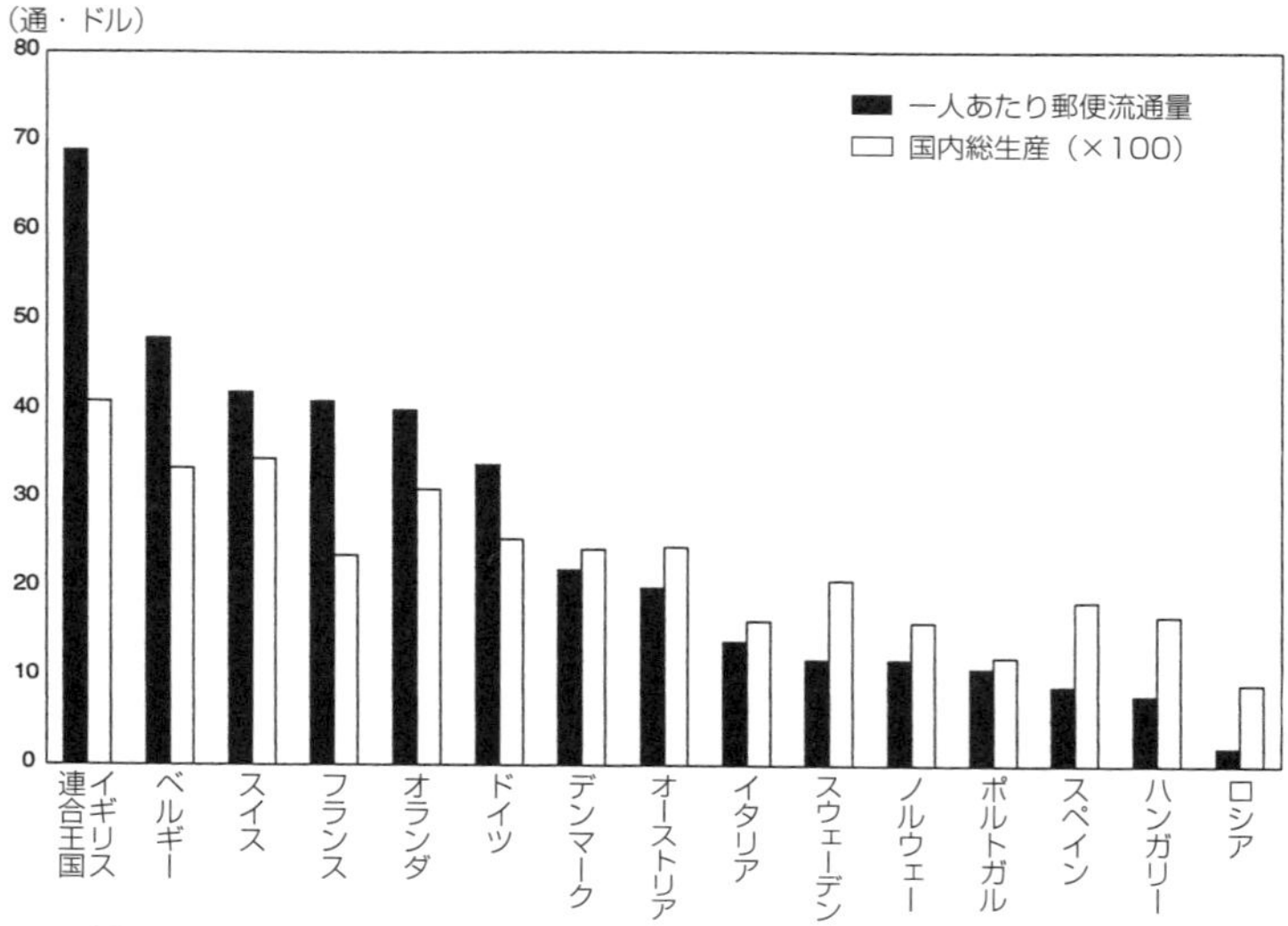

図3・1　ヨーロッパの一人あたり郵便流通量と国内総生産(1890年)

一九世紀後半を通じて、経済発展と基礎的なコミュニケーション・スキルのあいだに一貫した関係があるなら、その関係はリテラシーの所有ではなくその利用に、また、工場のマニュファクチュアではなく生産全体に見いだされるであろう。図3・1が示すように、一八九〇年における各国の国内総生産と郵便制度の利用率には密接な関係があった[103]。しかし、たとえば銑鉄生産のようにさらに直接的な産業化の指標と郵便の利用率のあいだには同じような関係は成り立ちえない[104]。重要なのは経済全体の発展過程《ダイナミズム》である。したがって、国内総生産の統計数値よりも、郵便流通量が示す各国の非常に大きな多様性のほうが、経済全体の作用を洗練したかたちで説明する、いっそう適切な指標になりうるかもしれない。

先進経済は、じゅうぶん発達したコミュニケーション制度を必要とし、互いの拡大に寄与し合った。一九世紀後半～二〇世紀初頭の国内の郵便流通量は、経済成長の約二倍から七倍の速さで増加した(105)。したがって、リテラシーを単に生計を立てる手段とする以上の利用が国民のあいだで進んでいたことは明らかである。同様に、経済制度の発展は、基礎教育制度や結婚登録制度の水準からの系統《システマティック》的な帰結と見ることはできない。広範な非識字は経済を停滞させ、特に、比較的高い水準から経済を起動させる必要があった国で顕著であるかもしれない。しかしそうでない場合、この章の出発点に戻って、公教育は供給者、消費者双方にとって相対的に高くつく財であり、経済成長に必要というよりはむしろ、経済的繁栄を必要とすることを強調しなくてはならない。イタリアを例にとれば、一八八一〜一九一三年の就学と経済成長の相対的な達成度を検討したバルバグリの綿密な研究は、この時期の物質生産は文化投資を上回りつつあったものの、それは大勢の子どもが教育を受けずに児童労働に従事していたからであり、経済成長が就学を可能にしたと結論づけている(106)。

人的資本論者たちは、過去の経済成長に非物質的な要因が寄与したことを探り当てようと、いまなお悪戦苦闘している。だが、近代の資本家たちが、規律があり、なおかつ柔軟で順応性のある人格を労働者に求めていたと考え、そして、リテラシーにはそのような人格を生みだす潜在力があるとする仮説は、一般に疑問視されるようになっており、この議論を進展させるのは困難であろう。議論のこの段階では、当時の人びとの判断を尊重することが助けになろう。前章で強調したように、大半の国の人びとは、彼ら自身あるいは彼らの親がリテラシー・スキルの習得に高い価値を与えたがゆえに、読み書きができるようになったのである。もっと立派な職業に就くためだけにリテラシーを得ようと彼らが努力した証拠は何もなく、多くの人びとは非常に現実主義的な見通しをもっていた。そのため、学歴によって社会移動が可能な理想と、実際には教育機会が閉ざされていた現状を混同することはありえなかった。また、資本家自身が、マス・リテラシーの達成は職業上の重要性をもつと固く信じていたことを示す証拠は多くない。資本家たちがマス・リテラシーに公然と反対することはめったになかったが、リテラシーを供給したり、あるいはその費用を負担することにはあまり関心を示さなかった。産業資本家や、彼らの代表を自認していた政治家が、マス・リテラシーについて発言することは時にはあったし、実験的な職場学校もあちこちにあった。しかし、そのために調達された金銭と費やされた時間を見ると、読み書きできるヨーロッパ人口を創造するために熱心に取り組んでいた工場主一人に対して、聖職者は百人もいたのである。

第4章　読むこと、書くこと

第1節　声と書かれた文字

口承コミュニケーションと口承伝統

ベンジャミン・ショーは、ペギー・ウィンが経営するおばさん学校《デイム・スクール》で正規の教育を受け、それを修了した。彼はそこで読み方と編み物を習った。だが、ショーがなんとか自力で読み書き《リテレイト》できるようになったのは、徒弟期間が終わりに近づいた頃であった。彼が読むことから書くことへと踏み出したきっかけは、私生活が危機に陥ったことであった。

ぼくは、今年の秋、恋人と口喧嘩したことがあった。その後しばらくして、彼女はドルフィンホームを出て行くと決め、別の若い娘と一緒にプレストンへ旅立った。しかし、出て行く前に彼女のほうからぼくを裏切ることは決してないとか、あれこれ約束してくれた。一七九二年一〇月のことであった。彼女は、水はけの悪い通りのワトソン社の工場で働き口を得た。彼女は手紙で住んでいる場所を知らせてくれたり、クリスマスに会いに来てほしいと書いてきた――（フランスで国民公会が開かれ、ルイ一六世に有罪判決が下された頃であった）――クリスマスに、ぼくはいとこのサミユエル・ウィンとプレストンを訪れ、何日か滞在した。彼女はドルフィンホームからの荷馬車で手紙を送ってくれたし、ぼくもしょっちゅう彼女に手紙を書いた――これが、ぼくが文字を書くきっかけになった。というのも、ぼくの人生で書き方を習いに学校へ行ったことなどなかったから――ぼくは彼女に手紙を送りたかったけれど、（文字を書けても何の役にも立たないと見なされ、評判が悪かったので）恋文《ラヴ・レター》を書いているぼくの秘密は、恥ずかしくて誰にも打ち明けられなかった(1)。

自分の胸の内に秘めた思いを、たどたどしくも切々と伝えるショーの心の旅は、読み書きの普及を記した当時の膨大な記録とは著しく異なるコミュニケーション様式として対照的である。教育を受けた外部の観察者にとって、リテラシーはこれとは正反対の世界にしか存在しなかったのである。署名率の統計表では人口は識字者と非識字者に二分され、識字率のグラフでは対称的な二つの変化が図示される。このように読み書きできる者とできない者を単純な一対と考えるのは、政府の諸機関が基礎教育への投資を正当化する統計をつくり始めた一九世紀の発想である。このような進歩の指標は、印刷術の発明以来、文字を読めない社会に対して教育を受けた社会が応答してきた、非常に根深い二分法の端的な表現である。「口承伝統《オーラル・トラディション》」は早くから農村で発見されていたが、農村人口はヨーロッパではいまだ大部分を占めてはいたものの、その割合は急速に減少しつつあった。プロテスタント社会では、コミュニケーション様式と集合心性の結びつきは宗教改革まで歴史を遡ることができる。それに対してカトリックは、非文字的な信仰体系、すなわち客観的とはいえない話し言葉から権威を確立したと特徴づけられてきた。このような「ローマカトリック的伝統」は、数千年を超えてキリストのメッセージを唯一保存してきた聖書から、神の是認を受け取る〔プロテスタント〕とは対照的であった。この信仰構造は、カトリック教会が世俗の学校教育を引き受けた後も長く残存した。しかし、一八世紀末になると、口承伝統という概念はもっと広い意味を引き受け始めた。いまや口承伝統は、宗教ではなく、文化の分割線を示すようになったのである。

この新しい構図は、歴史変動の感覚がますます鋭敏になっていっそう進行した。共同体は、集合的知識の記録や伝達をもっぱら口承に依拠していたが、伝統を蝕む進歩の影響からこれらを保護すべきだと考えるようになった。共同体が語り伝えてきた民謡や民話は、はるか古の世代の価値観と叡智を無傷のまま保存している。このような資料を発見して記録しておこうとする観察者たちは、印刷文字の容赦ない侵攻から共同体を守れるだけでなく、はかりしれない豊かさと歴史をたたえる秘密の文化史に接近できよう。この時期に現れた地質学が石の表面から累代《イーオン》を特定できたのと同じく、民間伝承の蒐集者《フォークロア・コレクター》*1は、時間の流れに抗して生き残った口承伝統の露出部分から、慣習と信念体系の堆積層を突きとめることができる。スコットランド人の石工であったヒュー・ミラー*2は、作業していた石から独学で地質学を学んだ。そして彼は、生まれ育ったクロマティーから職を求めて旅した先で、母語文化の歴史が眼前に広がっていることに気づいた。彼は、「スコットランド高地地方へ三日ほど旅行したが、それは、三世紀か四世紀ほど過去へ旅したのと同じ意味があったかもしれない」(2)と述べている。ミラーは、彼の名前にちなんで鉱物が名づけられるほど国際的に有名な地質学者となったばかりでなく、それ以降の民俗学運動に大きく寄与した一九世紀の数少ない著作家の一人となった(3)。

口承伝統の発見には、さまざまな意味があった。一七七八年、ヘルダー*3の『民謡集《フォルクスリーデル》』の出版は、人為的・政治的な境界に隠されたドイツ人の国民意識を探求する運動を喚起した(4)。ウォルター・スコット*4の民謡集『スコットランド辺境の吟遊詩』は、彼がめざすスコットランドのアイデンティティの再生に必要不可欠であった(5)。ほかのヨーロッパ地域でも、口承コミュニケーションという文化的遺物と、それらを伝達する言語の両方が、創成期のナショナリズムに利用された。たとえば、一八二〇年代のハンガリーの若き知識人たちは、自分たちが追求する言語再生の主要な資源を堕落しない農民に見いだした(6)。それとは対照的に、熱狂的な都市の民謡蒐集家の多くは、資料に相反する感情を抱いていた(7)。一九世紀を通じて近隣の農村地域を訪れる蒐集家が増え続けたが、彼らのなかには、当時の文明精神や想像力の破綻を批判するために、自分の発見を利用した者もいたが、大部分は変化を避けがたいと認めていた(8)。彼らは口承コミュニケーションのネットワークの破壊による文化的喪失の恐れに危機感を覚える一方、教育のない人びとのあいだに不合理で非道徳な信念体系があまりに長く残存することに嫌悪感を抱いた。彼らは、正規に養成された学校教師という新たに登場した人たちと対立するのではなく、手を携えて研究を進めた。民俗学者は学校教師の功績を賞賛し、新たに創設された民俗学会にしばしば学校教師を勧誘した。蒐集家たちにとって歌や諺は、消滅しつつある文化の博物館のために存在し、近代農村社会の生活世界のためではなかった。

民俗学運動は文化人類学という新しい学問《サイエンス》の発展に寄与した。文化人類学は、この数十年、テクストに依拠する従来の歴史記述の境界に異議を唱え続けてきたが、研究成果の多くは、リテラシー研究にも大いに示唆を与えてくれる(9)。文化人類学の創始者たちが抱いた根本的な前提は、この分野が学問として発展するなかで、詳細に再検討されるようになった。現在では「口承伝統」は文化分析の独立したカテゴリーではなく、むしろヨーロッパ思想史の副産物とされている。「口承伝統」概念の最も明確な問題点は、少なくとも西ヨーロッパでは、文字に汚染されていない共同体なるものは、宗教改革と対抗宗教改革の時代にすでに消滅していた――かつてそれが存在したとしても。ルター以降数世紀のプロテスタント教会内部では、平信徒に自力で読み書きさせようとする熱望は多様であったが、地方語《ヴァナキュラー》で書かれた宗教書が愛好されたことは、あらゆる平信徒たちが文字化された地方語に深く漬かっていたことの確証である。最も極端な事例は、宗教教本とそれを読むスキルの両方を普及させる組織的な運動の結果、口承伝統が発見される百年前に全人口が印刷物を所有し、読みこなしていたことを明らかにしている。イギル・ヨハンセンは一七二〇年代のスウェーデンの農村教区に関する調査報告をしているが、それによれば、その地の六〇〇家族が、「約四〇〇冊のＡＢＣ教本、六五〇冊ないし七五〇冊の教義問答書《カテキズム》、一一〇〇冊以上の賛美歌集、二九冊の聖書、約二〇〇冊のその他の宗教書を所有していた」(10)。アイスランドの教区登録簿は、一七八〇〜一八〇〇年に書物を所有しない世帯が一千世帯中わずか七世帯しかなかったことを明らかにしている(11)。

それに対してイギリスでは、国家と国教会はともに、書物の普及に関してはひどく消極的であった。

しかしそのイギリスでさえ、ほとんどの家庭が書物を所有するようになったことでマス・リテラシーの機運は終息するよりも、むしろ開始した。初めて公的資金を受けた教会の基礎学校で教育を受けた子どもたちがちょうど登場する時期に当たる一八三〇年代後半、いくつかの調査は、農村地域の世帯では五二~九〇%の幅で、都市では七五%以上の世帯が書物を所有していたことを明らかにしている。書物の所有率が五〇%を下回ったのは、ロンドンのアイルランド人スラム地区のような、著しい貧困地域にとどまった(12)。カトリック社会では教育が欠如していたためというよりも、むしろ一九世紀まで教会の礼拝と学校のカリキュラムの両方でラテン語への強いこだわりが残存したため、印刷物への取り組みが妨げられた。しかし、世俗の公用語で書かれた安価な精神書は、農村地域の家庭を中心に普及し、そこで読まれ、記憶され、あるいは少なくとも敬虔さの目に見える証拠として保存された。

これらの書物の多くを供給したのは教会ではなく、世俗と精神両方の読み物で民衆の需要に応えた行商人たちであった。彼らは近世以来、都市の中心部から周辺の農村地域を旅し、祈禱文、おとぎ話、生活実用書などを荷造りして持ち運び、極貧の農民家族以外の者が買える値段で売り歩いた。一七世紀から一八世紀に道路網が整備されると、チャップブック〔訳注2章10〕や青本《ビブリオテーク・ブリュエ》〔訳注2章9〕は、イギリスとフランスの田園の最奥地まで普及した。他方で、スペインのコルデル*5や、ロシアのルボーク〔訳注2章8〕などが普及するにはもっと長い時間がかかった(13)。しかし、小さな村々を渡り歩く行商人は、書物の大規模で規格化された生産販売の先駆者である出版者や卸売問屋に次第に取って代わられた。チャールズ・タイアスのロンドン書店は、一六七四年に二〇万枚の仮綴用紙を保有していたが、それは製本されたチャップブックを、イギリス家族の四四世帯に一冊の割合で供給できる分量であった(14)。

一七二二年、トロワ*6のガルニエ卸売問屋は、一二五万点の青本を保有していた。これらの粗悪な書物は、ある意味で現代の新聞と似た役割を担ったが、新聞とは異なり、最後はばらばらになるまで何年も繰り返し読み返された。これらの書物から少なくとも次のことが明確になる。すなわち、一九世紀に現れた有給の視察学校の教師《インスペクテッド・スクールティーチャー》が書物の内容を伝えるはるか以前から、西ヨーロッパの村、そして東ヨーロッパに散在する都市に隣接する村の住民たちはすでに印刷物の意味内容を知っていた。彼らはテクストとそれを読むスキルの両方を借用しなければならなかったものの、ページ上の記号を解読する作業に慣れ親しんでいたし、その内容が宗教的、想像的、そして実生活にもたらす結果についてもよく知っていた。

簡素ながらも蔵書を所有する労働者世帯は、限られた。最も早期に読み書き能力が普及したスウェーデン南部の農村共同体でさえ、文化生活の大部分は話し言葉で営まれ、農村の儀礼行動の諸様式に結びついていた。しかし、中産階級の蒐集家の興味をかきたてた口承伝統独自の文化遺産、すなわち民謡と民話は、それ自体がすでにテクストの世界によって汚染されていたことが現在では明らかになっている。たとえば、一九世紀末から二〇世紀初頭にかけて、イギリスの片田舎で伝統的な老齢の歌い手から苦心して採録した民謡の五分の四が、かつてブロードサイド〔訳注1章22〕に文字化されていたと推計されている(15)。正規《フォーマル》の言葉から非正規《インフォーマル》の言葉の再生産という類似の傾向は、ドイツやアイルランドでも見られた(16)。さらに、民謡の歌い手たち自身は、教育を受けた外部の観察者たちが考えるほど、自分の記憶力を頼りにしていたわけではなかった。彼らもまた、自分が歌詞を忘れてしまうのではないかとか、次世代にうまく伝えられないのではないかと懸念し、そうできる場合には何ら良心の呵責を覚えることなく、手書き草稿の写しを作成した。

口承伝統に対する書き言葉の伝統の関係は、馬車に対する鉄道機関車と同じであるという仮説は、いくつかの点で事実とはまったく異なる。創造活動とは、民俗学者たちが好んで想定するよりはるかに雑多な要素が入り混じった過程であった。印刷された民謡や民話は、新たな聴衆に向けて実演、再演される過程で徐々に地域共同体の口承資源に融け込み、その地域に昔からあった曲目《レパートリー》や演目を新たに活気づけると同時に、絶えず民俗的伝統の純粋さを汚染し続けた。同じように、長期にわたる文化伝達は、一九世紀の農村ロマン主義者たちが産業化以前の社会において想像したような安定した過程ではまったくなかった。文化の世代間継承は、戦争、疫病、飢饉といった断続的な災害に加えて、早死、短距離の移住など、不断に起こる出来事によってつねに危険にさらされた。手書き草稿は人から人へ伝わり、印刷物の供給が不足していた地域では、重要な資源としてその地域の文書資料《アーカイヴ》に集積された。一八五七年、アイルランドでは次のように記録された。

何と膨大な草稿のコレクションなのだろう……。大部分は職業的な筆記者や学校教師によって書かれたもので、読むことはできても書く暇のない人びとに貸与されたり、彼らが購入したりしたものだ。これらは、農家で夜なべ、特に夜通し羊毛を紡ぐ作業などに大勢の人が集まったとき、声に出して読むために使われたものだ。このようにして、人びとはこれらすべての物語に精通するようになったのだ(17)。

このようなコレクションがハードカバーで製本されるようになって初めて、伝統は継承されるというより、変わることなく保存されるという感覚が生じたのである。

口承コミュニケーションの様式は書き言葉に依存しており、その逆もまた然りである。民謡や民話の実演は書かれた言葉の形式に支えられたが、一方、印刷物の普及は歌い手や語り部たちの支援を受けた。マス・リテラシーを求める気運が高まる以前もその最中も、あらゆる労働貧民層の共同体で書物や文書を所有し、読みこなせる人びとよりも内容を知りたがる人びとのほうが大勢いた。この事態は音読することで解決された。読み書きスキルをもつ者がほんの一握りしかいなかった社会でも、私的ないし公的な音読の実演によって、印刷物や文書を日常生活に組み込むことができた。たとえば一九世紀以前のハンガリーの識字率は一桁にとどまっており、農村地域では祈禱書、通行証、契約書、手紙といった文書を読みこなせるごく少数の隣人のスキルを借用し、これらを有効利用した(18)。近代の読者研究の要点となっている聴衆《オーディエンス》という概念は、二〇世紀に至るまでに書物がどのように受容されたかを描く上で文字通り適切なものである。印刷された言葉の大部分は、目ではなく耳を通じて過去の人びとの心に入っていった(19)。ほかのあらゆる消費と同じく文字の読み方においても、欠如は共同を促した。すなわち、教育や書物にかかる費用を捻出できなかった人びとは、そうできる人から教えを受けた。フランスではヴェイエ、ドイツではスピンステューベ*7として知られる炉辺の集いでは、ひとりがチャップブックの内容を声に出して読むか、あるいは暗唱し、ほかの仲間たちはそれを聴きながら手仕事をした(20)。あらゆる国のなかで夜が最も長いアイスランドでは、読み方を学ぶことに始まり、声に出して読み、最後はテクストをめぐって議論する一連の書き言葉への関わり方全体が、このような集団を基盤にしておこなわれた(21)。

識字率が上昇したからといって、それに伴ってすぐに肉声が衰えたわけではない。子どもが学校に通うようになると、印刷物を読む声が響きわたるようになった。視学官によれば、公立学校教師の第一世代は、授業中に生徒が静かにするよりも、声を合わせて答えることを求めた。生徒が授業時間の一部で静かに読み書きすることが許されたのは、一九世紀の最後の四半世紀の上級学校だけであった。一歩街に出れば、大声で叫んだり歌ったりしながら商品を通行人に売り歩く、新しい形式の安価な印刷物の行商人たちに出くわした(22)。ブロードサイドやソング・シートは、伝統的なチャップブックやバラッド*8と、新しく登場する新聞、安価な雑誌、小説のあいだの過渡的形態であったが、それらは私的に精読するよりも、人前で音読《パフォーマンス》する媒体として売られ、購入された(23)。大衆向けジャーナリズムの登場は、民衆の叫び声をさらに大きくした。一八七〇年代半ばのロンドンのある観察者は、「あらゆる大通りで、『デイリー・テレグラフ』『デイリー・ニュース』『グローブ』『スタンダード』といったペニー新聞*9を読む声が、いつでもわれわれの耳を襲ってくる」と書いている(24)。同時代のベルリンでは、呼び売りに対する厳しい法的規制が敷かれたため、ほかの都市より静かであったが(25)、それ以外のあらゆる都市では、文字を読む大声が響いていた。家庭で新聞を黙読することもあったと思われるが、ほとんどの場合、購買力が許す以上に新聞の内容に興味をもつ傾向から、昔ながらの印刷物の消費手段、すなわち声に出して読むことがさらに普及したのである。

機械が肉声を圧倒する以前の仕事場では、熟練工はみんなで買った新聞の内容を順番に朗読し合った。このような慣行は、一八世紀末の革命による危機の時代を通じて政治ジャーナリズムが上流階級の独占物ではなくなった時期(26)から、安価な大量発行の日刊紙が普及するようになる第一次世界大戦前まで続いた。カーライル*10のある手織工の若者は、選挙法改正法案をめぐって高まる社会的緊張に、仕事場でも鋭い関心が寄せられるようになると、読み書きスキルと政治意識の両方を高めることができた。

ニュータウンの織布工たちがどうやってお金をかき集めてロンドンの新聞を手に入れたのか、そして、新聞配達の郵便御者の到着をいつもどれほど心待ちにしていたか、わたしはよく憶えている。『ウィークリー・ディスパッチ』は、放火や改革派の集会に関する記事を扱っていたので、とても人気があった。他方、『ベルズ・ライフ』は「ファンシースポーツ」の催しについて多くのことを教えてくれた。しかし、みんなが最も愛好したのは、一週間に三日、『タイムズ』から発行される『イブニング・メール』だった。それはその前の二日間のニュースの要約と、『サンダラータイムズ』からの主要な記事の抜粋が載っていたからだった。選挙法改正運動が最高潮に達した頃、みんなの店では、男たちが九時にストーブの周りに集まり、わたしは新聞を読み上げるために中央に陣取った。こうして深夜をはるかに過ぎるまで議論したものだった。みんながお互いに誤りを正し合ったので、わたしも読めるようになったのだ。こんなふうにして一四歳になった頃には、わたしはいっぱしの政治屋になり、仲間のあいだでは大蔵大臣として知られるようになった(27)。

労働条件によって就業日にこのような行動がとれない場合、新聞を共同で読み合うのが夜の社交活動の特徴となった。たとえば、プロヴァンスのカフェの事例では、「このような集まりの主要な特徴は、後援者《パトロン》や有力者（多少とも裕福な）が購入に寄付金を出してくれた多くの新聞のひとつを、声に出して読むことであった。このような読み聞かせは非常に時間のかかる催しで、すべての記事が慎重に声に出して読まれ、しばしば読み手、聴き手、あるいは両者から解説が加えられた」(28)。

自分で読むスキル、お金、時間をもたない人びとも利用できるように、書き言葉を別の形式に移し変える長い歴史があるが、このことは×印や署名の数値がもつ意味を著しく限定する。識字統計表の識字、非識字という単純な二分法は文化的な慣行には現れてこない。説教師、呼び売り、仕事場や炉辺で書物を読み上げる者たちは、非識字者を印刷された言葉の世界に導いた(29)。ますます手の込んだ記号、ポスター、広告ビラで店先や無地の壁が埋め尽くされるようになると、町もまた読解すべき教本になった(30)。コベントリのリボン織工であったジョセフ・ガタリッジは、自分が通ったおばさん学校の教師について次のように述べている。先生が教えてくれたおかげで、「七歳頃には地方紙の内容がわかるくらいになった。ぼくはそれらを丹念に読むことから大きな喜びと知識を得た。これとは別に、ぼくが文字を学ぶ手段として利用できたのは、パブや店の看板に書かれた文句だった」(31)。

このような教材《マテリアル》は、文字と視覚的なイメージを結び合わせることによって、かろうじて読める者、あるいはまだ読めない者たちを、文字言語の世界へと引き寄せた。さまざまな形式の安価な印刷物が出回っていたため、学校教師の試験にはとうてい受からないような人びとも、文字を教えることができた。チャップブック、ブロードサイド、創成期の安価な小説といった教本類は、口承伝統で用いられていた決まり文句の繰り返しや、覚えやすい韻文形式を取り入れていた(32)。大衆向けの印刷物の挿絵は、行商人《チャップマン》や書物行商人《カルポート》の商品の表紙に印刷された粗雑な木版画から、一九世紀後半の新聞や連載小説の紙面を彩った精巧なリトグラフに至るまで、さまざまな種類があった。それらは文字の行についていけない者に印刷物との接点を与え、能力に自信がない者に文字を解読する手がかりと安心感を与えた。大衆向け印刷物のこのような複合体は、アルファベットを学ぶ動機づけとなっただけでなく、不十分な読み書きしかできなかった者にとって、教育の専門家が公立基礎学校《インスペクテッド・スクール》向けに制作した特別な教科書よりも、はるかに効果的な初等読本であったといえるであろう(33)。

口承伝統というカテゴリーは、同時代に生存する発展期が異なる人びとを、異なる人口区分に差別化する手段であった。もっぱら話し言葉に頼っていた人びとは、彼ら固有のコミュニケーション慣行だけでなく、彼らがものを考えるやり方、あるいはむしろ、うまく考えることができないことから、識字者とは異なる存在とされてきた。マス・リテラシー運動が始まると、いまなお全労働人口の大部分を占めていたヨーロッパの労働力、とりわけ農業労働の従事者は、読み手と書き手が共通の時間意識をもつ進歩的な世界とは対照的に、時間を超越した古代からの文化に属していると考えられた。伝統と近代という区別は、教育を受けた者たちが自らの歴史的なアイデンティティをどう理解したか、また彼らが教育を受けていない者たちを政治権力や経済的特権から継続して排除するのをいかに正当化したか、ということの核心にあった。伝統と近代の対照は、教会と啓蒙主義の共通の敵であった迷信という包括概念のなかでとらえられた(34)。

迷信という用語は、教育を受けていない人びとの言葉からではなく、その外部から生まれた。この用語は、魔術信仰を指すことが非常に多かったが、同時にさまざまな文脈で当時の経済的・社会的諸関係の厳密かつ重要な暦《カレンダー》に抵触するさまざまな慣習行動も意味していた。魔女《ウィッチ》や魔法使《ワイズメン》いを利用したり、時たま起こる酩酊や暴力に至るまで、きわめて幅広い態度と行動の全体が、迷信という語で括《くく》られたのである(35)。迷信は口承伝承とそれに関連する儀礼の形式によって構成され、保存された。そのため迷信は、学校教師と彼らが生徒に教え込んだ合理的な思考力と行動能力から、最も痛烈な攻撃を受けた。

迷信という概念の核心は、何が現実であるのかを判断する能力にあった。迷信は誤った時間感覚、超自然的なものに対する誤った見解であり、人間能力の限界への誤った判断を具体化したものであった。ユージン・ウェーバーが述べているように、「迷信は他者の宗教である。すなわち、われわれが共有していない他者の信仰である」(36)。しかし、当時の人びとが気づいて当惑したように、印刷文字とそれを推進した諸勢力はともに、このような非合理な世界に深く漬かっていた。したがって、教会や国家に所属する教師が教育に駆り立てられたのは、彼らが総体的な無知に懸念を抱いていたからだけでなく、子どもに間違ったことを教えるのではないかと恐れたからでもあった。この問題を典型的に示しているのは、私立学校で労働者階級の男性から教えを受けたプロイセンの生徒が残した記録である。「年に一度の懺悔火曜日*11には、先生が生徒全員を新品の鞭で叩くのがしきたりであった。この地方の信仰では、そうやって生徒を叩いておけば、家畜に虫がつくのを防ぐ効果があるのだそうだ」(37)。このように、その土地の教師が伝統的な信念体系を打ち砕くよりも、助長する傾向にあったため、教師の訓練と視察への投資が正当化された。しかし実際には、最も無害な書物でさえ、その使い方を統制するのは著しく困難であった。至るところで、書き方と書き言葉は、現実の力をもつと解釈された(38)。ヨーロッパの基礎学校制度の基盤を形成する上で中核的なテクストをひとつだけ挙げるなら、それは賛美歌集であろう。賛美歌集はあらゆる宗派と言語で生徒向けに持続的かつ頻繁に使用され続けた最初の読み物であった。

しかし、モスクワ地方に関する研究が明らかにしたように、「賛美歌集にはある種の迷信が存在した。たとえば、賛美歌集を始めから終わりまで四〇回精読すれば特定の罪が赦されるとか、賛美歌集は占いの道具として、特に窃盗の罪を犯した者を見つけるのに役に立つ、といった迷信である」(39)。

このように、神の言葉を誤用することは、一九世紀のいわゆる後進国でより長く残存したかもしれない。しかし、魔術と印刷物の相互依存関係を、ヨーロッパの周縁にしか存在しないと押しやるのは、まったく無意味である(40)。ジョセフ・ローソンは、彼の生まれ故郷である一八二〇年代のヨークシャーの村に広まっていたさまざまな信念が、声と文字の権威が密接に組み合わされた構造であったことを、次のように回想している。

当時われわれが話題にしていた迷信は、あらゆる空気には神の慈悲の使者、あるいは災いの使いである善き精霊と悪しき精霊が充満しており、後者の影響のほうがいつも優勢である、というものであった——悪霊はほとんどの場合、善き精霊を圧倒しているというのであった。六〇年前、いやほんの五〇年前のパズィーの次のような光景を思い浮かべてみよう。暗く、風の強い冬の夜、炉辺に座っていても、かすかに明かりが見える薄暗がりに、近所のひとたちが何人か——男も女も子どもも——いっしょに座っている。その子どもたちは、怖がりながらも、「幽霊のお話」を聞きたがっている。子どもたちは老人に、いつか聞いたことのある物語、あるいは新しい物語を聞かせて、とせがむのだった。……あの当時は、幽霊の存在を信じない者は誰でも不信心者とか無神論者と言われた。魔術が実在することを証明するために聖書さえ引き合いに出された。あの偉大なジョン・ウエスレー尊師*12の雑誌もまたそのように利用されたのだ(41)。

西洋社会で魔女や魔法使い《ソーセラー》がその権威を保つことができたのは、ひとつには彼らが呪文や秘教に関する印刷物や手書きの書物を特別に利用できたからであった。また、大衆向けの印刷物の取引がこのような神秘的な書物を長期にわたってより広い読者層に普及させていたからでもあった。フランスの地方書籍商は、祭文や呪文が収められている挿絵つきの小型本である魔法の書*13を、教育を受けたばかりの農民に販売した(42)。これらの書物は、世に知られていない大昔に出典があると謳っていたが、素人向けの魔術というジャンルは、どの時代にもうまく当てはめられた。イギリスでは、大衆読者層《マス・リーダーシップ》の形成によってさまざまな種類の参考書が生産されたが、そのひとつに「ペニー・ドリーマー」と呼ばれた手引書があった。これは、夢を解釈し、数字と預言から未来を予知する手引書であった(43)。ローソンの回想によれば、「当時の書物で最も大事にされていたのは、夢の意味を説明し、解釈してくれる『夢占い《ドリーム・》の本《ブック》』であった。夢というテーマに人びとが示す熱心さには際限がなかった。季節はずれの果物の夢を見ることは、時機を逸したことへの悲嘆を意味しているとか、若い娘が寝る前に雌鳥の初卵を食べておくと将来の夫の夢を見ることができる、等々」(44)。しかし、これらの出版物のなかで最も成功したもののひとつは、はるか後の時代になって実際に出現した権力に焦点を当てたものであった。『ナポレオンの運命鑑』は、ナポレオン皇帝の図書館で発見されたと信じられ、学校制度の拡大によって読み書きできるようになったあらゆる人びとに売りつけられた(45)。迷信は、印刷物の形式と内容の両方に埋め込まれた。したがって、文字を読むことができないがゆえに、文書や書物の内容にいっそう深い畏怖の念を抱いた人びとが、魔術的な目的で利用したわけである(46)。しかし、もうひとつの占いの手引書は、ほかの印刷物や手書き草稿を引用しつつ、しかもその読み手がさまざまな形式でいっそう高度な読み書きができるように促進する間テクスト性《インターテクスチュアリティ》を示す典型的な事例であった。

リテラシーの所有から利用へ

口承伝統という概念が、教育を受けない者の実践ではなく、教育を受けた者の先入観についてより多くを語るとするなら、次に問うべきは、マス・リテラシーの到来期に生じたリテラシーの活用の変化をどのように分類すべきか、ということになる。書き言葉は農民文化という土壌に深く根を下ろしていたかもしれない。また、一九世紀における署名率の向上が示しているように、話し言葉は書き言葉と複雑に絡み合っていたかもしれない。しかし、さまざまな変化は、どのような書物が読まれたのか、そしてそれらがどのように消費されたかにおいて生じたのである。読むことと書くことの二つのコミュニケーション様式において持続した相互浸透と、リテラシーの利用が急増した重層的な意味や物質的条件の両方を架橋する、より複雑なモデルが活用されなくてはならない。

これは、この時代に起こった一連の変化を次のように理解することで最もよく達成できるであろう。すなわち、これらの変化はまったくの無から突然発生したわけではなく、また、ヨーロッパの大多数の人びとが印刷物の世界に関わる名目上の〔リテラシー〕能力を獲得する時期までにこれらの変化が完了することは、たとえあったにしても、きわめてまれであった。変化《ムーヴメント》の核心をなしたのは、移動《ムーヴメント》であった。リテラシーは空間や時間を越えて他者の思想や知識とつながる手段であった。リテラシーの活用は、口承コミュニケーション様式に支えられた直接的・地域的関係性を変化させた。読むことと書くことは、実際の移動を伴わない流動性《モビリティ》を促進した。したがって、教育と物理的な移住《マイグレーション》のあいだに関係を見いだそうとしても、それは一貫性を欠くだけでなく、限られた意義しかもたない(47)。重要な旅は心の中でなされたからである。ラマーミュア丘陵*14で育った若い農場労働者アレクサンダー・サマヴィルは、初めての大旅行を、自分が働いていた農場から一歩も出ることなく成し遂げている。

わたしがすっかり夢中になり、いまでもまったく色あせない強い印象を受けた本は、『アンソンの世界周航記』*15であった。この旅行記を読みながら、世界の地理について新しい知識を得たり、人間の冒険の魅力を味わうことに比べれば、『ゴスペル・ソネット』、『バーンズの詩集』*16、古いバラッドや自作の滑稽歌集などは、どんな本でも物足りなかった。その時までこの種の本は読んだことはなかったし、外国のことは何も知らなかった……」(48)。

彼は学校教育で手に入れた断片的な能力を駆使し、仲間の労働者たちを連れ添って旅行に行くことができた。午前中の仕事の後どのように過ごしたかについて、彼は次のように回想している。

わたしはそのまま農場に残って木陰が広がる芝生の上に寝転び、「センチュリオン」*17のページを開き、その船に降りかかったあらゆる出来事を読んだ。午後の仕事が始まると、読んだ部分を仲間に話して聞かせた。悲しい部分ですら、物語への興味をそそった。ほかの仲間たちも物語に非常に興味を示すようになり、木陰の下でわたしが読むのを聞くため、ついにはみんな自分の昼食を持って外に集まるようになった。夜には、わたしは家で読書を続けたが、次の日の仕事場で、その読み進めた部分を仲間に教えてやった(49)。

このような変化の本質は、文通の増加に劇的に表れた。先に見たように、シャルチエが適切にも評した「ありふれた書き方」が一九世紀を通じて急速に普及したのである(50)。この章の冒頭で触れたベンジャミン・ショーが手紙で求愛しようとした頃から、大量生産されたバレンタインカードがますます流通するようになった。バレンタインカードは、一九世紀半ばまでに、イギリスにおける年間郵便流通量の季節的ピークとして、クリスマスカードに次ぐ位置を占めた(51)。イギリス政府が推進した一八四〇年以降の郵便制度改革は、郵便をより安価で利用しやすいものにすることで民主化しようとする願望と、コミュニケーションと空間の関係を変えようとする意図の両方から進められた。国家を単一の文化的存在にする均一郵便料金と前払い制が構想されたが、この野心的な試みは、一八七五年の万国郵便連合〔訳注1章1〕の創設によって国際的な広がりを見せるに至った。万国郵便連合の第一条には、「単一の郵便圏」(52)を設けるべきであると記されたが、その範囲は創設時においてすでに三七〇〇万平方キロメートル、三億五千万の住民に及んだ。地球村《グローバル・ヴィレッジ》*18という概念は、およそ百年前にすでに生まれ、制度的な実質を与えられたのである。

万国郵便連合は、物理的・精神的な偉業と受けとめられた。それは、諸国家が国境の内外で複雑で大規模な手紙の流通を組織できる点で、また、はるかに精巧で大規模なネットワークによる書き言葉のやりとりによって、離散家族、敵対する階級、競合する国家などが結びつき、調和のあるひとつのまとまりを構成するという点でも、諸国家の合理性と権力を誇示した。接触のためのネットワークがいままで以上に濃密になれば、相互理解と相互依存が促進され、あらゆる国内外の緊張の根底にある無知と利己主義が一掃されるに違いないと考えられた。万国郵便連合は、その設立者たちによって、「国家間の相互交渉行為における最も重要な分野に基づいて、世界四領域の文明国家を親密に結びつける」(53)と見なされた。このようなきわめてユートピア的な言説は、第一次世界大戦で見直しを余儀なくされた。とはいえ、大戦時にヨーロッパの国際郵便の流通量は一日あたり五〇〇万通に達し、この組織の基本的な特徴は一九一八年以降、および一九四五年以降に設立された一連の国際機関のモデルとして引き継がれた(54)。

移動に関する中心的な問題は、郵便網と鉄道網の緊密な結びつきに顕著に現れた。文通の大衆化《マス・コレスポンデンス》は、物理的な伝達手段革命《コミュニケーション》によって可能となった。イギリスは、ヨーロッパで初めて幹線鉄道を敷設したすぐ後に、最初の均一郵便料金制度を導入した。鉄道という新しい輸送方式は迅速かつ安全であったため、郵便制度改革者たちの野心的な試みは後押しされた。他方で、増加し続ける郵便物は創成期の鉄道会社の重要な収入源となった。この二つのサービスに従事する制服の従業員たちは、自国の最も辺鄙な場所にも組織的に入り込み、首都と地方、町と田園をつないだ。両者の相互依存の規模は、逓信官僚たちの統計で確かめられる。図4・1が示すように、鉄道旅行と手紙の流通にはきわめて密接な関係が認められる(55)。一人あたりの郵便制度の利用と、一人あたりの鉄道制度の利用についてヨーロッパの国々をランクづけると、両者の順位はほぼ一致する。また両者の関係も、それぞれの国内でほぼ同じ比

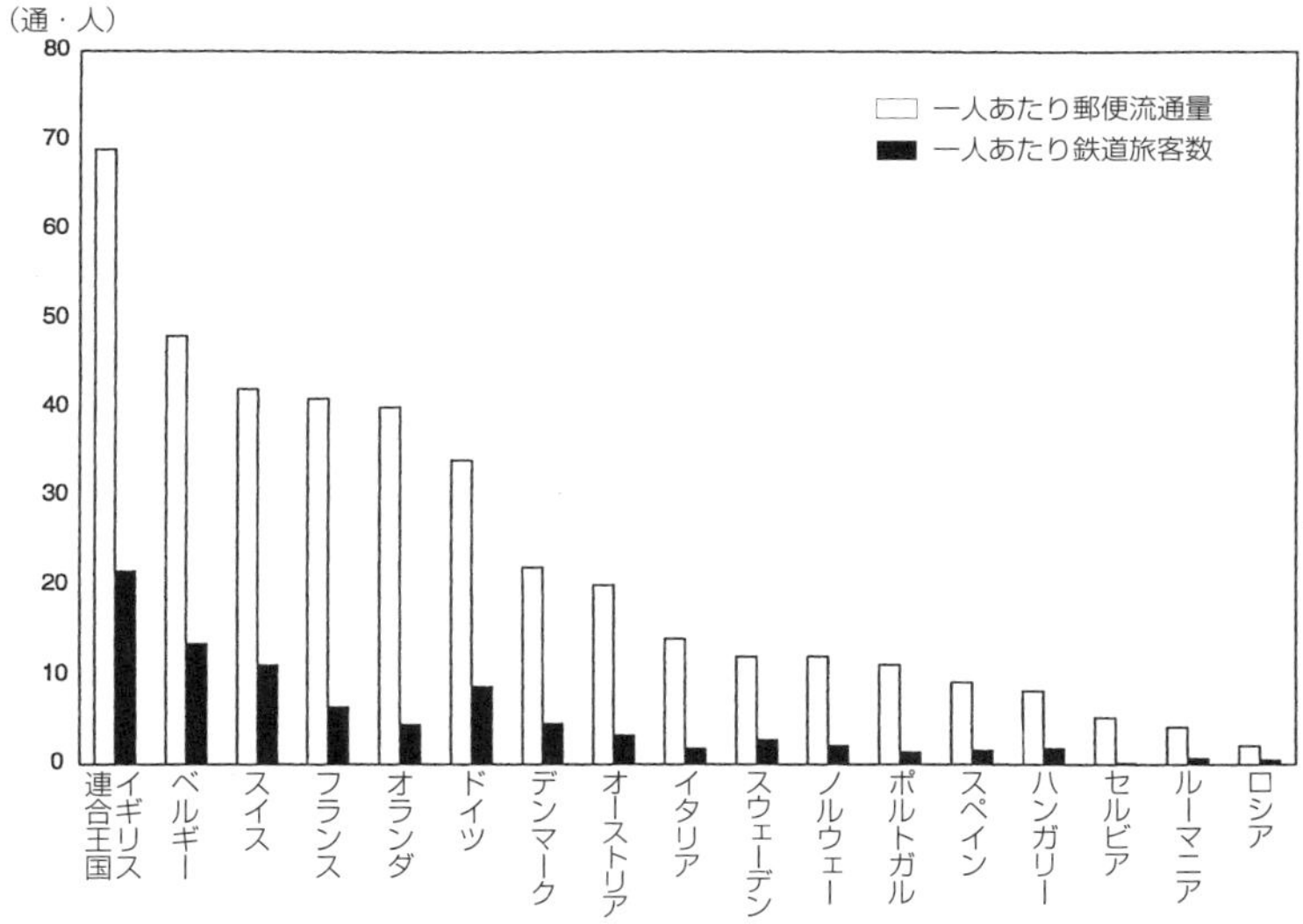

図4・1　ヨーロッパの一人あたり鉄道旅客数と郵便流通量（1890年）

率を示す。鉄道と郵便というコミュニケーション様式のどちらに関しても、重要なのはその所有でなく、利用である。国内の鉄道網の長さそれ自体ではなく、一キロメートルあたりの旅行者数が重要であり、それはリテラシーの分布ではなく、活用が重要であることと同じである。その後も両者の関係は活発なまま、どちらのコミュニケーション様式も同じ速さで拡大を続け、国内のすみずみまで普及した。それと並行して、マス・リテラシーの時代もまた、一八九〇～一九一三年のあいだに具体化した。

　読み書きの普及に関連する社会の進歩を表すあらゆる統計的測定のなかで、鉄道と文通の関連は最も緊密である。一八九〇年の郵便流通量を標準要因として初等学校の生徒数との相関を取ると〇・四四であり、リテラシーとの相関は〇・六一、国民総生産との相関は〇・九三、鉄道旅客数との相関が〇・九四であった(56)。鉄道と郵便のほぼ完全な相関は、共同事業が存在したことを意味する。この数字は、ヨーロッパにおけるマス・コミュニケーションの歴史が内的な発展過程《ダイナミズム》をもち、その他の物質的・文化的要因と関係したとしても、決してそれらに還元されなかったことを示唆する。もっとも、すべての手紙が鉄道で運ばれたわけではなかった。道路網が急速に整備され、公共利用できるようになった。特にフランスのように、同程度の人口規模で広範囲の田園地域をもつ国では、道路によって鉄道の駅につながっていなければならなかった。またこれまでに言及した国では、手紙の運搬に海路が使用されることもあった。特に一八九〇年のノルウェーでは、手紙の半数が船便で運ばれた[57]。しかしながら、万国郵便連合の統計表が示しているように、鉄道路線《ヴォワ・フェレ》は、ほかのいかなる輸送方法よりも速度に優れ、時間が正確で、遠距離輸送であることが、郵便網を実現する象徴であった。当時の人びとは、聖職者や政治家の訓辞ではなく、コミュニケーションの仕組み《マシーネリー》こそがリテラシーの獲得を奨励し、その普及を拡大したと認識していた[58]。ほとんどの子どもはまだ徒歩通学であったが、いまや学校教育の一部となった補助金と視察の構造は、文通と鉄道の両方を常時利用することに依存した[59]。人と情報の移動の相互関係は複雑であったが、どちらも人口の大部分を生まれた土地に縛りつけていた身体的・精神的な境遇の拘束をほどくように働いた。

第2節　共同と私事

人や情報の移動が加速する意義は、四つの領域の変化に認められる。第一の、そして最も明瞭な変化は、共同から私事への変化である。印刷物の消費によって集団形式の文化活動は衰退した[60]。前述したように、この過程は単線的ではなかった。物質的窮乏と印刷物不足のいずれかが長期にわたって変化を遅らせたり、あるいは逆方向の変化を生じさせた。たとえば一八世紀末のロシア全土には印刷会社が三〇社しか存在しなかったため、地方のエリートたちが定期的に文学に接するには、読書サークルに頼らなくてはならなかった[61]。もうひとつ例を挙げれば、新聞が新たな読者層の手に届き始めた時も、多くの場合その価格は個人購入できないほど高価であった。新聞はパブや仕事場で朗読されるか、あるいは一九世紀初頭のベルファスト*19の事例のように、一時間あたり一ペニーで各家庭に貸し出されたりした[62]。黙読は、書き言葉に取り組む様式として印刷術の発明に先立っていたものの[63]、その実践は一定の豊かさの水準に依存していた。というのも、黙読には、勉強部屋、応接室（休憩室）、あるいは成人男女専用の寝室といった、誰にも邪魔されずに読書に集中できる物理的空間が必要であったからである[64]。また、特に北ヨーロッパでは、人工的な照明と暖を取る燃料を個人利用できる条件が不可欠であった。読書は家庭内の親密《ドメスティック・ソーシャビリティ》を表す特徴と見なされるが、実際に促進したのは、そうした快適な生活水準の向上であった[65]。比較的豊かな階級は、読書が共同行為に対立するのではなく、むしろ書物と空間が手に入りやすくなることで、印刷物の世界との関わり方を選択する可能性がいっそう広がった。社会的地位が下がるほど、そのような選択肢を実際に行使するのはいっそう困難になった。書物を読もうとする者は、しばしば文字通り世帯生活に背を向け、周囲の出来事から目をそらし、家から完全に離れ、天気がよい時は町や村の周辺の野原でひとりになれる場所を探さなくてはならなかった[66]。これを解決したのが公共図書館で、一九世紀後半を通じて次第にヨーロッパ都市生活のひとつの特徴になった[67]。ここでは騒音に抗議する私的努力に代わって、共同施設が沈黙を強制した。

収入に余剰が生じると、私的に書物を買えるだけでなく、身体能力の向上も可能になった。眼鏡の歴史については今後の歴史家の研究をまちたいが、第二次世界大戦の終結までに、新しい福祉国家のおかげで眼鏡を必要とする人びとの約四〇%が入手できたことにはじゅうぶんな証拠がある(68)。それ以前、生来の弱視や老眼の人びとは、眼に合う手ごろな眼鏡を何とか見つけたいという望みを抱いて、市場の露店を物色するしかなかった。経済的繁栄は印刷物を安価にしただけでなく、印刷物への特異な関わりも可能にしたが、それは共同消費の衰退という特質を伴うものであった(69)。かつての語り部《ストーリー・テラー》は、記憶に頼るかテクストを利用するかにかかわらず、自分が語る言葉のリズムを聴衆に押しつけた。聞き手個人はそれぞれ自分が興味をもったり、あるいは退屈したからといって、語り口を速めたり遅くしたりするよう頼むことはできなかった。しかし、買うにしろ借りるにしろ、どちらでもひとたび物語が個人の所有物になれば、どんな速さで読むか、どこから読むかさえ、個人の自由裁量に委ねられた。教本不足から相対的過剰への移行は、集中型《インテンシヴ》読書から拡散型《イクステンシヴ》読書への変化となって表れた(70)。かつて祈禱書は暗唱しやすいように解釈され、チャップブックはバラバラになるまで熟読された。しかし、一九世紀におけるリテラシーと安価な書物の普及によって、人口の大部分が少数の書物を繰り返し読む《リリーディング》ことから、多数の書物を次から次へ読む《リーディング》ことへ移行したのであり、ここに大きな意義があった(71)。言葉をすべて熟読する前に読書を中断することが、初めて可能になった。とはいえ、他人に邪魔されずに学べる場合、教本に集中して取り組む独自の形式も可能になった。もう一度読み直すかどうかは個人の選択の問題になった。同じ読者がいまや、通勤途中に新聞にざっと目を通し、夜には大切な書物の一段落をひと晩かけて読むこともありうるのである。

変化の方向性は、プライバシーという概念を正しく理解するといっそう明瞭になる。プライバシーの中心的な特質は孤立ではなく、統制にある。ある水準でいえば、プライバシーとは外的世界が自分の思考や行動のどこまでを知ってよいか、決定する権利であり、これはしだいに声高に主張されるようになった。別の水準では、プライバシーとは、外的世界と独自の関係をもつ自由を意味した(72)。したがって、私的《プライベート》な読者・著者像は、単独ながら孤立した存在ではない。この点は郵便によって克明に例証される。書き言葉との出会いにおいて、あらゆる側面で見られたように、郵便においてもリテラシーの限定から完全に至る長い道程は、集団の実践を必要とした。なぜなら手紙は、名目上のリテラシーしかもたない受け手に向けて読まれたり書かれたりしたからである。にもかかわらず、手紙という実践の機能は、個人が同じ世帯や近隣に知られずに、よそにいる家族や未知の人とつながることができるコミュニケーションに参加することにあった。郵便は空間と時間という拘束からプライバシーを解放したのである。手紙を書く人は、自分が選び、しかし決して会うことはないかもしれない人びとと交流する手段を行使できた。彼らの共同体の感覚は、もはや近隣地域の対面的関係性に限定されなくなった。文通は社会的相互作用の衰退を意味するのではなく、手紙の書き手と受け手が意のままに社会の境界域を再設定することを意味した。

手紙を読み書きする際、メッセージの内容を家族に相談することは多々あったが、その伝達には密封形式が必要であった(73)。手紙は一度封をするか、一八四〇年代以降は糊付きの封筒に入れれば、配達中誰の目にも触れずにすんだ。手紙の内容は家庭や商売上の機密に関わるにもかかわらず、折りたたまれた紙片にすぎない脆さがあった。手紙の性質のこの著しい対照は、書き言葉のコミュニケーションにとって信頼が最も中心にあることを際立たせるものである。郵便は、郵便配達員や雇用する政府の側に自己抑制が働くという前提で初めて機能する。したがって、文通者たちは近隣の詮索から逃れられた代わりに、手紙を盗まれたり盗み読みされる新たな脅威にさらされた。

一六世紀以降、ヨーロッパの主要都市は郵便網でつながっていた。家庭の慰安の増大や社会の中間層の公的影響力にとって、商業・職業・行政・娯楽などを目的とした文通の利用は、ますます必要不可欠であった。一八世紀には、少なくとも都市の熟練工まで文通が普及していた証拠がある。意気軒昂なフランス人のガラス職人ジャック＝ルイ・メネトラは、パリの小郵便《プチ・ポスト》*20と、萌芽的ながらも信頼しうる国内郵便網の両方を頻繁に利用して、仕事の用事と複雑な私用のどちらも巧みにこなした。彼より教育を受けた上層者たちにも当てはまるが、メネトラもひとつの手紙で、人生の公私二つの側面が分かち難く絡まっていた。彼は、婚約者との危機を振り返って、次のように書いていた。「ぼくはすぐにペンをとり、短く次のように書きとめた。もしきみが、紹介された新しい相手のほうが幸せになれると思っているのなら、ぼくは店を譲るし、誰の気持ちも害するようなことはしない」(74)。

アメリカの独立戦争で軍隊の大移動が起こると、敵対するいずれの側も故郷に残した家族と連絡する手段や、ときに読み書きスキルを与えて徴集兵の士気を鼓舞しようとしたため、文通はさらに広範に利用されるようになった。均一郵便料金と前払い制の導入は、手紙の需要の高まりによるものであったが、郵便料金を支払う用意がないか支払いたがらない受取人に、距離を計算して請求する従来の方法では、対応しきれなかったからである。それにもかかわらず、均一郵便料金と前払い制は、書き言葉のコミュニケーションの利用可能性と、その際に守られるプライバシーの両方において、質的な変化が起きたことを表している。戸口の郵便受けと通りにある郵便ポスト（万国郵便連合の根気強い統計調査官によれば、一八九〇年のヨーロッパには、二八万九九三四個の郵便ポストが存在したという）は、この実践に関して新たなレベルの匿名性を可能にした。手紙の投函と受領は、もはや郵便配達員や郵便局と民衆のあいだの公的やりとりではなくなった。いまや、世帯の誰かが手紙が届いたことを知ればよいのであり、誰も手紙が配達されたところを見る必要はなくなった。

第3節　標準化

文通の拡大は、文化実践の形式が標準化へ向かうなかで生じた二つめの変化に密接に関係していた。その展開は、時間の消費に最もわかりやすく表れた。一八世紀の民衆向け書物はすでに地方の情報をほとんど受け入れなくなり、その物語形式も、当時の出来事とほとんど関係をもたなくなっていた(75)。マス・コミュニケーション制度の到来は、商品市場の空間的統合を促進したが、他方で生産と消費の時間を短縮した。この変化から最も深刻な影響を受けたのは、教区の時間調整の伝統であった。舗装道路と速達郵便馬車は、鉄道が登場する数十年前から発展が遂げられていたが、昼間の太陽がちょうど真上に来る瞬間に各教会の時計を合わせる〔教区の〕伝統とのあいだに緊張をもたらした。この問題は鍵をかけた時計を携帯することで回避され、日程のずれは短時間で済んだ(76)。しかし、鉄道の統一時刻表を編纂し、公表された集配時間に合わせて複雑な郵便網を調整する必要が生じると、西部と東部のさまざまな時差を管理するのは不可能になった。ある地域が別の地域とつながりたければ、時間の統制を犠牲にしなくてはならなかった。しばらくのあいだ鉄道と郵便当局は、時間体制を維持しようと努め、ほとんどの教区住民は従来の生活を変えなかった。グリニッジ標準時はもともと初期の鉄道会社のために定められ、一八五七年にはイギリス郵便局に採用されたが、それでも地方の郵便局は以後一五年間、「特定の目的」のために地方の時間に従うことを許された(77)。しかし、鉄道線路沿いに電信回線が設営され、電気信号を一瞬のうちに東西の国境付近まで送信可能になり、その結果、コミュニケーション諸制度に共通の時間規律が社会や経済などの他分野へ次第に浸透するようになった(78)。教育もそうであったが、規律の強制が人びとの行動を生んだのではなく、人びとの行動の結果として規律の強制が生じたのである。単一領域という概念が広範に普及して初めて政府の介入が始まり、一八八〇年代以降から現在に至る一連の法制化を通じて、近代ヨーロッパの時間区分が設定された。

時間の標準化は、地方の時間感覚がいっそう激しく全般的に攻撃されたことを映しだす。前近代的な文化のほかの側面においてもそうであるが、地方の時間感覚を論じる際に方向性《パースペクティヴ》を把握することが重要である。鉄道、学校、工場の規律は、近代以前の田園地域との対比で論じられる傾向がある。そこではかつて、近代的な意味の時間をしばしば欠き、昼間の太陽の運行からおおまかな時間しか感じることができず、またそれで十分であった。しかし実際には、農場労働者たちはみな集団として雇用される以前から、労働日のあいだ教会の鐘の音に大きな注意を払っていたし、大人の仕事を手伝うことで家計を助けていた子どもたちもみな、教室に通う前に時間遵守の教えを学んでいた(79)。自然界それ自体が固有の時間規律の需要を生んだのであった。乳搾りに比べれば、工場の規律形式など過酷ではなかった。新しい都市中心部の魅力のひとつは、小規模小売業などの職に就きやすかったことであるが、農業労働の避けがたい単調な仕事から解放されると歓迎された。にもかかわらず、リテラシーの普及とその所産は、地方特有の時間感覚から抽象的な時間感覚へ移行する重要な意味があった(80)。最も基礎的な書き方とは、正規の暦《カレンダー》に取り組むのと同義であった。自分の名前や短い手紙を書ける者は、単語だけでなく数字も書けなくてはならなかった。年一回の法律文書や慣例の手紙類は、日付の記入から始まり、最も単純な読み書きである結婚登記簿の署名ですら、日付の記入を伴った。これに対して一八世紀ハンガリーの農村地域で、訴訟手続文書に現れた教育のない証人たちのほとんどは、時間の説明をする際、正規の年月日に言及せず、地方の祭事暦や農業暦、まれに市場の立つ日*21を述べていた(81)。

読み方は書き方よりも広範に普及した実践であったが、そのことも正規の暦の影響力を強めた。チャップブックの大部分は、時間区分《クロノロジー》の記述とはほとんど無関係であった。起源は曖昧なままで、たとえ歴史を扱う場合でも、その内容は事実と寓話の区別がなかったため、新しくも時代遅れでもなかった。チャップブックは一冊を何度も繰り返して消費したため、読者の生活史の特定の瞬間に読まれて終わるものではなかった。印刷物は地方の時間感覚とは対立せず、むしろ親和的であった。しかし、一八世紀後半以降の市場に出現した、時事問題を扱うブロードサイドやカナール*22は、特に国王や女王の話題、最近起こった強盗や殺人といった事件史を扱うことで影響を及ぼした。そこでは、物語は日付を吹き込まれ、意味は時間という共通の規準に結合された。このような過渡期の印刷物の形式は、やがて二種類の民衆読み物に分裂したが、どちらもいっそう正確な時間表記を実行した。ひとつは小説《イマジネーション》であり、雑誌として販売された。この週刊誌は特定の日に発行されるだけでなく、物語全体を読みたいと願う読者に定期購読を要求した。もうひとつの事実《ファクト》は新聞として販売され、読者をますます正規のカレンダーに結びつけるようになった。もっとも、第一次世界大戦まで、大多数の労働貧民層が新聞を読んでわかる曜日は日曜日だけであったが。国家が制定した暦に人びとを従わせた最大の要因は、戦争や偶発的な革命の勃発ではなく、ますます利益を上げていたジャーナリズム分野、すなわちスポーツ新聞であった。スポーツ新聞は一九世紀最後の四半世紀のあいだに、電気コミュニケーションの成果と、3Rの能力をもたらした大衆教育《マス・インストラクション》を結びつけ、賭博産業を創出した。莫大な数の貧民たちが近隣から遠く離れた場所で開催される競馬レース表にむなしく希望とお金をつぎ込み、賭博産業は財政基盤を得た。

時計が刻む新たな時間感覚にリテラシーが関連する様子は、公教育カリキュラムに最も劇的に表れた。目的の行為に分単位の時間を割り当てようとした野心的試みは、一八世紀半ばのドイツやオーストリアの敬虔派教師によるものであったが、その後、あらゆる公立基礎学校においても踏襲された(82)。従来の授業は、子どもが教師の教卓のそばで教えを受け、残りの時間はそれぞれの進度で勉強するという自由な形態であったが、いまや細切れの時間に取って代わられ、始業と終業が厳密に決められた。生徒は休止や中断を挟むことなく、集団で特定の課題をこなすようになった。かつて無資格の教師たちはいつでも喜んで子どもを教え、授業の報酬を受け取っていたが、公立学校はいまや時間を遵守すること自体が道徳的・実践的な目的となった。生徒たちは、学業不振だけでなく、時間内に学業修得できない場合も罰を受けるようになり、生徒たちの世帯や地域経済の既存の生活リズムが考慮されることもなかった。授業時間の長さは、学習内容や教師と生徒の興味ではなく、情け容赦なく鳴り響くベルの音で決められるようになり、それによって勉強の時間と遊びの時間、授業中と放課後といった時間の区別が生みだされた。もっとも、授業時間数だけでなく授業内容が政府によって標準化されたかどうかは、ヨーロッパ全域でかなり差異があった。定められた数年間に、百万人もの子どもたちが、同じ時間に同じ言葉を学ぶというフランスの夢想に、すべての国が魅了されたわけではなかった。地方の学校当局が独自の時間割を設定するのは許されたかもしれないが、時間割なしでは許可はひとつもおりなかった。

学校と工場の時間規律が類似しているのは、後世の歴史家と同様、当時の人びとにとっても自明であった。それよりはるかに困難なのは、時間の画一的な組織化がいずれ学窓を巣立つ新たな同一年齢集団《コーホート》の読み手や書き手に与えた影響をどう評価するかである。生徒たちは、外側から押しつけられた時間区分は、週や曜日を単位とする自分たちの本能に比べて、道徳的かつ強力であると、人生の最も多感な時期に痛感させられた。他方で、彼らは終わりなき授業に耐えるしかなかったが、そこは時間があふれていたのではなく、まったく空っぽであったのだ。問題はベルの音が鳴ることではなく、むしろベルが決して鳴らないのではないかという恐怖が次第に高まることであった。学窓を巣立った後も、学校で馴染んだ始業と終業の時間が決められた工場に就職する者も、たしかに存在した。しかし、一九世紀および二〇世紀初頭のヨーロッパでほとんどの男子が就職した先は、依然として毎日あるいは季節の自然の要求、従業員たちのやりとりの構造が労働日のリズムを左右した。学校と労働の時間管理の体制が酷似していると経験したのは、むしろ女子のほうであったかもしれない。ますます多くの女子が家事労働に従事するようになったが、世帯全員より早く起床するために、いつも目覚まし時計を鳴らしていたからである。学校が人生の正確な縮図になったのは、教師になった生徒だけであった。ほかの者たちにとって、教室で教えられた多くの授業は、学ばなくても済んだ。読み方と書き方は学べたが、際限なく何時何分かを気にしなければならないなどと学ぶ必要はなかった。

リテラシー教育によって新たな時間規律を教え込む責任を担った人びとは、生徒たちが卒業後の人生でこの新しいスキルをどのように利用するか、大いに頭を悩ませた。この文脈で彼らが懸念したのは、近世ヨーロッパのあらゆる行商人や巡回する書籍商たちの荷物に入っていた、時間に関する特殊な書物であった。暦書《アルマナック》は労働貧民層の世帯において、さまざまな宗教出版物に次いで最も一般に入手しやすい印刷物であった(83)。プロイセンでは、暦書の発行部数は学校教師たちの労働とともに増加し、一九世紀中頃には、三世帯に一冊の割合で出版された(84)。挿絵、図、象形文字は、まったく読めない者にも暦書を利用するのを可能にした。十二宮図、暦法《カレンダー》、月の満ち欠け、気象予報、歴史的事件、諺や格言などに含まれるありとあらゆる雑多な内容は、読み書きできる者、また彼らが読むのを聴く者に、知的滋養を提供した(85)。ある意味で、この時間文書は狭い教区をはるかに超えるものであった。暦書は一国規模どころか天体の運行表を提供したからである。しかし、暦書における時間の表象の仕方は、暦書を購入した共同体の文化的伝統や物質的必要に従属して解釈された。こつこつ働いて自分の手で生計を立てる者たちの田畑や家まで、月や星はたぐり寄せられた。地方に長らく備わってきた時間操作の考案に、印刷物というメディアが影響力と正確さを与えたのである。これが最も明瞭に当てはまったのは、天候と種付けや収穫のサイクルという相互関連する問題である(86)。惑星や月の運行表は、地域の気候、土壌や作物の性質に関する口承の知恵に照らして解釈され、未来を予測する必要不可欠な任務に権威を与えた。空模様やその他の自然の指標から天気を読み取るには教育を必要としなかったが、そうした天気の予測とその結果にはつねにずれが存在した。補足説明のテクストは、そのずれを埋める一助となりえたのである。集団の経験による天気の予測と、暦書に書かれた時間に関する情報はひとつの連続体をなしていた。暦書は、地方で伝承されてきたスキルや信念の土台を掘り崩したのではなく、むしろそれを強化したのである。

一八世紀末、預言は民衆向けの印刷物の主たる要素であり続けたが、礼節ある社会の人びとは預言を信じなくなっていた(87)。占星術は農作物、あるいはそれ以外の人間の営みにおいても、非合理的・非科学的な時間の関与と見なされるようになった。暦書の個々の構成要素はばらばらになった。諺や地方特有の叡智は民俗学の蒐集に取り込まれ、天宮図は天文学という新興科学の分野となり、その結果、時間の素材は暦となった。暦は、純粋に統計文書であり、客観的な測定によって編纂されていたため、地方特有の信念体系による領有《アプロプリアシオン》を免れることができた。暦書は、正規の権威をもつと主張し続けたものの、その発行部数は急減した。とはいえ、暦書というジャンルそれ自体を書籍市場から駆逐するのは困難であった。

とりわけ気象予報には、つねに暦書の情報が必要とされた。ほかの分野でもそうであったが、一九世紀前半を通じて気象予報における科学の進歩は著しく停滞した。気象学は、自然や惑星の観測に基づけば、数ヵ月前あるいは数年前から気候を予告できるという主張に疑いの目を向けたものの、信頼できる代案は提出できなかった。しかし、一八四〇年代後半以降、電信がヨーロッパ全域に普及することによって、気象学上のデータが体系的に蒐集できるようになり、現在の気象体系に関する総観天気図と、近い将来の気象変化に関する天気図を作成できるようになった。アマチュアの博物学者の無数の測定によって大量の情報源がもたらされたが、それらの情報は信頼すべき気象学の専門家によって調査分析され、権威づけられた。そして気象学は、一九世紀の第三四半期〔一八五〇〜七五年〕に占星術の最後の痕跡を取り除いた。万国郵便連合が結成される二年前の一八七三年、気象データの蒐集と解釈の連携調整をおこなう目的で国際気象委員会が設立された(88)。一八八九年、各新聞は、何度も試験運転を繰り返したあと、四八時間の気象について、のちの「天気予報《フォーキャスト》」を発表し始めた(89)。国内、国外を通じて、気象情報は大都市の新聞や地方新聞で同時に発表され、各共同体はその情報の受動的な受け手となった。しかし気象学者は、天候のパターンを説明することはできず、認識するだけであった(90)。科学者が提供する知識は短時間の次元にとどまり、それを超えた知識が必要な時は、相変わらず預言という地方特有の戦略が頼りにされた。しかし、暦書が占星術という領域へ放逐されるにつれて、預言は次第にテクストによる支持を失った。

印刷物は単に中央集中という現象を示しただけではない。マス・リテラシーの到来は、文化的な実践の空間的な集中化を促進すると表現したほうがより正確であろう。ほぼあらゆる領域で田園地域の都市化が進んだが、首都の焼き直しでもなく、また首都に支配もされない、活気にあふれた諸都市のアイデンティティが発展するには、印刷物の生産と消費の両方が必要不可欠であった。一八一二年以降の蒸気機関による印刷の発展や、その半世紀後に生まれた植字機械の登場によって、新聞や書籍の資本集約的な大規模マニュファクチュアが促進されたが、他方で安価な鉄枠印刷機の急増によって、あらゆる都市共同体がどのような種類のテクストでも生産できるようになった。地方新聞の成長と、それに関連した新しい種類の公共圏の発展については次章で検討するが、このような変化の軌跡は、イングランド北部における民衆の暦書がたどった道筋からある程度把握できる。暦書の預言に関する部分が権威を失うと、後に残った純粋な娯楽機能は、まったく別の形式に変質した。それは、旧来の暦書にあった占星術の主張を嘲笑し、都市化の初期段階に伴う無秩序を克服して出現しつつあった新しい生活様式を賞賛するものとなった。地域の方言は口承伝統に対する蔑視から救い出され、文字という形式に移し替えられた。そして、この形式を通じて、新たに登場したカレンダーの平日や休日が表現されるようになった。この時期には多くの慣習が新たに創出されたが、その核心にあったものこそ教育であった。週日学校と日曜学校は、独自に記念祭や式典などの儀礼行事を発展させた。若いフランス人の羊飼い、ポール・ベッソンにとって、すべての生徒が新しい服を着て行進する学校祭《ラ・フェテ・デ・レコーレ》は、彼の学校生活で最も愉快な思い出であった(91)。教室の外でも、学年制の施行が地域の行楽時期や共同体全体の祝日に影響を与え始めていた。

第4節　統制化

気象予報やほかの実用的な情報とサービスが新聞に公表されることは、生活環境に対する統制が限定から拡張へ移行する三つめの変化に不可欠であった。印刷物は、地域性の知的資源を拡張し、日常経験の限界を超えようとする挑戦に役立つ知識を提供した(92)。それは、自然科学者や社会科学者の専門的な先進性を普及させていくことであり、月並みなレベルでは、以前は閉鎖的な会話の共同体に閉じ込められていた情報を集積できるようになったのである。〔印刷物の〕題材は、医学の進歩や生産の技術革新から、求職への助言、親類や財産を失った際の忠告まで、広範にわたった。近代初期の安価な書籍市場には、実用入門書《マニュアル》という小規模だが繁栄したジャンルがつねに存在した。そしてマス・リテラシーの到来に伴い、貧民層の読者が手に入れることができる実用的な印刷物は、質量ともに劇的に向上した。しかし、新たな読者に情報を与える役割を担う人びとが、実際に自分の仕事の性質をどのように考えていたかを考慮すると、こうした印刷物の成長がもたらした結果を評価するのは複雑になる。口承の形式に具体化された知識は、非合理であっただけでなく受動的でもあった。それは、近代社会の楽観的で干渉主義的な精神とは根本的に異質な、運命論的な世界観を表していた(93)。しかし現実には、継承されてきたさまざまな叡智や実践は全体として、成功の可能性がどの程度であれ、剣をとって押し寄せる苦難に立ち向かう*23、という決意を表していた。民衆にとって無知や諦念は、容易に代えがたい生活条件を構成していた。まさにデュルケムがヨーロッパ全域を対象に証明しようとしたように、プロテスタント国家でもカトリック国家でも、統計的に見れば読み書きできない者のほうができる者よりも自殺傾向は低かった(94)。たとえ迷信や魔術として非難された信念体系が、貧弱なコミュニケーションや生活資源への不適切な指示の結果であったとしても(95)、それらの信念体系は、むしろそのような生活条件の受容を拒否するものでもあった。変化は能力を与える単純な過程ではなく、きわめて能動的な生存戦略への複雑な関与であった。

印刷文字がありふれたものになるほど、書物はその神秘性を失った。完全に世俗的なテーマを扱う書物の割合がますます増加し、その種類も差異化してくると、書物内容の取り決めは以前にも増して差別的になってきた。一九世紀とは魔術に関するテクストがかつてなく出版された時期であったとすれば、それはその時期にテクストという概念それ自体が次第に魔術性を失っていったといえよう(96)。しかし、書物に対する批判的な反応が、読者をより古い形式の介入へ回帰させたかもしれない。最も重要なのは、記述されたものの介入がもたらした影響がどう理解されたかであり、それは生と死という中心的な問題に最も明瞭に現れる。生徒が家庭から学校へ持ち込む生と死にまつわるさまざまな信念に対して、教師はそれを非合理と考え、絶えず攻撃したが、それに伴って、教室では生と死に関する助言と情報が与えられ始めた。リテラシーを教えることは、教育の価値に対する親の迷信的な態度に妨害され続けた。しかし、学校での読み方と書き方の授業は、そもそもこの種の因襲的な無知から自分自身を解放する能力を子どもに賦与するのが目的であった(97)。書物の知識に対する敬意、あるいは最もそれにふさわしい人びとの権威に対する敬意を教え込むこと、そして次の世代の親となる人びとに、健康と衛生の基礎原理を伝えることが課題となった。母親が家族の健康に特別な責任を負うと見なされたため、教室ではとりわけ女子が最も執拗な教え込みにさらされることになった。

学校の授業がどの程度成功を収めたのかは、科学的合理性に力があるという主張がどこまで正当に受け止められたかに左右される。ロシアでは早くも一八〇三年から、正規の教育目的として迷信の根絶が宣言されたにもかかわらず、迷信との戦いはきわめて長期間続けられ、その成果も不完全であった(98)。たとえば、伝染病に罹って亡くなった子どもの衣服を「形見」としてほかの家族に分け与える葬儀慣習に対して、さらに多くの専門医が積極的な反対運動をおこなったにもかかわらず、結局その努力は挫折し、原因は非識字者の無知だと片づけられた(99)。しかし、政府公認のパンフレット、説諭、助言が疑いの目を向けられた背景には、いくつかの合理的な理由があった。

第一に、親族、経験を積んだ母親たち、無認可の産婆たちのネットワークは、たとえ専門医たちが迷信を科学の進歩の敵だと見ていたにせよ、悩み多い子育てという実践に欠くことができない、精神的かつ実用的な援助を与えてくれる情報源として機能し続けた(100)。女性たちの知識やスキルの情報源がどのようなものであったにせよ、時折現れる善意の部外者よりも、女性同士で救いの手を差し伸べ合うことができた。第二にこれと関連して、物質的欠乏が不可避的に続いていたことが挙げられる。これが高い非識字率、乳幼児死亡率の低下を妨げる両方の要因になっていた。貧困は、現実に張りついた悲観主義を蔓延させ、それに抵抗するはずの高度な教育を受けた人びとの楽観主義は遅々として普及しなかった(101)。逆に、生活水準が向上し、乳幼児死亡率が低下すると、にわかに学校教師の主張が合理的になった(102)。最後に、医師の主張そのものが一種の迷信といってもよいものであった。たしかに、感染症の理解や天然痘の予防接種といった予防医学のいくつかの分野では医学の進歩があった。しかし、これらの進歩は遅々として専門医のあいだでもしばしば異議が唱えられたし、ましてや民衆向けのプロパガンダにおいて近代科学と結びついて変革を進める役割を担うことなどはまったくできなかった。ヨーロッパでマス・リテラシー運動が展開された時期を通じて、医師は子ども、大人を問わず、致命的な病気の治療はほとんどできなかった。彼らはますます正確に病気を診断し、ある種の病気の蔓延を食い止め、症状を緩和できるようになった。だが、ほとんどの医師は激しい痛みや死については、教育を受けていない人びとが非難されつつも利用していた伝統療法や無資格の施術師以上に、これを食い止めることはできなかった。

その結果、複数の医療機関が絡んで存続し続けることになった。読み書きできない、あるいはできるようになったばかりの者が抵抗したのは、正規の医学それ自体ではなく、正規の医学に付随する、自分たちに敵対する言説であった。新しい処置を受け入れることは、先行世代から学んだすべてを拒否することを意味したわけではなかったし、診療所や医師の診察を受けたからといって、その後、地域のワイズ・ウーマン*24や産婆に頼らないわけではなかった。書物によって訓練された専門医が医療市場を独占すべきだとの主張に彼らが反対した最も明白な理由は、単純に費用の問題であった。非正規の医療行為への反対運動が最高潮に達した時期でさえ、ヨーロッパの先進経済地域で自由に医師の診察を受けられたのは、熟練した正規雇用の男性労働力だけであった。もっと貧しい世帯は、日常的な病気や怪我であれば民間療法に頼り、病状が深刻な時だけ医師に診てもらったり、代金を支払って処方薬を手にいれる、二段階の対処をおこなった。専門医による処置が失敗に終わった場合には、教育を受けた者、そうでない者を問わず、効能が明確に証明されていればどんな療法でも頼りにされた。その場合、リテラシーと商業化という二対の勢力は、医療専門家が進歩であると見なす代弁者というよりも、むしろ敵となってしまった。

印刷物と特許薬の相互依存的な関係は、公教育の出現よりもはるか以前に遡る。一八世紀には、治療薬は民衆向けの印刷物と並行販売されたり、紙面に掲載されて販売された。教会と国家の教育努力の結果、広告を読める人びとの割合が増加すると、無認可の治療薬の製造もますます資本集約的になり、販売技術もいっそう強引になった。市場の最下層に目を移すと、恥をさらすことを苦慮した人びとは、新しく手に入れたスキルを利用して、堕胎薬や性病の治療薬を扱う恐喝まがいの行商人たちと、手紙をやりとりしていた(103)。

学校の授業は、既存の文化資源を破棄するのではなく、むしろそれを差異化する傾向にあった。それは新たに読み書きできるようになった人びとの共同体に、ローラ・ストラミンガーが「つぎはぎ模様」

と形容した知識のあり方を生みだした(104)。伝統的と近代、非合理と科学の境界線はつねに曖昧なままであったが、それは世帯が自らの環境を統制しようと闘ったからであった。この混乱の真っただ中におかれたのは聖職者であった。聖職者は民衆の模範として「迷信」と闘わなくてはならなかったが、他方では彼らは口承的な知恵の伝達者でもあったため、この変化に対応できなかった。魔術的な思考への彼らの非難は、魔術が霊と物質、人間存在と超自然的存在を混同しているという。つまり、魔術は人間の力を誤って解釈しており、神の領域を侵犯している。「自然宗教」*25は、教会の統制を受け入れておらず、またその教義には生命のない物質に霊性を賦与する傾向があるため、人間の力が及ぶものと人間の力を超えたものを人びとが理解するのを妨げている、というわけである(105)。

第2章で見たように、一九世紀初頭には、プロテスタント教会とカトリック教会のいずれもが、異端の信仰体系に対して勝利を収めるには大衆の非識字《マス・イリテラシー》を撲滅しなければならないという考えを受け入れていた。教会は、彼らの大規模な人的・物的資源によって、基礎教育の発展に先導的な役割を果たすことができ、また同時に、活発な動きを見せていた安価な書籍市場に進出することもできた。不道徳な書物の氾濫という差し迫った危機に直面すると、道徳目的と企業家的な活力を合わせもったさまざまな任意団体が設立された。聖書、賛美歌、聖人伝といった伝統的な宗教書を補強する大量の小冊子や定期刊行物が現れたが、これらは当時のジャーナリズムと印刷技術の進歩を具体的に示すものであった。書籍市場は細分化され、子ども向け、女性向け、新たに読み書きができるようになった者向け、そして余暇を得た都市部の家族向けといった特別な印刷物が出現した。印刷物の生産を助成する資本が調達されるようになり、あらゆる村で、また拡大し続ける都市のあらゆる街路で、書物を安価に販売したり無料で配布するために、教会のコミュニケーション・ネットワークが利用された。

制度的宗教は、単純にその規模で敵を圧倒しようとした。検閲機関を保持し続けたカトリック教会ですら、出版禁止という措置だけで書物を統制できるとはもはや信じなくなった。プロテスタント諸宗派と同様にカトリック教会もまた、時代の趨勢には武器をもって対抗しなくてはならないと考えるようになった。フランスでは、一九世紀半ばの数十年間に週刊の宗教誌が数十万部も流通していたといわれ、さらにそれ以上の部数の宗教教本が、週日学校および日曜学校の教室に閉じ込められた子どもに与えられたり、あるいは子どもが学校を去る際、親たちに手渡された(106)。イギリス最大の組織であるキリスト教知識普及協会*26は、一八五〇年当時、年間四百万部の書物を出版した(107)。純粋に商業的な出版者も、売り上げが莫大な利益をもたらすため、多くの宗教書リストを扱い続けた(108)。これらの宗教書が意図していたのは、口承による出典よりもはるかに強力な、書物による知識と娯楽という武器を用いて自然宗教の領域に侵攻し、不信心や不道徳という誘惑から市民を解放することであった。神の言葉を増殖させるために注がれた努力は多大であった。とりわけ、新たな教本の生産が祭礼や聖地の発明と結びつくと、その地域特有の半異端的な行事や礼拝に対する強力な侵攻がおこなわれた(109)。たとえば、文字および図像による宣伝によってヨーロッパじゅうに知れ渡ったルルド*27の発展は、フランスの国民教会〔カトリック〕の厳しい統制の下で、巡礼ビジネスの隆盛をもたらした(110)。

しかし、印刷文字への期待が高まると、その成果を妨げる事態もまた進行した。そのことを最もよく示すのは、商業出版物がつねに宗教出版物を追い越していたという事実である。出版は、教会が決して勝利することのできなかった競争分野であった。なぜなら、出版物の増加に応じて世帯内の宗教書の割合が次第に低下し、宗教とおよそ関係のない書物でさえ、その割合は低下の一途をたどったからである。個人蔵書のほとんどを宗教教本が占めた状態から、徐々にその割合が低下する兆候は、一八世紀が終わるはるか以前にすでに現れた(111)。蔵書比率の変化を正確に推計するのは難しいが、西ヨーロッパの商業化の中心から遠く離れた地域で、珍しくも長期にわたって調査されたエストニアの例を取り上げてみよう。エストニア国内における一七〇〇～一八五〇年の全書籍に対する宗教書の比率は、五二～五三％で安定して推移したが、一九〇〇年頃に二八％に、そして一九一七年には一七％にまで減少した(112)。教育にも当てはまるが、教会は制度的基盤のある資源をもっていたおかげで、マス・コミュニケーション革命の担い手をめぐる競争で有利な立場に立つことができた。しかし、時間が経つにつれ、ほかの勢力が教会に対して勝利を収めるようになった。それは、ますます多くの消費者がかつてないほど広範囲に及ぶ世俗的な書物を購入し始めたからであり、また話し言葉、書き言葉にかかわらず、神の言葉とは関係のない新しい種類の社交性《ソーシャビリティ》が発展した結果でもあった。カフェやクラブは、アルコールとともに印刷物を提供した。個人では購入できない高価な新聞を読もうと内輪の集いが開かれ、強化された自助組織は、新たに読み書きできるようになった者に備忘録や議事録、あるいは政府文書を読み解く秘訣を教え込んだ。家庭における変化を象徴的に示す転機は、公立基礎学校で教育を受けた第一世代が日曜新聞を購入した時であった。彼らは、教会の礼拝式が始まっているにもかかわらず玄関に座り込み、血なまぐさい殺人記事を読んだのであった。

しかし、この変化の過程を平板なものと考えてはならない。一九世紀のヨーロッパでは、以前よりも多くの宗教書がキリスト教徒によって消費された。近代化しつつある社会においても、農村地域では、読むことができる人びとのささやかな蔵書の大部分を、宗教教本が占め続けた(113)。ロシアのように、教育と商業による書籍市場への進出が著しく遅れた国では、第一次世界大戦直前まで、宗教書が相対的に大きな地位を占め続けた。かつては見られなかったほど多くのヨーロッパの子どもが、不本意ながらも週日学校と日曜学校に出席することによって、キリスト教に関して少なくとも概略的知識は獲得した。しかし、挿絵入りの雑誌、ホーリーカード*28、宗教入門書、聖人伝などが印刷所で大量生産されても、そのメッセージがそのまま伝達されたわけではなかった(114)。宗教書は受け手を問わず大量配布されたが、それによって神の言葉は下層社会《ガーター》へと廃棄され、とりわけ無料小冊子は、文字通りどぶ《ガーター》に捨てられた。かつて近世の読者のささやかな蔵書の中心であった賛美歌集と祈禱書は、信仰の対象として崇められてきた。それらを熟読すること自体が有益な活動であった(115)。ハンガリーの小作人は、読む言葉と祈る言葉を同じ意味で使っていた(116)。しかし、いまやほとんどの書物が、昨日の新聞のように使い捨てるものとなった。プロテスタントよりも印刷物のもつ世俗化傾向をつねに警戒していたカトリックの知識人のあいだには、一九世紀後半にさまざまな瀆宥《しょくゆう》*29の手引きが広範囲に販売されたために、かつて宗教改革を引き起こした〔聖職者の職権乱用という〕亡霊が呼び覚まされた。書籍市場を自由に利用して自学自習した知識人は、キリスト教の基礎的教義を審問するために、自分たちが攻撃している当の教義を少なくとも真剣に読んでいた。宗教書の大量流通によって生じた脅威は、信仰への懐疑《ディスビリーフ》ではなく、信仰それ自体の軽視《ディスリスペクト》であり、聖なるテクストを陳腐な読み物に変質させてしまうことであった。

したがって、リテラシーは諸刃の剣であった。リテラシーは、かつては決して影響を及ぼすことができなかった民衆文化の領域に教会の教義を伝達する手段となった。学校と書物の供給は、あらゆる宗派に進歩の感覚をもたらした。その結果、各宗派の活動範囲が著しく拡大したばかりでなく、彼らは近代の道具を自覚的に受け入れ始めた。教会は、マス・コミュニケーションのスキルやその所産を振興することによって宗教の社会的効用を実証できたが、同時に、こうした財を供給するほかの勢力との競争に巻き込まれることになった。市民団体や職業団体が学校カリキュラムへの統制に異議を申し立てたのと同じように、商業出版は市場では教会に競り勝った。組織としての宗教は、共同体の義務というよりは私的選択として、信仰を実践できるかたちで時代に適応せざるをえなかった(117)。宗教は最悪の場合、効用というまったく世俗的な語りに従属することもあった。印刷物は、その歩みがどれほど遅々として不完全であっても、生活環境をいっそう強く統制する可能性を促進したのであり、それによって超越的な権威の正当性は脅威にさらされた。宗教がリテラシーの高まりに最も影響を及ぼすことができたのは、啓蒙主義の主張と、都市と農村の貧民層の生活の現実とのあいだに、あまりにも明白な矛盾が見られた時代であった。しかし、ヨーロッパ社会で徐々に大規模な飢饉が減少して民衆の記憶に残るだけになり、さらに、読むことが権力をもたない者の慰みではなく、増大する家計管理の表れになるにつれて、書き言葉に残されていた聖なるアイデンティティもまた次第に失われていった。

第5節　専門分化

最後の変化は、文化実践がいっそう専門分化していくことである。この変化は個人の地位の水準で容易に認められる。情報と娯楽の大部分が口承形式で伝達されていた頃、個人の権威はごくわずかではあったが、年齢に応じて増えていた。老人は最も多くを聞いており、したがって語るべきことを最も多くもっていた。老人は、身体活動が少なくなるにつれて、多くのことを学ぶべき人びとに語りかける時間を多くもつようになった。しかし、一九〜二〇世紀初頭のリテラシー運動は、伝統的な序列を細かく分割すると同時に、その序列を逆転させた。いまや、ますます重要になった文字コミュニケーションの形式を駆使できる水準には大きな差異が認められるようになった。読み書きできる者は、自分の能力を証明しようと印刷物を入手し始め、祖父世代の知的資源をはるかに凌ぐ知識と想像力を利用できるようになった。先に述べたように、識字率の急上昇があった時代には老人と若者の隔たりが強まり、通常の従属関係が揺らいだ。親が読み書きできる場合、子どもは親に書物を読んでもらったであろうが、世帯構成員の生まれが早く、教育制度の拡張から恩恵を受けられなかった場合、その子どもが親に書物を読んでやることも、同じようにありえたかもしれない。子どもは近隣の大人のために手紙を書いてやり、また政府の官僚たちが貧困家庭へ介入した時に最初に対抗したのも子どもであった(118)。リテラシーによって新しい言語を身につけた子どもたちは、自分が家族の中で、外の世界の重要な諸集団とコミュニケーション可能な唯一の構成員であると自覚するようになった(119)。こうして、聖職者の役割が学校教師の出現に脅かされたように、集団のあらゆる年長者の地位も危機に瀕した(120)。もし親の権威が大幅に失墜するほどの過剰な懸念が生じれば、年長の序列は、完全に回復しきれないほど大きな損傷を被ったであろう。逆に、一九世紀後半のロシアのように、リテラシー革命が行き詰まった場合、大半は教育を受けていない村の古老が権威をもち続けた。彼らは個人と共同体全体の両方に関わるあらゆる重要事項の決定権を握り続けた(121)。

語り部《ストーリー・テリング》の仕事は、性別を問わず老人の手にあった。とりわけ、幼い子どもの世話をしたり、実際に語りながら家事をこなす文脈では、記録に書かれていない家族や近隣の資料を若者に教える役割を、男性よりも女性が引き受けていた可能性がある(122)。しかし、若者は農場や仕事場で年長の男性とともに働きながら、あるいは労働日の最後に一緒に座って彼らの話に耳を傾けながら話を聞くことができる場所を、どこにでも捜しに出かけた。マス・リテラシーへの機運は、人びとの能力を標準化すると同時に差異化した。一方では、結婚登録簿の署名が一〇〇%に近づいたように、リテラシーに関する形式上の達成度の格差は縮小し、あるいは消失する場合すらあった。しかし他方で、学校で履修できる授業はますます差異化し、多くの点で平等ではなくなった。緩慢な世俗化の流れの波間に、そうした不平等化が垣間見える。カフェや任意団体は、学校とは異なる社交場を提供し、読み書きスキルがコミュニケーションの有効な道具として鍛えられることもあった。しかしそれらは、一九世紀にはおもに男性の領域であった。妻や娘は男性よりも頻繁に宗教学校の教育に触れる傾向があり、教会での集会は、それがどれほど平凡であろうと、居場所を与えてくれる数少ない集まりのひとつと受け止められた。単独で自己改善がなされることはめったになかった。しかし、読み手が一緒に読書仲間を探す場合、そのネットワークは男性によって形成された。知的探求が男らしさを帯びたのは、ひとつには因襲のためであり、他方では世帯の所有する余剰金が男性に委ねられていたためでもあった。そしてすでに見たように、学業の成功と、その後の職業達成を初めて結びつけたのも男子であって、女子ではなかった。

女性のリテラシーが最も急速に向上した時期は、リテラシーに関する女性同士の差異が最も大きくなった時期と重なる。普遍的なリテラシーが最終的に現実になった経済体制では、優秀な女生徒が自分のスキルで生計を立てる機会をますます多く提供するようになった。他方で、学校教育の機会を得られなかった年長の女性が期待できる就業機会はますます少なくなり、周囲から孤立していくほかなかった。両大戦のあいだ、女性たちの記憶が豊富に残っているのは、彼女たちがマス・コミュニケーションという近代的な形式にきわめて貧しい関わりしかもてなかったためである。

これとは対照的に、彼女たちの娘や孫娘は、受動的なリテラシーからの脱却が比較的容易であった。看護婦や秘書といった女性の資格認定を必要とする職業が少しずつ増えてきただけでなく、とりわけ都市や街に住み、安定した雇用を得た労働者家族の場合、家庭生活の水準は徐々に改善された。そのような家庭の妻たちは、いくらかのお金を時折自分の愉しみに使うことができるようになった。家庭は生産活動からほぼ解放され、彼女たちは読んだり書いたりする静かな時間を、わずかながらもてるようになった。しかし家庭の外では、団体組織は男性の領域であり、そこに女性が入り込むことはまだ難しかった。経済が工業化し、労働組合の地位が強化されても、学校から機能的なリテラシーにつながる主要なルートのほとんどは、男性の支配下におかれ続けた。労働者の妻たちが期待できる実際の読み書きは、せいぜい娯楽の領域に限られていた。

読者の差異化に応じて、彼らが読むテクストも差異化した。もっとも、リテラシーが限定されていた時代の民衆向け書物の場合でも、それらが完全に均質であることは決してなかった。ヨーロッパの田舎道を運ばれていた小さな書物を、教育や娯楽といったさまざまな種類に分類することはできる。また、最も重要な書物であった宗教的著作は、手元に積めるほどのささやかな蔵書の場合でも、つねにほかの書物とは区別されて、特別な場所におかれた。しかし、貧しい読者は狭い範囲の書物で読書生活を営んでおり、ごくまれに教育のある消費者の進歩的で品揃えのよい書架からわずかなおこぼれをもらうだけであった。ところが、マス・リテラシーの到来は、書物の量だけでなく、ジャンルの変革ももたらした。これは、小説や旅行記、そして一八世紀のそのほかの革新的な書物が貧民層の限られた予算でも手が届くようになるのにつれて、貧しい読者が教育的・社会的上層者たちの書物を次第に利用できるようになったことを意味した。しかしこの場合も、新たに設立された基礎学校で使われた教科書が、前の世代の中産階級の読者が読んでいた書物に限られていたように、差別化は時間的な次元で維持された。最も若い読者は物語から読み始めたが、これは何世紀ものあいだ口承と文字の形式のあいだを揺れ動いてきた。ジョン・クレアは、一九世紀初頭にノーザンプトンシャーの教区で文字を学んだ際、彼が出会った書物を次のように列挙している。

その当時、僕がもっていた知識のすべては、六ペニー小説の『シンデレラ』『赤ずきん』『ジャックと豆の木』『ジグザグ』『プリンス・チェリー』などから少しずつ寄せ集めたものであった。それらの話を本当にあったこと《オーセンティシティ》と思うことで、僕の大きな喜びや悲しみ、あるいは驚きはいっそうふくらんだものであった。というのも僕は、自分が読んだページのどこに書かれていることも本当のことだと固く信じていたし、これらの本でこの国の主要な学問と文芸作品を手に入れたと考えたからであった(123)。

スキルが上達するにつれて、彼の読書欲はますますかきたてられた。しかし、彼は読書の嗜好を序列化したり、最新の知識についていくことはできなかった。

ある時ぼくは、自分が学術書そのものだと夢想したことがあった。というのも、ぼくはほとんどの価値を網羅するたくさんの古い本を憶えることで、本を蒐集するのと同じことをしていたのだから。そのうちのいくつかを思い出してみると……。若い男には最良の相棒であるディルワース、ウィンゲイト、ホダー、ヴィシー、コッカーの算術書、特にコッカーのものはぼくのお気に入りだった。ボニーキャスルとホーナーの求積法、ワードの数学、レイバーンとモーガンの日時計製作法、女船大工の自伝、ロビンソン・クルーソー、天路歴程、マーティンデイルとコッカーの土地測量法、ヒルの草本書、ボールの占星術、カルペパーの草本書、レイのジャコバイト反乱史、バトラーのヒューディブラス遍歴物語、ジョセファス・パーネルの詩集、ミルトンの失楽園、トムソンの四季、サミュエル・ウェスレーの詩、ヘミングの代数学、スターンの省察、ハーヴェイの黙想録、ウォーラーの詩、ウェスレーの哲学、トムソンの旅行記、レストレインジのイソップ物語、バーンフィールドの彗星の一生、カルーの人間の義務の測定術、ワッツの賛美歌、リーの植物学、ウォールトンの釣魚大全、キングのロンドンの詐欺手口詳細、父の遺産あるいは人生の七段階論、ブルームフィールドの詩集(124)。

一九世紀半ば以降に公共図書館が設立されて初めて、独学者は高等教育を受けた人間とまったく同じ読書機会を得られるようになった(125)。また、二〇世紀半ばにペーパーバック本の登場*30という革命が起こってから、同時代に書かれた最良で最新の書物を出版後すぐに所有できるようになった。

伝統的な書物のカテゴリーは、ステイタスと対象年齢のふたつの点から、書籍市場の周縁へ押しやられた。かつて社会のあらゆる部門で読まれていた巨人や魔女の物語は、実際の幼児か、ほとんど学校へ行っていないという意味で子どもじみた《チャイルディッシュ》精神の持ち主以外にふさわしくないと次第に見なされるようになった。これらは一九世紀まで元の形式を保っていたが、その後は長期にわたって児童文学の世界に囲い込まれた。その結果、その種の書物を利用するのは、家族のなかで年少者を大人と区別して扱う余裕のある人びとだけになった。さまざまな種類の新しい印刷物がチャップブックの形式と併存するようになり、急速に取って代わった。市場が拡大するのに従って、細分化も進んだ。事実《ファクト》はいっそう厳密に小説《フィクション》から区別され、両者ともそれまで以上にさまざまな媒体で出版された。新聞は専門的に差異化した基本理念と形式をもつ媒体として出現した。それは珍しい出来事に対する欲求と、誇張された散文体を呼び売り本《ストリート・リタラチュア》から受け継ぎながらも、正確さと話題性という新たな需要に応えるものであった。安価な新聞の普及は、市場の差異化をいっそう促進した(126)。

さまざまなジャンルの氾濫は書籍市場の下部だけでなく上部にも生じた。消費者の需要の動態は、あらゆる階層の読者公衆を包含する革新的な書物に刺激を与えた。新しい書物ジャンルの発展で最も重要なのは、週刊誌ないし月刊誌と定期刊行物という二つの新たなジャンルの出現であった。一号ずつ発行される小説《フィクション》は、ほとんどの読者が購入できるほど安価で、決まりきった筋書きのメロドラマから当時の一流作家による連載まで、ほぼあらゆる内容を網羅していた。最も初期に発行された新聞を見ると、どんな断片情報でも報道しようという願望を見て取ることができる。しかし、情報源が潤沢になり、読書時間が制限されるという二つの事態が結びついた結果、簡潔でその日のうちに読める出版物が現れたのは、一九世紀の最後の数十年においてであった。

ヨーロッパ各国は、書籍市場の出現の形式や拡張の速さという点でそれぞれ異なっていた。しかし、どの国でも、市場は最終的に同一方向に収斂した。それを端的に示す証拠は、書物の購入ではなくその貸出しに見てとれる。図書館は、リテラシーの利用を促進しただけでなくそれを記録した点で、郵便制度と類似していた。ロバート・ダーントンのまとめによれば、

一九世紀末までに……ドイツ、イングランド、それにアメリカにおける図書館は、いずれも驚くほどの類似したパターンに収斂した。すなわち、貸し出された本の七〇~八〇%は、ライト・フィクション（ほとんどは小説）のカテゴリーに含まれる。一〇%は歴史、伝記、旅行記であり、宗教関係の本は一%未満だった。わずか二〇〇年足らずのあいだに読書の世界はすっかり変わってしまったのである(127)。

第三共和政下に設立されたフランスで最初の公共図書館から得られた証拠もまた、小説への圧倒的な愛好を示している。鉄道の売店や街路のキオスクでは、新聞、雑誌、時刻表などの専門分化した商品が、小説本よりも多く売れた。歴史や旅行記のようなノンフィクションの売り上げは、増加しつつあった専門書店で急速に拡大した。このように、書物の需要は多様であったが、読者数を増やして利益を得よう

としたり、マス・リテラシーの成果を実際に目撃して記録した者たちは、核心のありかを理解していた。社会階級やジェンダーによって重大な差異が生じたわけではなかった。商業的な貸本屋は、無一文の人びとにも開放されていた図書館と同じ貸出しパターンを記録した。男女を問わず、読者は想像力を刺激する作品を楽しんだのである。もっとも、女性による小説の消費量が男性よりも多かったことを示す若干の証拠が存在する。第一次世界大戦以前に登場するこれらの差異化した形式の小説から、いわゆる「女性小説《ウーマンズ・ノベル》」が生まれることになる。小説への嗜好は、ヨーロッパ諸国で識字率が最高国(128)、最低国の両方で同じようにはっきりと見られた。ロシアでは、田園地域の貧民層の教育基準に熱心に介入したもののこれが失敗に終わった結果、ルボーク〔訳注2章8〕のような伝統的な民衆読み物という形式と、宗教書という標準的なカテゴリーが西ヨーロッパより長く残存した。にもかかわらず、一九世紀末までに商業的な出版者がその事業を拡大していくと、ロシアでも再び小説が貧しい読者に大量に売られるようになった(129)。

小説のような書物に現実逃避というレッテルを貼るのは、有益ではない。むしろ歴史書や旅行記、科学的著作といった書物のほうが、それぞれ異なったやり方ではあるが、読者を現実の環境から抜け出させる装置であった。逆に、想像力を刺激する作品は日常生活の現実を再現する手段であった。観察者であるわれわれの注目を最も集めるのは、教育する側の野心と教育を受ける側の意図とのズレである。初期のマス・リテラシー普及のために、過剰なまでに多くの宗教的エネルギーと資源を振り向けた教会や、自国の富裕な国民を説得して、貧民層の学校にますます多くの助成金を払うように仕向けた政府は、単に娯楽産業の一部に巨大な利益を生みだささせることを意図していたわけではなかった。しかし、労働と娯楽、家庭と街路、家庭道徳と宗教儀式の区別が進み、労働人口の生活がますます細分化するにつれて、彼らが新しく獲得したコミュニケーション・スキルの実践もまた、最も宗教的・道徳的でない書物のカテゴリーにいっそう集中するようになったと思われる。

類似した変化は、書き方の利用の最も際立った事例でも見られる。初期の高額な郵便均一料金制度は、一八四〇年以降ヨーロッパ全域に普及したが、その導入には最も高度な動機が働いていた。遠隔地同士の商業取引を容易にするだけでなく、ますます重要になりつつあった家庭内の権威の構造を壊さずに労働力の移動を促進しようというものであった(130)。子どもはやがて家を出て職を探すよう促されるが、両親は手紙のやりとりで子どもの道徳的成長を見守り続けられるであろう、というわけである。しかし、実際には、郵便料金の値下げで最初に利益を得たのは中産階級であった。実業家たちは自分の経済活動の地理的な範囲を拡大する機会だけでなく、広告チラシや試供品の大量配布を含め、新しい形式の市場活動の利用機会が増えたことを歓迎した。いくつかの国では基礎教育よりはるかに大きな国家財政の負担になっていた〔均一郵便料金制度という〕技術革新が、雑多な郵便物が発明された直接的原因でもあった。中産階級の妻たちは、余暇に親戚や友人と手紙をやりとりする一方、公立基礎学校を修了した労働者階級の妻たちは、家族が危機に瀕した場合を除いて、実際にペンと紙を手にとって書き方のスキルを試そうとはしなかった。

郵便制度が創設され、人口の大部分が自分たちのために創られた機会を利用するようになるまで、半世紀を要した。一八九〇年から第一次大戦勃発までに、郵便物のなかでもとりわけ絵葉書《ピクチャー・ポストカード》が、ほかの何よりも急速に使用されるようになった。これはヨーロッパ全域で流通し、世界中の地域とやりとりされた。その総数は、この時期を通じて五六五％増加したが、これは手紙の流通量の増加率のちょうど二倍であった。一八九七年に万国郵便連合が規約を改正し、私製郵便物の郵送が認められるようになると[131]、絵葉書という最も単純なメッセージの流通量は、一九一三年までに五〇億通に達した。手紙の流通量の増加は、労働者階級の家族の休日の増加と同時に起こった。いまや労働者が行楽地に出かけ、そこで一日あるいは一週間ほど滞在することも可能になった。その際、新たに読み書きできるようになった者が、絵葉書の片面にわずかな言葉を記すのは難しいことではなかった。

混雑した町や都市から地方の美しい観光地や海沿いの行楽地へ旅行するには、たいていの場合列車が使われた。絵葉書は二つのコミュニケーションの形式を関連づけた。これは、大衆教育到来の時代に、鉄道旅行の増加と書く実践が緊密に結びついた理由の一端を明らかにしてくれる。より一般的に言えば、列車はある意味ではリテラシーの代理行為として利用できたのである。本質的に私的活動である手紙を書く行為については、断片資料しか残されていない。しかし、遠く離れた他者とつながるために手紙よりはるかに公共的な手段である鉄道を利用した人びとの意図と身元に関しては、より多くのことが明らかになっている。初期の鉄道旅行は、仕事で利用したり、娯楽のために頻繁に旅行する以外、あらゆる人びとにとってあまりに高価であった。家庭の緊急事や時折の小旅行を除けば、鉄道という新しい移動手段が社会の人びとに与えた影響は、リテラシーを実際に必要とする比較的高収入の職業に就いた人びとへの供給に限られた。一九世紀末になってようやく運賃が安価になり、通勤のために鉄道が時折利用されたり、娯楽のために大規模に利用されるようになった。学校教師が苦労して生徒に教え込んだのは、まさにこれらの〔コミュニケーション〕スキルであった。切手は鉄道の切符より安価であったとはいえ、新たに教育を受けた人びとは、書き方とはただ単に文字を書き写すのとは違うと深く理解していたわけではなかった。それゆえ、彼らがマス・コミュニケーションの愉しみを享受するようになるには、鉄道利用の普及と同じくらい時間がかかったのである。

粗悪な封筒に入った手紙や短い文を記した葉書は、読み書きの普及のなかで起こった変化の性質とは何かについて多く伝えてくれた。印刷文字に取り組むようになったことに伴う文通も、大衆教育時代の産物ではない。それは、潜在的な利用者が増加し、高まる需要に応えようと進められた技術革新が引き起こした、質的および量的な変化の結果なのである。遠く離れた諸個人がお互いに秘密を打ち明け、家族が自分たちの村や近隣という制約を越えて連絡をとる手段を手に入れたことで、新しい次元のプライバシーが可能となった。労働貧民層がコミュニケーションを実践する際、郵便局の時間と手続きの規律に従うことを余儀なくされ、標準化という新しい要素が導入された。ますます多くの労働者階級が生存競争を脱して、不十分ながらも余剰の現金を使えるようになった結果、絵葉書を通じて現実の生活感を統制する新しい感覚を享受した。そして、このように専門分化した形式の文通は、リテラシーの活用がますます多様になったこと、貧民層が教師たちの労働を、彼らの意図に反して自分たちの快楽のために領有《アプロプリアシオン》するようになったことを映しだしているのである。

第5章　リテラシーの境界域

第1節　権威

リテラシーは、一八〜一九世紀を通じて政治過程の周縁から中心に移行していった。近代国民国家は、教育が普及した社会を創設することは、国家の権威《オーソリティ》を示すと同時に、その条件にもなると考えたのだ(1)。大衆学校教育《マス・スクーリング》の供給は、すべての国民の家庭にまで触手を伸ばせる近代国家の能力を表す指標であった。そして学校教師の仕事は、次世代のすべての構成員を新たな秩序《オーダー》にしっかりと同化させることにあった。啓蒙主義とフランス革命によって口火が切られた大変動を通じて、空間とイデオロギーの境界線が再三にわたって引き直されたため、教育改革と反動のパターンは国ごとにさまざまな様相を呈した。それでも正規のコミュニケーション・スキルの基礎教育は、徐々に各国に共通する大義名分となっていった。カリキュラムの目的とその供給のされ方は、改革派と保守派、世俗勢力と宗教勢力の力関係が変わるたびに影響を受けた。しかし一八一五年以降、新たに勃興しつつあった社会集団の統制に取り組み始めた政府機関《エージェンシー》のなかで、大衆教育《マス・エデュケーション》という野心的な試みに無関心であるか、もしくは反対する機関を見いだすのは、いかなる場合でもほとんど不可能になった。実際、革命期への反動が激しさを増すと、精神的な改善を説く書物を読むことを通じて、あるいはそれを読む準備として、読み書きの要点がますます集中的に教えられるようになった。教育という主題それ自体が、あらゆるところで問題になった。近代性《モダニティ》とは、教育そのものにではなく、むしろ教育をめぐる議論に見いだされた。

教育論争の中心にあったのは、分裂しつつある当時の趨勢に抗して、読み書きスキルとそれを身につけた人びとを戦略的に利用し、展開したいという願望であった。マス・コミュニケーションは、過去に国家を機能不全に貶めていた分裂と、将来の国家統一を脅かす障害の両方を克服する最も有効な手段と見なされた。エリート支配層は、自国と他国の境界線を防衛あるいは拡大しようとするなら、まず、国内を分断している境界線に体系的な注意を払わなくてはならないと信じるに至った。国内を分断する壁はさまざまに異なっていた。ナポレオン軍によって敗北の屈辱を味わった後、再建をめざしていた諸国家において、解消する必要があったのは、封建的諸勢力の硬直性であった(2)。カースト的な社会構造は解体されるべきであり、教育課程の統制によって、位階制ではあっても流動的な新しい秩序が構築されなくてはならなかった。じゅうぶんな教育を受けたエリート層が国家事業に組み込まれ、基本的な教育しか受けなかった人びともまた、上層者たちの掲げる目標を共有することになった。ナポレオンとの衝突がそれほど大きな精神的打撃にならなかった国々でも、変化を求める諸勢力に既存の宗教的・世俗的権威に対抗する新たな障壁を築かせないようにする手段が緊急に求められた。というのも、改革を求める運動は、依然、フランス革命を支持する民衆の声に共鳴し、増大する経済的・社会的混乱から新たに力を得ることで、支配者と被支配者のあいだの裂け目をいっそう深くしてしまう恐れがあった。そのため、宗教的・政治的な指導者たちは、人びとの精神と心情に訴える新たな方法を見いだすことに共通の関心を寄せた。第2章で見たように、一九世紀初めの緊張をはらんだ数十年のあいだ、教会と国家は、多くの点でお互いに補い合いながら同じ企てに関与した。

マス・リテラシーと近代国家は相互に依存し合う関係にあった。読み方と書き方を学んだ国民がいなければ、支配秩序の権力基盤《インフラストラクチュアル・パワー》を構築することはますます不可能になると考えられるようになった。同時に、組織的な教育を供給するには、安定的で中央集権化された国家の官僚機構を創設することが必要条件であった。一八世紀後半のポーランドは両者の相互関係を示す好例である。ポーランドは、一七七二年に隣り合う三国に実質的に領土を奪われたが、この併合によって残された領土の中で結束と愛国心を増進するには、国民を教育すべきであるとする強力な運動が巻き起こった。しかし、一七九四年に国家がその独立性を完全に失うと、あらゆる学校改革は挫折した(3)。同じく、ベルギーにおけるリテラシーも、フランス革命戦争による領土分割でその普及が妨げられた(4)。プロイセンのように、将来の外的な脅威に対する防御策として大衆教育《マス・インストラクション》を促進する政策決定を表明したのはそのほかにどのような国であったのか、その範囲を明確にすることはできる。イベリア半島とイタリア半島南部からバルト諸国、ロシアに至る範囲がそうした国々であり、そこでは教室を通じた国家の再生を求める声がもち上がっていた。しかしほとんどの場合、国内の分裂があまりに深く、また中央の権威《セントラル・オーソリティ》があまりに脆弱であったため、一世紀少しではこうした要求を実現することはできなかった。しかし、一九世紀のヨーロッパの至るところで連鎖反応とでもいうべき状況が進んでいたことも事実である。ドイツ帝国は、中央集権化したフランスの革命国家に敗退した後に教育制度を整備したが、その後のドイツの成長と国民統合は、ドイツを羨望し、あるいは懸念する近隣諸国に同じような反応を誘発した。たとえばデンマークは、一八六〇年代に南部の国境沿いで緊張が高まると、普遍教育《ユニヴァーサル・インストラクション》への取り組みを再開した(5)。

中央の権威は、識字《リテレイト》社会を創設するために国家資源を強引に振り向けたが、それは同時に間接的で不確かな権力の行使でもあった。最も楽観的な改革者ですら、技術革新《イノベーション》導入の結果は数十年経なければ明らかにならないであろうことと、進歩の担い手は国民自身であって、彼らを統治する側ではないことを受け入れなくてはならなかった。端的にいえば、リテラシーによって国民統合をはかることは、大多数の住民の態度や行動に対する公的関与の主要な焦点が大人から子どもへと移行したことを意味していた。公立学校《インスペクテッド・スクール》に配布されたＡＢＣ教本や初等読本に、あからさまな愛国的メッセージを書き込もうとする傾向がますます強まったことは、政府による進歩と後退の両方を意味した(6)。将来、人生に踏み出す際の指針となるさまざまな価値観を、教育を通じて子どもの心に内面化できるかもしれないという希望には、次のような認識が伴っていた。すなわち、たとえどれほど強力になされたとしても、政府が目の前の成人人口のものの見方に直接的かつ効果的に介入するのは不可能である。革命期のフランスでは、たとえ実行されなかったにせよ、近代教育への強い願望の多くが成文化され、政府に対する市民の支持が減少するにつれて、学校教育への熱望が高まった。一七九四年以降、教室という小宇宙は未来のための実験室として、社会の全体性に取って代わったのである(7)。親世代を束縛していた迷信や無知から解放されて成長することが子どもに期待されたが、それが成功する保証はまったくなかった。収益があらゆる点で持続的な投資に依存しつつあった時期にあって、基礎学校《エレメンタリー・スクール》は未来に対するあらゆる投機のなかで最も長い期間を必要としたからである。

新たに読み書きできるようになった人びとがそのスキルを利用しようとすると統制が加えられたが、混乱を含む展開が見られたことは、リテラシーに対する主張と後退、楽観と不安が並存していた表れであった。国民公会の継承者たちは、共和主義者か王党派かを問わず、また自由主義者か保守主義者かを問わず、いずれも教育と検閲に対して二段階の関与をおこなう考えをもち続けた。革命そのものは、無認可で反体制的なジャーナリズムの急増によって引き起こされたが、その結果生まれた革命政府は、ますます多くの人びとが読書に熟達していくことに対して、再び彼らが政治について自由に思考する機会を享受しないよう注意を払った。一八一〇年のナポレオン勅令によって、県ごとに公認の新聞社と出版社の数が制限されるようになった。パリには八〇の出版社が割り当てられ、マス・リテラシーが確立されても数十年にわたってその数は変わらなかった。復古王政によって書物に対する検閲の範囲は政治的な問題から、より一般的な社会問題と道徳問題へと拡張され、ルイ・フィリップの下で緩和されたとはいえ、一八五二年にはナポレオン三世によって再びありとあらゆる規制が導入された(8)。衰退しつつあった書物行商人《カルポート》たちまで攻撃の対象とされ、いまや綿密に審査された読み物を農民読者に販売する認可を警視総監から受けるよう要求された(9)。ほかの事態と同様、このようなリテラシーの普及の点でも、世俗的・宗教的権威はともに互いの活動を強化し合った。たとえばカトリック教会は、国家の検閲官から保護を受けつつ、教会が独自に作成した発禁書物の目録をさらに拡充した。

第三共和政は、諸統制の体系を一掃するには、基礎教育《エレメンタリー・エデュケーション》が完全に義務化される直前の一八八〇～八一年、体制が安定するまで待たなければならなかった。公立学校の教室の学業成績が信頼できるのかという疑念は、一九世紀のヨーロッパではありふれたことであった。国家が普遍的なリテラシーに取り組むことがもたらす影響について、何ら懸念を抱かずにすんだ政府は皆無であった。もっと権威主義的な体制は、読み物に統制を加えて読める人数の増加を抑えるよう注意を払った。しかし、フランスで検閲の廃止が遅れたことは、廃止に先立つ抑圧期間の長さよりも、むしろその後の変化の方向を表すものだともいえよう。この点について、イギリスはその後の展開を先取りしていた。ナポレオン戦争直後の緊張をはらんだ時期に、イギリスでもすでに実質的に形成されていた読者公衆が、印刷文字に自由に接するのを許すことには、当初抵抗があった。国民基礎教育制度の設立に関する最初の重要議案の審議とちょうど同じ時期に出版法が議会を通過したが、これは出版社に治安上の規制を課し、新聞の値段を貧困読者層の手の届かない額にするために新聞への課税を引き上げるものであった(10)。無任所大臣《ロード・プリヴィ・シール》＊1は、「下層階級からあらゆる政治的情報を奪うこと」が得策だと主張した。なぜなら、「機織り機の傍らに政治家《ステイツマン》を置き、ジェニー紡績機の傍らに政治屋《ポリティシャン》を置くことは、国家に何の利益ももたらさないから」であった(11)。

しかし、いまや出版物が非常に広範囲に入手可能になったため、実効ある統制ができなくなった。また急進的な政治家たちも、言論の自由という伝統にどっぷりと漬かっていたため、法律に脅えることはなく、陪審員もしばしば法の施行に乗り気ではなかった(12)。ジェイムズ・ワトソン＊2は一八世紀の最後の年に生まれたが、当時は「知の獲得を促すいかなる安価な書物も、安価な新聞も、定期刊行物も、職人組合も存在しなかった」(13)。青年期になった彼はリーズへと移り、検閲印の押されていない出版物の秘密の世界にたちまち夢中になった。

私が初めて政治学と神学を知ったのは、一八一八年の秋のことだった。ある晩ブリゲイト沿いを歩いていると、組合集会所の角に張り紙があるのが目にとまった。それは急進的な改革派がその一室で集会を開くと伝えていた。好奇心に駆り立てられた私は、何がおこなわれているのか聞きに行った。すると彼らは、ウーラーの『ブラック・ドウォーフ』、カーライルの『リパブリカン』、コベットの『(ポリティカル・)レジスター』*3を読んでいた(14)。

出版者は、罰金を避けようとすることで政治的抵抗の媒体になると同時に、抵抗の対象にもなった。ジャーナリストと植字工たちは絶えず策略をめぐらした。ワトソンの店では「時計仕掛け」の仕組みで違法な物品が販売されていた。それは購入者が文字盤の上に手をかざすと、姿の見えない売り手がまるで自動販売機のように客の前に新聞を落とすというものであった。警察はいつでも遅鈍であり、治安判事が厳罰を与えることは決してなかった。ワトソンは、幾度にもおよぶ出廷と三度の投獄にもかかわらず、次第に闘争的になりつつあった読者層の需要の高まりに応じ続けた。選挙法改正に伴う危機の最中に闘争が頂点を極めると、法案制定に反対する抵抗運動に対して急進的な批評が流出しただけでなく、ほころびつつあった旧体制への対抗勢力に巻き返しの契機が提供された(15)。一八三二年の選挙資格の改正で、政府はマス・コミュニケーションとどのような関係をとるべきかを再検討することになった。

その一年後に、政府は基礎教育に対する最初の投資をおこない、一八三六年にはワトソンが後に記録しているように「六〇〇人を投獄したあと、政府は印紙の値段を四ペンスから一ペニーに値下げせざるをえなくなった」(16)。

一八三〇年代の終わりに導入されたペニー郵便制は、リテラシーの利用と学校教師の仕事への需要を増大させる一方、国庫歳入をいっそう圧迫した。あからさまな統制を廃止する決定には、三つの思惑が反映していた。第一に、第一次選挙法改正によって中産階級が立憲制度《コンスティテューション》にしっかりと繋ぎ止められたため、チャーティスト運動*4の前夜とその最中にはさらに多くの暴動が発生したにもかかわらず、その後の政府は革命の可能性についてはそれほど懸念を抱かずにすんだ。第二に、「知識への課税」のコストは利益を上回ることが明らかになった(17)。というのも、知識への課税によって急進的な出版者は政府への不服従を訴える媒介者となっただけでなく、その原因にもなり、政府による抑圧やその無能さを脚色し、政府に敵対する人びとの利害や見解の相違を解消したからである。第三に、市場の力は当然の成り行きとして、政治体制と同盟を結ぶべき相手だということが明らかになった。フランス国家が、マス・リテラシーの帰結を阻止するため、当初はカトリック教会のような位階秩序に向かう傾向があったのに対して、世界で最初の工業国イギリスは資本主義を頼りにした(18)。もし新聞に対する欲求を、政治的な動機をもつジャーナリストたちの小集団ではなく大規模な起業家たちに満足させることができるなら、急進的な作家を規律化し、急進的な読者を煽動させせない方向へ向かわせることができるであろうと考えられたのである。こうしてイギリスでは、読者の関心を広い世界に向けさせるには、抵抗ではなく消費文化に直結させることが課題となった。この課題を達成したのは、一九世紀中頃に活況を見せた日曜新聞であった。これは国内外のニュースと、長いあいだ呼び売り本《ストリート・リタラチュア》の話題の中心であった、犯罪や自然災害に関する煽動的で卑猥な報道を合体したものであった。

イギリスでは、リテラシーが及ぼす影響に対する取締りの歴史において新時代を画する出来事は、一八五五年の新聞税廃止の直後に生じた。このとき、一九世紀後半に最も大量に流通した新聞の創設者となるエドワード・ロイド*5は、国内初の輪転印刷機《ロータリー・プレス》に一万ポンドの金額を支払った。政府は、いかなる経営者であれ、国家への反逆罪や神への不敬罪で告発される事態を招いてまで、これほど大規模な投資を危険にさらすことはあるまいと正確に推測していた。事実、議会特別委員会のある委員は、「資本家たちが違法な行動に出ることはないであろう」と述べていた(19)。新聞、とりわけロイドの競争相手であった『レイノルズ・ニュース』は政府に批判的であったが、それもリベラルな世論の枠内であった。ジャーナリストたちが半ば独占的な企業家たちの統制を受けた一方、企業家たちの受けた規制は名誉毀損法や破産法といった法的拘束で、それらは受容可能であった。さらに、大量発行によっていっそう安全な消費形態が可能になった。課税によって新聞価格が高騰した時代には新聞の共同購入を強いられ、その結果あらゆる読書行為は煽動的な集会へと変貌した(20)。しかし、個々の労働者の懐具合に応じて市場が自由に価格を下げるようになると、新聞は家庭という私的空間で熟読できるようになった。こうして、ある読者と別の読者、ニュースを読むことと議論することのあいだに距離が生まれた。情報はどんな内容であれ、キッチンテーブルや玄関の戸口へと吸い込まれ、以前より厳密に定められるようになった余暇時間に目にするだけになった。そしてその内容は、新聞がパブや職人仲間の仕事場で、声に出して読まれていた時ほど煽動的ではなくなっていった。

言論の自由という概念を蒸気機関と同じように輸入しなければならなかった国々でさえ、最終的には規律手段として市場へと向かう消極的な動きが見られた。スペインの体制は、リベラルな理念を保持した政治体制が一九世紀に確立されたものの、その後体制が転覆したため、自由と抑圧のあいだで大きく揺れ動いた(21)。より安定的な独裁体制が続いたロシアでは、早くから国家と教会の双方が国民の大多数の読書行為に介入したが、それはどこでも抑圧的であった。一八二八年には、新聞や書物の内容と出版機械工の双方に対して権威を振るう中央集権の検閲長官が設置された(22)。一八三九年になると、東方正教会は自らの宗教内容を保護するためにあらゆる出版物を検閲するという長年の願望を実現し、政府による検閲はジャーナリズムとルボーク〔訳注2章7〕に出版前の統制を課した。しかし、一八六五〜一九〇五年に小規模ながらも成長しつつあった、自力で読める者やその隣人たちに向けて生産された読み物への干渉は、次第に緩和されるようになった(23)。それは、ひとつは学校教師の努力によって徐々に拡大した書籍市場を取り締まることが物理的に困難になったからであり、もうひとつは民事裁判で罰金を科されたため、出版者が自らの責任をいっそう自覚するようになったからでもあった。国家は、次第に自意識を強めていく出版起業家をじゅうぶん効率的に検閲したり、あるいは思い切ってそれらを永久に排除することができるほど強力ではないことを、しばしば一貫した見解を欠きながらも、認めざるをえなかった。マス・コミュニケーションの絶対量は、ヨーロッパ全域にわたってますます厄介な問題を支配秩序に投げかけ始めた。

正規の教室がますます多くの読者を訓練していくようになると、これをあからさまに統制するのは非現実的であり、あるいは逆効果にさえなり、もしくはその両方であることが明らかになった。読むことと書くことの最も直接的な活用がこの問題を端的に示している。一八一五年以降の不穏な数年間、ヨーロッパのどの国の政府も、破壊分子と疑われる人物の郵便物を当然のごとく開封していた。イギリスでさえ、大半の隣国とは異なり、政府が検閲を公けに認めるには大きな戸惑いがあったとはいえ、書簡への諜報活動をおこなっていた(24)。しかし、ペニー郵便制に相当する制度が導入されることで、包括的な監視は不可能になった。第一次世界大戦前夜には、年間二五〇億通、一分あたり五万通の郵便物がヨーロッパの国境を越えて流通した(25)。読み手と書き手は検閲官の数を追い越しつつあった。政府が以前のあらゆる統制を復活させる力を得たのは、戦時下に限られた。

ほかの文脈と同様、情報統制においても、第一次世界大戦中のボルシェビキによる権力の掌握は、一八世紀末への後退であると同時に二〇世紀における全面統制《トータル・コントロール》への新たな熱望の前兆でもあった。他国の攻撃にさらされていたこの政治体制は、新たな社会を生みだす坩堝《るつぼ》としての教室という夢をジャコバン派と共有していた。一九二九年まで教育人民委員であったルナチャルスキー*6は、啓蒙主義が生んだ最後の偉大な存在としてカール・マルクスを支持する演説で、次のように述べている。「一方で、適切な教育制度を確立するには、社会環境の変革が必要である。他方で、社会環境の変革をもたらすには、適切な教育制度が必要なのである」(26)。

ロシア帝政末期には、教育の成長を維持しつつ教育の破壊的な影響力を抑制するために、ますます経済成長に依存するようになっていたが、革命後の関係は逆転した。商業的な大衆向けの書物は禁止され、革命以前から残されていた書物も破棄された(27)。視学官の息子であったレーニンは、イデオロギーも実践上も、革命に必要不可欠な教育による規律訓練をおこなう能力が市場にあるとは、信じていなかった。その代わり彼は、国家の全体的な混乱の最中に、徹底的な検閲と迅速な大衆教育という組合せの方向に踏み出した。一九一九年一二月一九日の非識字者一掃宣言は、読み書きの学習を拒んだ五〇歳以下のすべての非識字者と、教えることを拒んだすべての識字者に対して罰則を課した。続く六月には、このリテラシー運動を監督する目的で、非識字者一掃全ロシア臨時委員会が設置された(28)。

内戦の最中に教育制度を変えようとした直接の影響が見られたのは、リテラシーの達成水準が帝政末期に比べて大幅に低下したことであった(29)。一七九〇年代にフランスで起こったように、すぐにも変革を達成できるかもしれないという期待は、行政の混乱と広範囲に及ぶ物不足によって、至るところで挫折させられた。しかし、一九二〇年代になると、民衆教育とコミュニケーションの新たなモデルが現れた。あらゆる小作農世帯を文化的に変革しようとする熱望は、クレムリンの政治的抑圧の要求と、口述、暗記、暗唱といった伝統的な方法の廃止に反対する両親や教師のあいだで押しつぶされた(30)。その結果、最も想像力を欠いた教育学が、それまでに獲得されていたリテラシーを最もリベラルさに欠けるかたちで利用することに結びついてしまった。すなわち、スターリンは表現の自由の最後の痕跡さえも根絶やしにすると同時に、すべての子どもを強制的に学校に通わせようとしたのだ。それと同時に、彼はレーニンが内戦期にきわめて効果的に利用していた、識字に拠らない様式であるマス・プロパガンダを取り入れる技術を完成させることに着手した(31)。ボルシェビキ政権は、前世紀の問題を解決するために新世紀の発明品の活用法を身につけたのだが、それはすぐにイタリアやドイツのファシズム政権によって、さらに効率的に継承されることになった。一九世紀の政府が書き言葉によって開拓しようとした口承コミュニケーションという暗黒の森は、いまや印刷をまったく介さずに済む装置に侵入されるようになった。その結果、ある種の平和が達成されたが、それは特に映画《シネマ》といった当時の技術の発展が全体主義国家に利用されたことを意味していた。

ほかのあらゆる領域と同様、政治領域でも、マス・リテラシーに対する希望を叙述することは、その帰結を見極めるよりはるかに容易である。また、マス・リテラシーへの熱望とその挫折を理解することは、その成功を突きとめるよりもはるかに簡単である。発展途上国において民衆の読み書き《ポピュラー・リテラシー》によって自らの見解を明確に変化させたのは、読み書きの普及のために雇用された人びとだけであった。学校教師は専門職のアイデンティティを急速に獲得し、効率的な教育制度の構築をめざす長期的な闘いにおいて影響力を及ぼす存在になった。彼らは、政治家が視察する教室のカリキュラムを意のままに改変する権限を縮小させ、また、親が授業運営に直接干渉しようとすることにも次第に抵抗するようになっていった。中産階級の下層が政治上の国民からいまなお除外されていた国々では、彼らの集団的な不満があふれ出して直接行動になった。それは一八四八年のヨーロッパ大陸で起こった一連の革命や、一九一七年のロシア革命へと至る運動の最も顕著な特徴であった。

一八四九年にプロイセン君主フリードリヒ・ヴィルヘルム四世は、「過去のあらゆる不幸」の責任は、ヨーロッパで最も進歩的で、それゆえに最も問題をはらんでいた専門職である教職にある、と非難した(32)。しかし実際には、近代化が進行する社会では、教師は周縁的な存在となり、またそこにとどまらざるをえなかった。セレニーがロシアの学校教師たちについて述べているように、彼らは「伝統的な権力や特権のあいだの、窮屈な裂け目のなかで」働いていた(33)。教師は、熟練工と比較した場合、身分の点では有資格公務員という比較的高いものであったが、給与の点では熟練工にはるかに及ばなかった。そしてこのことが、教師という職業が境界線上に、すなわち頭脳労働と肉体労働のあいだに位置することが次第に明確になった理由であった(34)。教職よりも古い伝統的な専門職層は、生徒よりほんの二、三年しか長く教育を受けておらず、しかも経済的昇格の見込みがほとんどない男性教師に軽蔑の目を向けたのであり、ましてやそれが女性であればなおさらであった。他方で生徒たちが属する共同体は、遠く離れた中央官僚機構の権威を借りた成り上がり農民の息子や娘に対して、疑念を抱いていた(35)。その結果教師たちは、官僚制国家に献身するとともに、官僚を生みだす中心的な役割を担っている自分たちが国家から適切な報酬を与えられないことに、本心では憤慨していた(36)。

教える側から教わる側へ焦点を移すと、状況はさらに不透明になる。読み書きできるようになることに伴う影響力を過度に単純化したり過大視するのは、左派も右派もほとんど変わるところはなかった。一方で、ますますあからさまに愛国的になってきた大量の書物によって体系的に教育しようとしても、必ずしも期待通りに従順で慇懃《いんぎん》な国民を生みだせないことが明らかになった。A・K・プーは「ヨーロッパの歴史は、機能的なリテラシーでさえ、少なくともそれが旧秩序の維持を意味しない限り、すぐれて効果的な統制手段とはならなかったことを示唆しているように思われる」(37)と結論づけている。

このことはとりわけドイツで顕著であった。ドイツは最もあからさまにリテラシーを国民形成という目的に従わせたが、その結果、組織されたマルクス主義の異議申し立てが最終的に最も強力になった。教室と国家の権威とのあいだの唯一の直接的な結びつきは、一八六四〜七〇年に統合を成し遂げた軍隊に見いだすことができる。読み書きできる人材の徴兵が優れた兵士を育成することを初めて発見したのはナポレオンであったが、彼の洞察をじゅうぶんな教育を受けた戦力として初めて具現化したのは、ナポレオンへの復讐心に燃えていた敵国の軍隊であった(38)。同時にまた、人口の大部分に批判的な探求の道具を授けると、従来のあらゆる相続特権の構造が侵食されるに違いないという考えも、実際の経験から払拭された(39)。ヨーロッパのあらゆる国とその内部で、識字率の上昇と政治闘争の増加に単純な相関関係は存在しなかった(40)。一九世紀後半のさまざまなマス・リテラシー運動が共有した唯一の到達点は第一次世界大戦であり、そこでは軍事衝突した両陣営のすべての軍隊が、いま国のために命を投げだすのはなぜなのか、その理由を文字で読むことができた。第一次世界大戦の参戦国で最初に脱落したロシアが、この国の決定的な弱点が国民に教育を与えることができず、戦場では食糧も軍備もままならなかったことにあったとはいえ、識字率が最も低い国でもあったことは注目に値しよう。

歴史家にとって問題になるのは、近代の民主主義の発展過程の至るところでリテラシーが出現したにもかかわらず、それが変化の自律作用として働かなかったのはなぜかという点である(41)。教育制度の結果は、貧しい親とますます豊かになっていく政府の両方から異なる仕方で支持されたが、革命と体制安定化のどちらに寄与したかという点ではなく、むしろこの時期に、政治的な活動領域の境界線がどのように引き直されたのかという点を探求しなくてはならない。基礎学校への公的資金に投資していた人びとの観点からも、単なる教え込みは決して効果的にはなりえなかった。国民的アイデンティティや国の歴史を扱う教科書がどれほど明瞭でも、教室にあふれる多数の子どもたちがそれらに関心を示すことはなかった。したがって、子どもに家庭や隣人から学ぶのとは逆のことを教え込んだり、将来の人生に踏み出す指針となりうるものを残すことはできなかった。その代わり、読み書きできる大人の一部が規律化されて支配者と相互作用するのにつれて、多くの変化が生じた。言説《ディスコース》の様式が口承から書き言葉へ移行するにつれて、街頭の寸劇と選挙参加、娯楽と市民性《シティズンシップ》、有権者と非有権者、それぞれのあいだの溝が深まった。最終的な目標は、教育を受けた上層者たちが書き言葉で広める情報を伝達するだけの、個人化した政治の消費者を確立することであった。政治的態度は、会話や論争から影響を受けずに私的に形成され、無記名投票という沈黙の儀式で表現されるようになった。

一八六五年、ナポレオン三世は、「普通選挙権を有する国では、すべての国民は読み書きできなくてはならない」と宣言した(42)。大半のヨーロッパ諸国と同様、フランスでもリテラシーが普遍化する以前にすでに投票権が認められた。ビスマルクがある種の民主主義を確立した時期に新郎の署名率が一〇〇%に達しつつあったドイツでさえ、読み書きできない老年投票者が依然として存在したことは、最初の数十年の教育制度が不十分であったことを示した。同じことはイギリスにも当てはまった。成人普通選挙の確立は一九一八年まで遅れたが、それは結婚登録簿に見られる非識字率が一%を切った直後であった。フランス第二帝政発足時には、投票資格を有する男性の半数以上がまだ自分の名前を書けなかった(43)。ナポレオン三世はこの問題を解決しようとしたが、真の権力を、基礎学校の教育を受けた大衆に譲り渡すつもりはまったくなかった。たとえばイギリスの第二次選挙法の改正法案が可決された際のロバート・ロウ〔訳注2章15〕の訓辞は「われわれの主人《マスターズ》を教育《エデュケイト》しなければならない」と誤って引用されることが非常に多いが、彼が同僚の下院議員に向かって実際に述べた「〔労働者に選挙権を与えた以上〕諸君、私はわれわれの将来の主人《マスターズ》に読み書きを学ぶ《ラーン・ゼア・レターズ》ように説得することが絶対に必要不可欠だと信ずるものであります」という発言との差異に、支配階級を民主化しようとする熱望が表れている。ロウの見解は、心底から労働者を保護する洞察であり、あらゆる参加者がそれぞれの権威に等しく異議を申し立てる単一の政治文化を求めていたのではなく、むしろ大衆有権者が伝達されたメッセージを受け取れる程度まで書き言葉を使いこなせるよう求めたものである。話し言葉はそれまで公開集会という形で維持されていたが、こうした催しはいまや印刷物に収められ、演説は文字で公表されて宣伝と再生産がなされるようになった。聴衆は議論に参加するよりもそれを聴くようになり、話し手の言葉をその声ではなく、翌日の朝刊で読むようになった。

第2節　抵抗

既存の秩序に異議を申し立てようとした人びとのあいだには、より複雑な、しかし紛れもなく現実の境界線が引かれた。マス・リテラシーが抵抗の形式と結果に与えた特有の影響は、正規のコミュニケーションのカテゴリーが複合化したことと、広範囲にわたる政治的・商業的・構造的な諸勢力とのあいだに相互作用が生じたことによるものであった。したがって、教室の授業が国民統合や反抗の前提条件になったとか、逆にそれが順応や疎外を必然的に促したなどと、単純に主張することはできない。印刷物というわずかな資源を共有したいという継続的な要求は、民主主義的な自由を獲得する長い闘いを通じて、さまざまな種類の社交性を支えた。新聞はパブ、クラブ、キャバレーなどで読まれ、議論が続けられた。名目上のリテラシーがありふれたものになりつつあった地域でさえ、聴衆には書き言葉よりも話し言葉で語りかける必要があった。野心的な指導者も、少なくとも雄弁術のスキルの概要を身につけていないと成功は望めなかったであろう。しかし、書き言葉のコミュニケーション技術を洗練した形で使いこなすことができなければ、いかなる集団も成功はますます不可能になった。

一九世紀の大半を通じて、労働組合は自らの闘争相手である企業以上に官僚的な組織であった。反体制の政治運動が産業化の帰結であったとしても、その運動は支配秩序に与するあらゆる部門と同様、近代経済の基盤構造《インフラストラクチャー》の技術に依存していた(44)。〔イギリスの〕共済組合や〔フランスの〕同職組合《コンパニョナージュ》*7といった一八世紀の職人組織では、定期通信や臨時の記録文書が一定の役割を担っていたとはいえ、彼らの活動の大部分は儀礼や多種多様な酒宴を通じて繰り広げられていた。次の世紀に生じた抵抗の制度化に際して中心的な役割を果たしたのは、文字使用の拡張と多様化であった。自らの影響力を確立して拡大するために男たちは座って文字を書き、また必要であれば議事録、覚え書き、会計録、規則集、入会申込書、ブラックリスト、寄付金や請求書の書式、プラカード、住所録、労働協約を印刷した。組合員は定期会報を通じてお互いの近況や組合全体を知り、また可能であれば組織の拡大のために新聞を創刊した。そして、そこにはいつも手紙があった。スコットランドの炭鉱労働者を指導したアレクサンダー・マクドナルドは、一八六〇年代後半の七年間に一万七千通の手紙を書いたと算出している(45)。

印刷文化はこうしたさまざまな組織のあらゆる組合員を包摂した。職人の集まりがごく一部の仕事場を越えて動き始め、政治運動が当初のエネルギーの爆発を経た後も存続し続けると、関わった者たちはみんな、印刷文字との関係を発展させなくてはならなくなった。彼らの共通の活動は、組合員の教育、そしてしばしば娯楽のために図書館を建てることであった(46)。初期の社会的・政治的・産業的な諸団体はまさに、リテラシーというイデオロギーの媒介者となった。このことは一九世紀中頃のヨーロッパの先進国では特に重要であった。というのも、当時それらの国家はいまだ国家自身が学校教育を供給する正統性や、学校教育の独占権についても、国民の同意を得ていなかったからである。若い労働者に文字を教えることは、あらゆる意味で、下から組織された運動という広範な熱望を実現する実践的貢献であろう。たとえばプロイセンでは、労働者教育協会＊8が、一八三〇～六〇年代の形成期に、基礎教育に関してますます重要な役割を担うようになっていた。たとえ労働者自身がリテラシーの勃興という潮流を決定することはなかったにせよ、彼らの政治闘争の断続的なうねりは、リテラシーの勃興のなかで明らかにさまざまな変動に影響を与えた(47)。

大衆教育という試みの裏側で、労働はますます細分化していった。大規模な組織の長期的存続がリテラシーの普及に左右されるとしても、学校卒業者の読む能力、とりわけ書く能力は、これらの官僚機構の運営に要求される一定のスキルを大幅に下回るものでしかなかった。私設秘書という新たな労働形態が現れ、当初は非常勤で無給であったが、後に常勤で有給の仕事となった。この私設秘書とは、一部は生来の素質によって、しかしたいていは熱心な自己教育によって、リテラシーの名目上の所有から自信をもった実践へ、越境に成功した人びとであった。

二〇世紀の労働組合組織は、最終的に加入と昇進を決定する正規の審査をおこなう、公認の雇用主となった。初期の先駆者たちは、伝統的な徒弟制モデルに依拠し、模倣や試行錯誤を通してリテラシーの正規の学習を熱望し、簡単な手紙や通信文、覚え書きといった単純な課題に始まり、最終的には、洗練された微妙なニュアンスを駆使した契約書を雇用者、仲間の労働者、一般公衆と取り交わすことをめざした。組合は正規のコミュニケーション能力と信頼性という点で、自分たちの代わりに労働する大多数の人びとから切り離された。自己改革と自己犠牲の精神に富んだ組合役員たちは、時間と空間を超えて抵抗を持続するうえで決定的に重要であったが、組織規模が拡大し、長期間存続して組合員の利害に即時に対応するようになると、印刷物と紙の需要を一貫して高めていった。既存のコミュニケーション制度はそのままでは維持できなくなり、増大しつつあったコミュニケーションの蓄積を吸収する一方、他方では直接対決にエネルギーが向けられることはなくなっていった。書き言葉は、国家と同様にその敵対者においても中央集権的な統制作用をもち、印刷機を利用できる者をできない者よりも優位に立たせた。さらに、衝動的な抵抗よりも正規の動員を優先するようになった。

すでに国民学校制度が導入されたところではどこでも、女性の結婚登録簿の署名率は急速に男性と肩を並べつつあった。だがそれにもかかわらず。労働貧民層の半数を占めていた女性は、まだ組合の覚え書きや議事録の書記にはなれなかった。機能的なリテラシーが両性間で異なる最大の理由は、雇用条件の点で、男性が女性よりもはるかに容易に組織のなかで基礎教育不足を補うことができたことにある。組合の会合や政治集会は仕事場での社交の延長であり、そこではアルコールと書き言葉が結びつき、正規の集団行動に適応できる人びとはそこに包摂されたが、家庭や街頭で声のやりとりしかできない人びとはそこからは排除された。夫婦が互いに信頼し、半ば身につき半ば忘れてしまった読み書きスキルを試し合っていた事例は、ほとんど存在しない。恋人たちはバレンタインカードを交換したかもしれないし、離ればなれになった時には文通したかもしれないが、結婚が相互の知的教育過程と見なされることはほとんどなかった。支援と奨励を与えてくれる組織体は家庭の外にあり、そしてたいていの場合、常勤職に就くことがそこへの参加条件であった。工業化が進む経済にあって、常勤職に就いた少数の既婚女性でさえ、仕事とは別に読み書きに費やす余暇やゆとりをもてることはめったになかった。男性たちが公的領域を拡張しようと外へ出ているあいだ、女性たちは依然として家庭領域を管理するよう求められた。

リテラシーの獲得と政治的抵抗に関わったすべての家族の見通しが最も開けたのは、発展する労働組合が、政治的であること、あるいは労働者《ザ・インダストリアル》であることの感覚をいっそう明確に認識し、それを最近教育を受けるようになった人びととの強いリテラシー欲求とうまく結びつけられた時であった。一七八〇年代のフランス、一八三〇〜四〇年代のイギリスやドイツのように、革命の危機が生じた時期でさえ、新たに活気づいた作家と購読者は、ニュース、論争、風刺、煽動文書《センセーション》、小説のあいだを絶えず駆けめぐった。しかし、抵抗する媒体が永続的なアイデンティティを獲得するようになると、彼らは今度は、マス・コミュニケーション技術という同じ手段と、拡大しつつあった同じ市場を開拓しようとする起業家の出版社と対抗しなくてはならなかった。ジャーナリズムは政治団体や労働組合がもつ狭い利害関心に後退し、組合員の注目を独占したり、より広く聴衆に訴えかける見通しを失うか、あるいは情報源と内容において優れた商業新聞との直接の競合に身をさらすか、いずれかに追い込まれた(48)。権力と迫害が結びつくことで、政治闘争の実質を落とさずに読者の娯楽生活にも幅広く対応した大量発行の新聞が生産されたのは、帝政期ドイツのような特殊な状況に限られた(49)。

印刷物は次のようなパラドックスを抱えていた。すなわち、人びとの抵抗に安定を与えるために印刷物が利用されたが、同時にそのことが抵抗する側に分裂の脅威をもたらし、しかも危機と抑圧が高まるまで、その脅威を完全には克服できなかった。あらゆる種類の書き物が自明のこととして反逆行為と見なされた場合、結果的にコミュニケーションと抵抗、コミュニケーションする者と抵抗する者の差異は消滅した。しかし、労働者がほかの権力中枢に対する抵抗を制度化するためにマス・リテラシーの潜在能力を利用するようになると、そのぶん機能とコミュニケーションを過度に差異化させる危険性もいっそう増大した。余暇《タイム》は、集団活動を正規化することで得られる報酬であると同時に、その代償でもあった。ますます多くの肉体労働者が抵抗を永続するために自分の受けた教育を利用する方法を身につけるに伴って、〔社交活動よりも文字を通して〕内面を重視する組合役員のほうがいっそう大きな将来への見通しをもてるようになり、商業的勢力が政治を消費の一形式に変えてしまう機会がますます増大した。しかし、リテラシーと抵抗の最も強力な関係が短期間の集中的な迫害で生じるとしても、印刷物の力が最も脆弱になるのもまさにその時であった。国家の将来が不透明であればあるほど、過去の思想と行動が記録に残されている敵対勢力は、それだけ危険にさらされやすかった。口頭の煽動が匿名であることは、弱みであると同時に強みでもあった。なぜなら警察や判事にとって、署名記事や手書き原稿の方が追跡しやすかったからである。たとえばスペインでは、貧農層は物質的な搾取によって教育の獲得が妨げられ、このために二〇世紀初頭の革命運動ではじゅうぶんな役割を担えなかった。しかし、戦闘が終結したとき、彼らは非識字者であったがゆえに、今度はフランコ＊9による厳しい報復を免れることができたのであった(50)。

第3節　言語

言説の様式が話し言葉から書き言葉に移行すると、至るところで言語問題がわき起こった。大半のヨーロッパ諸国で、マス・リテラシー供給への国家介入は、この機会に自国領内の言語の多様性を克服しようとする野心によって推し進められた。一八世紀においては、方言と下位言語《サバルタン》は政治的な危機というよりは、まだ知的関心の対象にとどまっていた(51)。しかし、一七八九年以降になると、人びとの話し方や読み書きの媒体が、次第に近代国家の発展に必要不可欠だと見なされるようになった。ドイツ語を話すイギリス君主やフランス語を話すプロイセン国王がもはや受け入れられなくなっただけでなく、あらゆる農民同士、あらゆる道路清掃人同士が自国内でコミュニケーションできることが必要不可欠になった。フィヒテ*10の影響のもとで、言語は人間理性の最高の表明であると考えられるようになり、それはフランスのアンシャン・レジームの終焉によって生じた混迷のなかから登場した政治構造が果たすべき主要な責務と見なされた。共通語は、近代国家の出現を促すと同時にそれを正当化したのである(52)。

ヨーロッパの教育改革のいくつかの側面と同様、共通語教育という野心的な試みはフランス革命政府によって初めて成文化された。しかし、学校計画全般がそうであったように、その試みは共通語という問題の認識にとどまった。この問題の主要な情報源であったのは、一七九〇年グレゴワール神父*11が実施した公的実態調査であった。この調査によって、フランス人口のほとんどがフランス語以外の言語を話し、読んでいたことが確認された(53)。パリでは支配者が次々と入れ替わったが、彼らが用いるフランス語に精通していたのは、全国の県のうち六分の一にとどまった。六〇〇万人がフランス語をまったく理解できず、別の六〇〇万人は少なくとも四つの外国語か三〇の独特な方言のうちのいずれかを好んで用いていた。日々の生活のなかで政府の言語を用いていたのはおそらく三〇〇万人にとどまり、さらに書くことができたのはそのうちの半数にすぎなかった(54)。フランス国境の周縁地域にケルト語、ドイツ語、カタルーニャ語、イタリア語、フラマン語、またプロヴァンスのオクシタン語やあらゆる方言が残存している状況は、革命前の相続特権制度を破壊し、凝集的で強力な国民文化を創造する障害と見なされた(55)。革命の進展とともに言語的多様性への寛容は後退し、一七九四年テルミドール二日の国民公会令によって、フランス領内のすべての公的・私的活動はフランス語でおこなうよう義務づけられた。

ヨーロッパの至るところで同様の困難が生じた。リテラシーの供給全般もそうであったが、この点もスカンジナビアは他国より早くから関心を示した。一六八六年のスウェーデンの教会布告は世界初の効果的な学校法令で、以前のデンマーク領で一部用いられていた言語の標準化を図ったものであった(56)。これに対してデンマーク系住民は、自分たちが引き続き影響を及ぼすことができる地域で、自らの言語を確保することをめざした(57)。フランス革命戦争によって大陸のかなり多くの地域で境界線が何度も引き直されると、そこでも北欧諸国と同様の思惑が浮かび上がった。この時期に勃興した国家のなかで、プロイセンは言語を国民的アイデンティティと結びつけた最初の国家であった。一八三〇年以降、プロイセンはドイツ語普及運動を全領域内で精力的に推進し、特にポーランド語がその犠牲になった(58)。ウィーンの〔オーストリア帝国〕政府もその広大な領域内にドイツ語を行き渡らせようとしたが、最終的には東部でハンガリー語の優位を受け入れざるをえなかった(59)。ブタペストにあった〔ハンガリー〕政府は、オーストリアの直接統制から逃れるやいなや、その支配下にある少数言語に対して、強制的なマジャール語化運動を開始した(60)。結局、一八九〇年までに、マジャール語を話す人びとはドイツ語を話す人びとと並んで最も高いリテラシー水準を獲得した。その他の民族集団がこの後を追うことになるが、ルテニアといった弱小の少数民族《マイノリティ》はドイツ語やマジャール語を話す人びとの識字率の半分にも到達しなかった(61)。一九世紀に誕生したあらゆる国家のなかで、最も大きな困難に遭遇したのはイタリアであった。一八七〇年の国家統一の時点で、新たな公用語であるトスカーナ語を理解できたのは人口のわずか二〜三%にとどまった(62)。民族間の宗教統一とコミュニケーション・スキルの普及をめざす政府の運動は、遅々として進展しなかった(63)。カラブリアの非識字率は、統一から四五年経ってもなお全国平均の二倍であり、一九五〇年代に至っても田園地域で突出し続けた(64)。

　言語の統合手段に選ばれたのは、基礎学校の教師であった。法令を通じて統一を達成しようとしたフランス革命が失敗に終わったことは、直接統制の限界を意味した。国家がその業務を遂行する言語をどれほど強要しても、成人男女は彼らの話し方を急にやめたりはしなかった。政府が接触できたのは、最年少の人口部分であり、それ以外に把握できた唯一の年齢集団は、一九世紀ヨーロッパの軍隊に徴兵された若者たちであった。新たに統一されたイタリアでは、読み方と書き方を習得していない新兵に、さらにもう五年の軍務さえ強制的に追加された(65)。言語教育学《ペダゴジー・オブ・リテラシー》は、至るところで読む能力と書く能力と推論する能力のあいだの相関関係を強調した。コミュニケーション様式は、その内容と密接に関係していた。子どもの言語を再構築することは、家庭や街頭の文化を断ち切るうえでほかの何よりも効果があった。読み方と書き方の教育はたいてい話すことを通じてなされたため、子どもがその文字をどう発音するかが学校にとって直接的な関心事であった。完璧な言葉づかいや言語よりも、むしろアクセントや構文、語彙のほうが問題になっていたイギリスでさえ、教師は読み書きの授業で発音にはじゅうぶん注意するよう訓練された。両親の話し方を物真似しているだけの子どもは、家庭や近隣の道徳的・知的環境に閉じ込められたままだと考えられた。「それゆえに」、一八三四年のイギリスの教科書の説明では、「一人ひとりが自分の話し方の癖を直して、一般的な用法によって定められた規則や、さらに適切なのは、教育を受けた知識階級の慣習に倣って統一する必要がある」(66)とされた。

フランスが言語の均質化《ホモジェニティ》への野心を表明した最初の近代国家であるなら、同時にまた、挫折も最初に味わった(67)。一九世紀を通じておこなわれた一連の実態調査は、新しい教育方法に対する旧言語からの抵抗を示している。ギゾーによる国民教育制度の確立から三〇年経った一八六三年の時点でも、フランス語は人口の五分の一の人びとには依然として外国語であった(68)。一八六七年でも、国家のために自らの命を投げだすように要求された徴集兵の三分の一が、国語を用いて正しい話し方で自分の考えを述べることはできなかった。ブルゴーニュ、ラングドック、ピレネーの言語的飛び地を除いて(69)、広大なフランス国の領域内では依然として方言が影響力を保っていた。そこでは、教師の要求に生徒たちが従うのはせいぜいうわべだけで、授業が終わって生活に関わる本来の仕事に取りかかると、再び慣れ親しんだ言説様式に戻っていった。基礎学校制度は、一八九三年になってようやく中央集権化されたが、フランス語が少数語にとどまった市町村《コミューン》は四分の一にものぼった(70)。この問題は、もはや遠い過去に教育を受けた年長世代に限らなかった。革命の最初の布告から一世紀経っても、七〜一四歳の四〇〇万人の子どものうち、五〇〇万人がフランス語をまったく話すことができず、さらに別の一五〇万人は公用語を用いてかろうじて教師と会話することはできても、書くことはできなかった(71)。しかし、フランスは問題が非常に深刻であったこと以外は、特別ではなかった。ヨーロッパのどの地域でも、名目上のリテラシーが上昇するグラフを、そのまま言語の統合水準であると受け取ることはできない。

コミュニケーションの障壁の根強い残存は、教育改革の事件史と、文化変容の長期波動*12とのあいだの大きな隔たりを反映していた。この隔たりが生じる原因は、ひとつには、子ども世代への投資が成人人口全体への効果として現れるまでに数十年を要する世代のズレがあったからである。もうひとつは、教室内で教師の要求する話し方に従いつつ、学校を出たとたんにそれらすべてを無視する子どもの可塑性《プラスティシティ》の問題でもあった(72)。たとえばハンガリー帝国では、少数民族の子どもたちがマジャール語を片言で真似るよう繰り返し強いられたが、それが利用されることは一度もなく、利用してもほとんど役立たない言葉であった(73)。そしてそれは、強制的なコミュニケーション制度の普及が遅々として進まなかったからでもあった。さらにまた、依然として地域経済が機能し、その土地の言葉が経済的成功の必要条件であり、その土地の雇用パターンの多様性とその繁栄が学校教育の普及を左右する状況が続いていたからでもあった(74)。さらに、遠く離れた首都の改革者や官僚の意図を妨害する、表面には見えない両親や共同体の力があったからでもあった。カリキュラムに何が書き込まれようとも、母語は母語であり続けた。

一九世紀の大半を通じて、国民統合が最も緊急の課題になった地域では、リテラシーの全国的普及《コンフォーミティ》をはかることと言語の統一《コンフォーミティ》は、相補的というよりもむしろ相反する目標であった。生徒にとって外国語のような言語の教育を国家が強要すればするほど、生徒の学習参加や成功の水準はいっそう低くなった(75)。学校が土地の人びとから敵意をもたれたまま成功することはほとんどなかった。しかし他方で、じゅうぶんな資源に恵まれた少数派の言語集団は、非正規の基礎教育の仕組みを通して、〔リテラシー水準の）格差を拡大してしまった可能性もある。たとえば、実際の使用言語がフィンランド語であったスウェーデン北部では、一九世紀後半のリテラシーの公式調査において、人びとの読み書き能力は実際よりも著しく低く見積もられた。

両親と子どもの受け身の抵抗が広範な商業的・教育的諸勢力と結びつくと、はるかに大きな効果を上げた。ロシア政府は一九世紀前半を通じて、フィンランド語の出版物に検閲を加えようとしたが、クリミア戦争*13以降、地方の新聞業はフィンランドの高水準の読解力を利用することでその規制を打ち破った。その後はフィンランド語の出版物が民族の自己主張の伝達手段となり、完全なリテラシーと独立両方の要求を推し進めた(76)。もっともこのような抵抗は、ロシア領ポーランドではそれほど成功しなかった。そうした抵抗は古い形式の文化伝達と結びつくと、いっそう強まった。フランスのカトリック教会は、当初は言語統一へ向かう革命的な機運を歓迎していたが、一八一五年にその教育的野心が再び頭をもたげてくると、明らかに消滅しそうにないさまざまな地方言語を支持し始めた。その他の地域では基礎教育への宗教的介入が、いっそうあからさまな抵抗の拠点となった。たとえばウェールズでは、イギリス国教会派による基礎学校の創設に直面した際、非国教会派は読み書きと国民文学をともに奨励し、ウェールズ語勢力を保護した。さらにそれにとどまらず、実際にウェールズ語は一時的に拡大し、一八九〇年代になってもなお国民の半数以上の母語であり続けた(77)。

プロイセン政府は、新たな教育制度を用いてポーランド領地のドイツ化に乗りだしたが、地方で起こった非協力運動に直面すると、一八四〇年代初頭にはその計画を断念した(78)。国民統合を進める際、言語はリテラシー分布における最も重要な変数であった(79)。それに呼応して、新たな国家はポーランド人をドイツ語とドイツ文化に同化させる手段として、再び国民学校《フォルクスシューレ》を展開した。だが、その試みは人びとのあいだに不満を鬱積させることになった。その結果、一九〇六年には広範な学校ストライキが生じた。自分たちの言語で子どもを教育したいと望む両親の要求は、ポーランドのカトリック教会の支持を得ることで、いっそう重みを増した。すでにフランスでも見られたように、子どもたちが慣れ親しんだコミュニケーション・スキルを体系的に攻撃すれば、礼拝用のテクストを読んだり聖餐式の準備ができなくなるのではないかと懸念された。たどたどしいドイツ語を話す市民よりも、流暢なポーランド語を話すキリスト教徒を育成するほうが好ましかったのである(80)。

多くの事例に見られたように、国家は言語の境界を埋めるよりも、むしろその境界の溝を深くすることに成功した。コミュニケーションの諸様式は、大衆教育の制度化過程において、国民を階級や宗教によってしだいに分断していった。少数民族の言語が軽視されただけでなく、あらゆる階層の話し方のパターンに何らかの象徴的な意味が付与されるようになった。ピエール＝ジャケズ・エリアスは、両親にとって外国語であるフランス語で子どもに文学を学ばせようとした時、子どもの親たちが感じたに違いない複雑な感情を、次のように理解した。

両親が、たとえそれが「ラ・ヴァシュ」(変なフランス語をしゃべる奴)*14という屈辱を受けることを意味し、またある程度は母語の拒絶を意味するものであったとしても、私たち子どもにブルジョアの言語を学ばせようと固く心に決めていた裏には、もうひとつ別の理由があった。それは、両親自身が自分たちの母語以外に何も知らなかったことで屈辱を受けたからであった。私の両親は、都会の役人とやりとりをしなければならないとき、都会に出かけていったとき、いつも陰険な笑いやあらゆる嘲りにさらされていた。両親が話す言葉は、それを理解しない者にとっては奇妙に響いたので、「わら刈り屋《ストロー・チョッパー》」とか「ハリエニシダ轢き《ゴース・グラインダー》」などと呼ばれた。そうでない場合には、両親はもっと屈辱的な、憐れみを装った蔑みに耐えなくてはならなかった。あるいは、キリスト教徒らしい話し方ができないのなら地獄に落ちろ、と暴言を浴びせられたこともあった。ブルトン語を話すブルターニュ人は、フランス語を操ることができないという理由だけで、知性では自分より劣る若者たちに、間抜け、もしくは知恵遅れだと見なされた(81)。

方言は排除の指標であった。すなわち、この時期に根深く分裂した教育制度を、声《ヴォーカル》によって表象するものとなった。言語帝国主義《リンギスティック・インペリアリズム》に対する抵抗のなかで成功を収めたのは、しばしば地位や機会を犠牲にしたものであった。子どもたちは、ちょうど両親の話し方を恥ずかしいと思う時期に学校に通うのをやめ、戻った先の共同体は、印刷文字に接する機会が激増するなかで識字能力を年々失っていた。たとえば、イタリア南部に根強く存在していた非識字状態は、貧しい農民層の歴史的不利益をさらに深刻にした。彼らが立身出世する唯一の見込みは、自分たち、あるいは子どもたちの教育をアメリカの学校制度から自力で得るしかなかった(82)。言語の問題は、「教育を受けた」人間であることの重要性をさらに増大させた。言語は社会を統合するどころか、上層文化《ハイ・カルチャー》と下層文化《ロー・カルチャー》のあいだの分裂をさらに深刻にした(83)。政府はしばしば基礎教育段階で、地方言語に事実上の、もしくは法律上の承認を与えることを余儀なくされた。しかしその一方で、中等、高等教育に自らの政策を強要することにおいて非常に大きな成功を収め、上向きの社会移動に対する障壁をさらに高くした。たとえばベルギーでは、一八三〇年以降フランス語が強制されることはなくなったが、フラマン語＊15で読み方を教わった子どもは、教育上の袋小路に追い込まれ、自分たちの言語によってさらに勉強を続けることも、正規の資格が必要な職業に就くこともできなくなった(84)。

第4節　境界域の再設定

自力で文字を学ぶ人びとを、社会の上層者たちの会話や印刷物の共同体に参入させようとする試みは、マス・リテラシーの普及をどの程度まで後戻りしない文化統合の過程と見なしうるのかという、より一般的な問題を提起する。このような変容の構築を最も端的に示す事例が、ユージン・ウェーバーによるフランス小作農の近代化に関する研究の結語にある。彼の結論によれば、学校教育は都市と地方のあいだの交流を促進すると同時に、農村貧民層の精神に徐々に新たな合理性を教え込み、一九世紀初頭までに、超自然的なものとの関わり、すなわち教育が普及した社会からますます彼らを分断したものとの関わりを根絶したのであった。「一八世紀末には、魔術の本質とそれを受け入れさせた権威は大きく変容した。民衆は、いまなお彼らの文化規範や仮説を他者から受け取っている。だが、民衆文化とエリート文化は再びひとつのものになった」のである(85)。ところが、こうした近代性の概念は、ここ二〇年にわたって高まる批判にさらされてきた。ウェーバーに対してチャールズ・ティリーが初期の応答で定式化したところによれば、最大の問題は、農村共同体を閉鎖的で文字文化をもたないと記述することにあった(86)。近世の農村社会は、一九世紀の教育者や二〇世紀の歴史家たちがしばしば想定したほど、孤立も静止もしておらず、自然界との関係も非合理的ではなかった、と主張できるのだ。本書の前の数章で強調しておいたように、「口承伝統《オーラル・トラディション》」という考え方は、非識字者よりも識字者の心性を明らかにする。さらに詳細な検討によると、いまだ書き言葉の世界と接触していないであろう共同体と、そこに住む人びとの精神状態がともに融け合い、コミュニケーションと信念のいっそう複雑な構造をなすと考えられる。

口承伝統という概念を追求することによって、その他の基本的な分析単位は忘却の彼方へと置き去られてきた。しかし、ロジェ・シャルチエと最も密接につながる議論は、印刷文字と人びととの基本的な社会的・経済的カテゴリーのあいだに固定的な関係はありえないと異議を唱えている。雇用や社会的地位を区別しても文化実践を体系的に理解することはできないと言うのだ(87)。民俗文化《フォーク・カルチャー》とは、出版物が欠如した文化であると定義しうるという見解を擁護できないなら、民衆文化《ポピュラー・カルチャー》は生産手段の統制を欠くことで成り立つとする見解もまた、擁護できない(88)。同じように、単一の大衆文化《マス・カルチャー》という概念を、資本主義的に生産された消費財の影響が浸透する文化と定義するなら、それは大衆文化の内実を説明するどころかむしろ覆い隠してしまう(89)。このような批判は、次の三つの要素から成り立つ。

第一は、文化実践は非常に流動的だという批判である。それは、物質的窮乏ゆえに、ほかならぬ独り占め《アプロプリエート》と急場しのぎ《インプロヴァイズ》が絶えず要求される社会階級に当てはまる(90)。ダニエル・ロシュは、パリのガラス職人メネトラ〔原注3章45〕の自叙伝を説明する際、その世界を次のようにとらえる。

メネトラの文化は彼一人ではなく、すべての人の文化なのである。それは借り物の素材や物真似でできあがっているので、活発ではあるけれども、諸説がごちゃ混ぜになった穴だらけの文化である。だが、このようなつぎはぎ芸術《パッチワーク・アート》は、もっぱらキルトベッドカバーを編むためというわけではない。それはひとつの文化のモデルなのである(91)。

かつて折衷主義は、物的手段が限られていた読者にとって必要不可欠であり、美徳でもあった(92)。自分に合致する書物はひとつもなかったが、読者はあらゆる書物を自分に合わせて利用した。ほとんど所有できなかったとはいえ、何らかの手段を通じてたいていの形式の出版物と接触が可能で、たいていの種類の文化生産に関わることも可能であった。セルトー*16の表現を借りるなら、未熟な読者はその生涯にわたって、彼らの胃袋や精神においても密猟者《ポウチャー》であったのである。したがって、歴史研究におけるこうしたカテゴリーの数量化は、限定的な役割しか果たしえない。識字統計表にとって、生の資料とは何かという問題と並んで、学校での読み書きの苦労がどのように利用されたかもまた、未解決の問題である。印刷出版数やその価格、形式やジャンルのカテゴリー化に関する出版統計表は、何が誰によって読まれていたのかを理解するための、せいぜい出発点でしかない。

第二の要素は、テクストに対する読者の反応に見られる不確定な性質を強調する批判である。この批判の中心には領有《アプロプリアシオン》という考え方があるが、これには二重の意味がある(93)。それは対象と実践とは分かち難く融け合うことと、ひとつの印刷文字からさまざまな意味が派生する、という二つである。行為そのものは多様な文脈で生じる。ロシュに従えば、「書くことと同様に読むことは無限の調整《モジュレーション》にさらされる調停行為《メディエーション》であり、公証人の記録から、書物を日常的に手にするのが前提である流暢な読書、不規則かつたまに絵と印刷物を判読すること、あるいはまた、友情、愛情や社交の行為であろうとも、数人で声に出して読むことを、いかに区別すればよいのかを知ることはできない」(94)。そして、特定の空間と時間のなかで読者と書物が結びつくことができても、ページに書かれた言葉から演繹される意味を決定するのは不可能である。言語とは意味をそのまま映しだす鏡でないことは、決して現代の発見ではない。ランカシャー方言の指導的擁護者となる元職工のベン・ブライアリー〔訳注3章3〕は、一八八一年にもう一人の架空の自分であるアバザイェイト（Ab' O' Th' Yate）という筆名で一冊の辞書を出版した。「LANGUAGE（言語）は、その背後に思考を映しだす。話す準備ができているとは、嘘をついているのであって、創造主を欺くことを意味する」(95)。テクストには、著者の意図も読者の解釈もありのままに表象されない。著者は自分が書いたものがどう読まれるかを統制できると期待できないし、歴史家も印刷された言葉が伝えるあらゆる物質的・感情的・想像的経験を特定できると望むことはできない。言葉が示す意味内容の枠組みは、多くの人びとの手と多数の実践によって構成されたものであって、視察を受ける学校の教師と授業が支配的な役割を果たすことはめったになかった。

第三の要素は、寄せ集め文化がとりうる形態の多様性に関わっている。民衆とエリートといった慣習的な二分法には、いまや互いに競合し、重複し合う境界を付け加えなくてはならない。本書ではさまざまな箇所で、ジェンダー、世代、宗教、地域の区分を、またここまでの節において、境界線の内外の言語区分を強調してきた。こうした対立のいくつかは、人びとのあいだに名目上のリテラシーが普及するにつれてその重要性を失っていったが、そうした変化の軌跡は決して単一ではなかった。つねに注意しなくてはならないのは、マス・リテラシーの最終的な到達点を、どの時期の世代であれ、彼らの現実と混同しないこと、そして、ある運動が生じると、それが後戻りしないと思い込まないことである。たとえばジェンダーという観点から見る場合、結婚登録簿という一点からだけでは、リテラシーの重要な実践領域で、男女の格差が拡大傾向にあったことが覆い隠されてしまう。別の場合、たとえば年齢という観点では、リテラシーの普及という急激な変化が生じた時期に世代の格差はむしろ拡大し、この格差は少なくとも第二次世界大戦までは現実に存在し続けたのである。リテラシーと言語の関係性が特に緊張をはらむようになったのは、国家の学校教育への真剣な努力が、均質化していく諸勢力と結びつき、公用語をまだそれが一度も浸透していなかった地域に持ち込んだり、領土に新たな境界線を引き直すような近代的な国民意識の覚醒を喚起した時であったのだ。

リテラシーの歴史は、民衆文化とエリート文化という一枚岩的な図式に二度と再び安住することはできない[96]。今日では、リテラシーの領有について、経済的・社会的・政治的な関係に見られる複雑な不平等と関連しつつも、そこに還元できないさまざまな戦略に焦点を当てた研究課題が現れている[97]。印刷市場が拡大し、コミュニケーション・スキルの分布が変化し、より大きな権力と機会の構造が再編成されるにつれて、これらの戦略の境界線もまた移動した。変化の生じたあらゆる局面で、さまざまな意味のやりとりが見られた。新たに読み書きできるようになった者たちが書物やペンを手に取った時に何をしたのか。書物の著者や教育者の意図に統制されなかったとはいえ、独立していたわけでもなかった。リテラシーを利用することに内在する意義と、リテラシーに外部から規定される意義がどのように摺り合わされ《イテレーション》、最終的にどのような一致を見るに至るのかは、リテラシーが利用される文脈と、それに対する人びとの反応を忍耐強く歴史的に解明することでしか再現できない。しかし、リテラシーの古い境界域がイデオロギー的な構築によって設定されたとしても、その射程をどこまで広げて考えるべきか、またそれをどのような因果関係で理解すべきかという問題が残されている。経済的・社会的権力によって制度化された不平等と、文化実践のあいだに距離をおこうとする研究動向には、そうした関心を特に強調しようとする意識が反映している。

これらの研究にいま投げかけられている批判は、研究がテクストとその読み方《コンサンプション》に偏重していることに端を発する。批判する側はつねに、読者が生きてきた重層化された世界に注意を払い、いかにして物質的な圧力が意味と実践の構造を形づくると同時に、制約するのかを理解しようと関心を寄せる。しかしそれとは逆の過程、すなわち、リテラシーに関するイデオロギーがいかに権威の基盤構造の発展に影響を与えるかについての研究に、同じ労力は注がれないようである。たしかに、スクリブナーが述べているように、「人間の生存基盤となる物質的条件や物質的関係性は、これまでずっと、あまりにも無視されてきた。おそらくその理由はあまりにありふれた、あるいは還元主義的な唯物論に陥るのを恐れるからでもあろう」(98)。

だがこれは、単に研究課題のとらえ方の問題にすぎない。書物の歴史家の研究領域は広大で、社会移動や職業訓練といった問題や、家庭・教室・仕事場のあいだで絶えず変化し続ける関係性に、じゅうぶんな注意を払うよう期待するのは無理かもしれない。しかし、以前の民衆文化研究が暗黙の前提にしていた経済決定論がもはや支持できないのなら、同じように、書物の世界は金持ちと貧乏人が産業資本主義の構造的不平等とは関係なく、対等な立場で楽しむことができる精神の遊び場であるとする一九世紀の多数の夢想家たちの主張も、支持することはできない(99)。じゅうぶんな範囲の相互作用を解明すること、とりわけリテラシーの意味の相対的自律性が時間を超えて変容したかどうかを、明らかにしなければならない。

この点は教会にも当てはまる。本書で強調してきたように、教会はマス・リテラシーを推進した存在のなかでも決定的であった。宗教言語と道徳感情《モラル・センシビリティ》は、読み書きの帰結をめぐる言説に浸透している。口承性を従属的なコミュニケーション制度とする認識、あるいは自己改革を回心体験とする認識や、文字学習を道徳実践とする認識は、直接間接に、各宗派の教本や教義に由来する。国家は、この分野で教会の影響力に対抗しようとして、牧師や司教といった概念上の構築物の法制化をいっそう推し進めた。リテラシーが完全に非宗教化されたのは、教育者と政治家が世俗化に関心をもたなくなった時であった。しかし、教会と国家は、互いに重複する概念枠組《フレーム・オブ・レファランス》みを超えたものを共有していた。教会と国家は、ナポレオン戦争の終結までに家庭教育から読み書きを排除し、また基礎教育を上級の教育から分離するための共通の計画案を練り上げていった。続く世紀において、こうした野心的な試みに法律と制度のかたちが与えられ、それが未熟な読者が新たに身につけた読み書きスキルの意味と利用の範囲に、重大な影響を与えることになった(100)。近代ヨーロッパにおけるリテラシーの普及は、マス・コミュニケーションのイデオロギーによる構築が、労働力を再生産する制度へと根を下ろしていったあり方と切り離せない。リチャード・ビエルナッキがこの時代について述べているように、「文化は自らの影響力を行使するが、文化そのものはその影響力を完全に行使することはできない。文化の権力は、物質的実践に込められた文化の刻印から生ずるのである」(101)。

両親と生徒たちが至るところで公式のカリキュラムの意図を覆し、また聖職者や政治家たちの多くが最も恐れたことだが、彼らの投資を利用したことは、もちろん事実である。しかし、生活の糧を稼ぐことは避けがたく、新たな読者やその家族が勝ち取ったなかに、ほとんど見るべきものはない。絶対的統制に対する抵抗も見られたが、権力や機会の新たな構造を生みだすことはほとんどなかった。大部分の男子とほぼすべての女子にとって、書き言葉との最初の出会いは、将来の職業との関連性を感じさせるものではなかった。また、大人も同様に、型にはまった読み方と書き方の学習課程は、家計の維持と格闘する経験ではなく、むしろそこからの逃避であった。したがって、新たに読み書きできるようになった人びとの大半が印刷物と出会うのは、小説の領域であったのである(102)。この事実は、歴史家たちの注意を、声と書かれた文字、民衆文化とエリート文化といった区別が無効であること、また、書き言葉に対する非決定の反応《インデターミネイト・レスポンス》が重要であることに向けさせた。しかし、小説とノンフィクション、遊びと仕事のあいだに引かれたリテラシーの境界線そのものは、リテラシーの機能という概念が制度化され、鋭く分節化されたことの帰結であった。この意味で、二〇世紀に至るまで長きにわたって残存した古い二分法は、文字コミュニケーションの可能性を切り拓くよりも、むしろ掘り崩してしまったのである。職業における昇進と採用の制度がすべての教育水準と結合し、未熟な読者が時間と場所とお金を得て、自立した書物の消費者になって初めて、富、地位、権力の不平等の遺産を断ち切る、読み書きの真の潜在能力を現実のものにできるのである。

原注

第1章

（1）この組織は、創設時には the General Postal Union と表記されていたが、一八七八年にパリで開催された第二回会議で「万国郵便連合」the Universal Postal Union（ＵＰＵ）と改称され、この表記が今日まで続いている（公式タイトルは通常フランス語で L'Union Générale des Postes, L'Union Postale Universelle と示される）。

（2）この組織の標準的な説明については、以下を参照。G. A. Codding, *The Universal Postal Union*（New York, 1964）; M. A. K. Menon, *The Universal Postal Union*（New York, 1965）. その設立の経緯は以下を参照。POST（Post Office Archives）29/519, 326R/1891, *A Brief Account of the Formation of the Universal Postal Union, its Gradual Extension to the Various parts of the British Empire and the Reasons which have hitherto Deterred the Australasian and South African Colonies from Joining the Union*（London, 1886）, pp. 3-5; "The History and Constitution of the Postal Union", *Times*, 15 August 1891; F. E. Baines, *Forty Years at the Post Office*（London, 1895）, vol. 2, pp. 159-60; E. Bennett, *The Post Office and its Story*（London, 1912）, pp. 223-7; H. Robinson, *Britain's Post Office*（Oxford, 1953）, pp. 190-1; M. J. Daunton, *Royal Mail*（London, 1985）, pp. 159-60.

（3）*Union Postale*, vol. 2, no. 1（January 1877）, p. 16.

（4）*Times*, 15 August 1891. 当時のＵＰＵと文明化のつながりは、以下を参照。Menon, *The Universal Postal*

Union, p. 3.

（5）ベルギー、フランス、そしてやがてドイツになる大半の地域は、一八四九年頃までにはペニー郵便制を導入し、ほかの国々はその後に従うことを計画していた。*Union Postale*, vol. 1, no. 9（June 1876）, p. 132; vol. 2, no. 12（December 1877）, p. 246.

（6）*Union Postale*, vol. 1, no. 1（October 1875）, p. 15.

（7）B. R. Mitchell, *European Historical Statistics 1750-1975*（2nd ed. London, 1981）, pp. 678-99.

（8）*Union Postale*, vol. 1, no. 10（July 1876）, p. 163; Union Postale Universelle, *Statistique générale du service postal, année 1890*（Berne, 1892）; Union Postale Universelle, *Statistique générale du service postal, année 1913*（Berne, 1915）; Union Postale Universelle, *Statistique générale du service postal, année 1928*（Berne, 1930）; Union Postale Universelle, *Statistique générale du service postal, année 1938*（Berne, 1940）. 一九三八年ではロシアを割愛。数値は一九二八年における等量比の推定値である。

（9）L. G. Sandberg, "The Case of the Impoverished Sophisticate: Human Capital and Swedish Economic Growth before World War 1", *Journal of Economic History*, XXXIX, 1（March 1979）, p. 226; E. Johansson, "The History of Literacy in Sweden", in Graff, H. J.（ed.）, *Literacy and Social Development in the West*（Cambridge, 1981）, pp. 165-74.

（10）これらの利用例は以下を参照。B. Eklof, *Russian Peasant Schools: Officialdom, Village Culture and Popular Pedagogy, 1861-1914*（Berkeley, 1986）.

（11）W. J. F. Davies, *Teaching Reading in Early England*（London, 1973）, pp. 89-90.

（12）F. Furet and J. Ozouf, *Reading and Writing: Literacy in France from Calvin to Jules Ferry*（Cambridge, 1982）, pp. 4-9.

(13) Union Postale Universelle, *Statistique générale du service postal, année 1913* (Berne, 1915), p. 4.

(14) R. D. Anderson, *Education in France 1848-1870* (Oxford, 1975), pp. 136-40.

(15) I. G. Tóth, *Mivelhogy magad írást nem tudsz ... Az írás térhódítása a müvelödésben a Kora újkori Magyarországon* (Budapest, 1996), pp. 126, 145. 農民のあいだの非常に低い水準は pp. 65, 69 を参照。

(16) R. A. Houston, *Literacy in Early Modern Europe: Culture and Education 1500-1800* (London, 1988), pp. 130-54.

(17) 図1・2と1・3は以下の研究から作成した。C. M. Cipolla, *Literacy and Development in the West* (Harmondsworth, 1969), pp. 14, 85, 89, 115, 119, 122-7. ＝C・M・チポラ 佐田玄治訳『読み書きの社会史――文盲から文明へ』(御茶の水書房 一九八三); H. J. Graff, *The Legacies of Literacy* (Bloomington, 1987), p.285; J. S. Allen, *In the Public Eye: A History of Reading in Modern France, 1800-1940* (Princeton, 1991), p. 59; P. Flora, *State, Economy, and Society in Western Europe 1815-1975*, vol. 1: *The Growth of Mass Democracies and Welfare States* (London, 1983), pp. 72-85. ＝P・フローラ編 竹岡敬温監訳『ヨーロッパ歴史統計 国家・経済・社会一八一五―一九七五』(原書房 一九八五―八七); O. Boonstra, "Education and Upward Social Mobility in the Netherlands, 1800-1900", unpublished paper, 1998, pp. 3-4; M. V. Ribias and X. M. Julià, *La Evolution del Analfabetismo en España de 1887 a 1981* (Madrid, 1992), p. 166; M. Vilanova and X. Moreno, *Atlas de la Evolucion del Analfabetismo en España de 1887 a 1981* (Madrid, 1992), p. 166; J. Ruwet and Y. Wellemans, *L'Analphabétisme en Belgique (XVIIème-XIXème siècles)* (Louvain, 1978), p. 15; Registrar General of England and Wales, *Annual Reports*; R. Schofield, "Dimensions of Illiteracy in England 1750-1850", in Graff, H. J. (ed.), *Literacy and Social Development in the West* (Cambridge, 1981), pp. 205, 207; 一〇年ごとに国勢調査で人口を調査するベルギーを除いて、報告書はすべて結婚登録簿からのものである。オーストリアは一八八〇年まで新兵入

隊記録、一八九〇―一九一〇年の一〇年ごとの人口国勢調査。プロイセンは新兵入隊記録。スペインは一八七七年までの全国規模の人口国勢調査、一八八七年以降の一〇年ごとの国勢調査。プロイセン（男性）は新兵入隊記録。ベルギーは国勢調査（全人口）。イングランドとウェールズは結婚登録簿。フランスは結婚登録簿。プロイセン／ドイツは一八八〇年以降の結婚登録簿。イタリアは結婚登録簿。オランダは結婚登録簿。アイルランドは結婚登録簿。スペインは十年ごとの人口国勢調査。ロシアは一八七四年以降の新兵入隊記録、一八九七年と一九一三年の国勢調査（全国規模）。

（18）Tóth, *Mivelhogy magad írást nem tudsz*, p. 128.

（19）C.- E. Nunze, "Lietracy and Economic Growth in Spain, 1860-1977", in Tortella, G.（ed.）, *Education and Economic Development since the Industrial Revolution*（Valencia, 1990）, p. 128.

（20）M. Ballara, *Women and Literacy*（London, 1992）, pp. 2-6.

（21）T. U. Raun, "The Development of Estonian Literacy in the 18th and 19th Centuries", *Journal of Baltic Studies*, 10（1979）, pp. 120-1.

（22）W. B. Stephens, *Education in Britain, 1750-1914*（London, 1998）, pp. 35-8; D. Vincent, *Literacy and Popular Culture: England 1750-1914*（Cambridge, 1989）, pp. 24-6.

（23）B. Reay, "The Content and Meaning of Popular Literacy: Some New Evidence from Nineteenth-Century Rural England", *Past and Present*, 131（May 1991）, pp. 113-4.

（24）地方の隣人について、イタリアの都市住民たちがこの概念をどう使用したかは、以下を参照。D. Marchenisi, *Il bisogno di scrivere. Usi della scrittura nell'Italia moderna*（Bari, 1992）, p. 63.

（25）M. Spufford, "Literacy, Trade and Religion in the Commercial Centres of Europe", in Davids, K. and Lucassen, J.（eds）, *A Miracle Mirrored: The Dutch Republic in European Perspective*（Cambridge, 1995）, p. 265.

(26) R. Darnton, "First Steps toward a History of Reading", *Australian Journal of French Studies*, 23, 1 (1986), p. 11.

(27) Stephens, *Education in Britain*, 1750-1914, pp. 27-8.

(28) たとえば、一八世紀末のベルギーの都市とその後背地の結びつきは、以下の研究の解明を参照。Ruwet and Wellemans, *L'Analphabétisme en Belgique* (*XVIIème-XIXème siècles*), pp. 30-1.

(29) J. Brooks, *When Russia Learned to Read: Literacy and Popular Literature, 1861-1917* (Princeton, 1985), p. 4.

(30) Raun, "The Development of Estonian Literacy in the 18th and 19th Centuries", p. 21.

(31) E. N. Anderson, "The Prussian Volksschule in the Nineteenth Century", in Ritter, G. A. (ed.), *Entstehung und Wandel der modernen Gesellschaft* (Berlin, 1970), pp. 269-70.

(32) Furet and Ozouf, *Reading and Writing*, pp. 27-30.

(33) W. B. Stephens, *Education, Literacy and Society, 1830-1870: The Geography of Diversity in Provincial England* (Manchester, 1987), pp. 16-7.

(34) Cipolla, *Literacy and Development in the West*, p. 19. 数値は全人口に占める六歳以上の比率。

(35) *Ibid*, pp. 16-7. 数値は全人口に占める一〇歳以上の比率。

(36) Tóth, *Mivelhogy magad írást nem tudsz*, pp. 230-1.

(37) P. Kenez, "Liquidating Illiteracy in Revolutionary Russia", *Russian History*, 9, 2-3 (1982), pp. 176-7.

(38) E. Johansson, "Literacy Campaigns in Sweden", *Interchange*, 19, 3/4 (Fall/Winter 1988), pp. 148-9; N. de Gabriel, "Literacy, Age, Period and Cohort in Spain (1900-1950)", *Paedagogica Historica*, 34, 1 (1998), pp. 30-41.

(39) R. Bell, *Fate and Honour, Family and Village: Demographic and Cultural Change in Rural Italy since 1800*

（Chicago, 1979）, p. 160; M. J. Hefferman, “Literacy and the Life-Cycle in Nineteenth-Century Provincial France: Some Evidence from the *Département* of Ille et Vilaine”, *History of Education*, 21, 2（June 1992）, p. 151.

（40）Vincent, *Literacy and Popular Culture*, pp. 26-7.

（41）Ruwet and Wellemans, *L'Analphabétisme en Belgique XVIIème-XIXème siècles*, p. 48. 十代とは、ここでは一五〜二〇歳を意味する。

（42）Furet and Ozouf, *Reading and Writing*, p. 47; Hefferman, “Literacy and the Life-Cycle in Nineteenth-Century Provincial France”.

（43）この問題のまれな議論は、以下を参照。G. Kirkham, “Literacy in North-West Ulster, 1680-1860”, in Daly, M. and Dickson, D.（eds）, *The Origins of Popular Literacy in Ireland: Language Change and Educational Development 1700-1920*（Dublin, 1990）, p. 79. 以下も参照。H. J. Graff, *The Labyrinths of Literacy: Reflections on Literacy Past and Present*（rev. ed. Pittsburgh, 1995）, p. 49.

（44）Ruwet and Wellemans, *L'Analphabétisme en Belgique XVIIème-XIXème siècles*, pp. 106-8; Vincent, *Literacy and Popular Culture*, pp. 22-4.

（45）Stephens, *Education in Britain, 1750-1914*, p. 26; Vincent, *Literacy and Popular Culture*, pp. 31-2.

（46）Ruwet and Wellemans, *L'Analphabétisme en Belgique XVIIème-XIXème siècles*, p. 106.

（47）Reay, “The Content and Meaning of Popular Literacy”, p. 105.

（48）*Ibid*, pp. 118-9.

（49）Marchenisi, *Il bisogno di scrivere*, p. 39.

（50）Bell, *Fate and Honour, Family and Village*, p. 160.

（51）S. Scribner and M. Cole, *The Psychology of Literacy*（Cambridge, Mass., 1981）, pp. 236, 258.

（52）Brooks, *When Russia Learned to Read*, p. xiv.
（53）I. Markussen, "The Development of Writing Ability in the Nordic Countries of the Eighteenth and Nineteenth Centuries", *Journal of Scandinavian History*, 15, 1（1990）, pp. 40-2.
（54）R. Engelsing, *Analphabetentum und Lektüre*（Stuttgart, 1973）, p. 120. ＝Ｒ・エンゲルジンク 中川勇治訳『文盲と読書の社会史』（新思索社 一九八五）
（55）G. Brooks, D. Foxman and T. Gorman, "Standards in Literacy and Numeracy: 1948-1994", *National Commission on Education, Briefing*（June 1995）.
（56）Furet and Ozouf, *Reading and Writing*, pp. 14-7. 結婚登録簿と国勢調査の数値の比較は、以下を参照。Ruwet and Wellemans, *L'Analphabétisme en Belgique XVIIème-XIXème siècles*, pp. 90-2.
（57）Reay, "The Content and Meaning of Popular Literacy", p. 113; Stephens, *Education in Britain*, 1750-1914, pp. 26-7.
（58）R. Pattison, *On Literacy: The Politics of the World from Homer to the Age of Rock*（New York, 1982）, p. 140.
（59）P.-J. Hélias, *The Horse of Pride: Life in a Breton Village*（New Haven, 1978）, p. 55.
（60）一九二八年以降も国別の数値は集積されていたが、ＵＰＵは一人あたりの数値を公刊するのを中止した。
（61）郵便流通量の出典は図１・１を参照。
（62）一八七六年の年次報告書には手紙と葉書があり、これがこの当時の郵便制度の項目だったが、一八九〇年までに印刷物の郵送、商品見本郵便、郵便注文のようなサービスも付け加えられた。
（63）リテラシー水準は、男女総計である。出典は図１・２と図１・３を参照。一人あたり郵便流通量の出典は図１・１を参照。

（64）近代化とリテラシーとのあいだの関連性は、以下において批判的に評価されている。D. Lindmark, "Introduction", in Lindmark, D.（ed.）, *Alphabeta Varia: Orality, Reading and Writing in the History of Literacy*（Umeå, 1998）, p. 46.

（65）E. Todd, *The Causes of Progress: Culture, Authority and Change*（Oxford, 1987）, p. 131. ＝E・トッド 荻野文隆訳『世界の多様性——家族構造と近代性』（藤原書店 二〇〇八）所収。

（66）R. Chartier, "Texts, Printing, Readings", in Hunt, L.（ed.）, *The New Cultural History*（Berkeley, 1989）, p. 121. ＝ハント編 筒井清忠訳『文化の新しい歴史学』（岩波書店 一九九三）所収。

（67）D. Roche, *The People of Paris*（Leamington Spa, 1987）, p. 199.

（68）このことは、グラーフの以下の研究における中心的議論である。H. J. Graff, *The Literacy Myth*（London, 1979）. グラーフのその後の研究においても、強調されている。以下を参照。H. J. Graff, *The Legacies of Literacy*（Bloomington, 1987）, p. 264; Graff, *The Labyrinths of Literacy*, pp. 6-18.

（69）D. Barton, *Literacy: An Introduction to the Ecology of Written Language*（Oxford, 1994）, pp. 4-6.

（70）Vincent, *Literacy and Popular Culture*, p. 18.

（71）B. Street, *Literacy in Theory and Practice*（Cambridge, 1984）, p. 8.

（72）機能的なリテラシーという概念の登場は、以下を参照。D. P. Resnick and L. B. Resnick, "The Nature of Literacy: An Historical Exploration", *Harvard Educational Review*, 47, 3（August 1977）, p. 383.

（73）筆者の訳文。P. Besson, *Un pâtre du Cantal*（Paris, 1914）, pp. 20-1.

（74）T. Cooper, *The Life of Thomas Cooper, Written by Himself*（London, 1872）, pp. 57-8.

（75）T. A. Jackson, *Solo Trumpet*（London, 1953）, pp. 19-20.

（76）K. Levine, "Functional Literacy: Fond Illusions and False Economies", *Harvard Educational Review*, 52（3）

（August 1982）, pp. 250-1; I. Kirsch and J. T. Guthrie, "The Concept and Measurement of Functional Literacy", *Reading Research Quarterly*, 13, 4（1977-8）, p. 488.

（77）現在の機能的なリテラシーについてのユネスコの定義は、以下を参照。Ballara, *Women and Literacy*, p. 14.

（78）M. Meek, "Literacy: Redescribing Reading", in Kimberly, K., Meek, M. and Miller, J.（eds）, *New Readings: Contributions to an Understanding of Literacy*（London, 1992）, pp. 226-32.

（79）R. Chartier, *The Order of Books*（Cambridge, 1994）, p. xi. ＝Ｒ・シャルチエ 長谷川輝夫訳『書物の秩序』（文化科学高等研究院〔三交社〕一九九三；ちくま学芸文庫 一九九六）; Levine, "Functional Literacy", p. 263.

（80）Furet and Ozouf, *Reading and Writing*, p. 148.

（81）このようなアプローチの明確な説明は、以下を参照。T. W. Laqueur, "Towards a Cultural Ecology of Literacy in England", in Resnick, D. P.（ed.）, *Literacy in Historical Perspective*（Washington, 1983）, p. 55.

第2章

（1）A. Errington, *Coals on Rails*, ed. Hair, P. E. H.（Liverpool, 1988）, p. 26.

（2）*Ibid*, pp. 31-2.

（3）F. Furet and J. Ozouf, *Reading and Writing: Literacy in France from Calvin to Jules Ferry*（Cambridge, 1982）, p. 27.

（4）H. van der Laan, "Influences on Education and Instruction in the Netherlands, especially 1750 to 1815", in Leith, J. A.（ed.）, *Facets of Education in the Eighteenth Century*, Studies on Voltaire and the Eighteenth Century, 167（Oxford, 1977）, p. 295.

(5) H. C. Barnard, *Education and the French Revolution* (Cambridge, 1969), pp. 166, 174.

(6) T. Nipperdey, "Mass Education and Modernization: The Case of Germany 1780-1850", *Transactions of the Royal Historical Society*, 5th ser., 27 (1977), p. 159.

(7) J. V. H. Melton, *Absolutism and the Eighteenth-Century Origins of Compulsory Schooling in Prussia and Austria* (Cambridge, 1988); K. A. Schleunes, *Schooling and Society: The Politics of Education in Prussia and Bavaria 1750-1900* (Oxford, 1989), p. 37; M. Lamberti, *State, Society, and the Elementary School in Imperial Germany* (New York, 1989); R. F. Tomasson, "The Literacy of Icelanders", *Scandinavian Studies*, 57 (1975); G. L. Seidler, "The Reform of the Polish School System in the Era of the Enlightenment", in Leith, J. A. (ed.), *Facets of Education in the Eighteenth Century*; J. F. Carrato, "The Enlightenment in Portgual and the Educational Reforms of the Marquis of Pombal", in Leith, J. A. (ed.), *op. cit.*; L. Boucher, *Tradition and Change in Swedish Education* (Oxford, 1982), pp. 8-20; T. U. Raun, "The Development of Estonian Literacy in the 18th and 19th Centuries", *Journal of Baltic Studies*, 10 (1979), p. 119.

(8) R. S. Turner, "Of Social Control and Cultural Experience: Education in the Eighteenth Century", *Central European History*, 21, 3 (September 1988), p. 303.

(9) D. Vincent, "Reading Made Strange: Context and Method in Becoming Literate in Eighteenth and Nineteenth-Century England", in Grosvenor, I., Lawn, M. and Rousmaniere, K. (eds), *Silences and Images: The Social History of the Classroom* (New York, 1999).

(10) W. J. F. Davies, *Teaching Reading in Early England* (London, 1973), p. 151. 古き時代のリテラシー教育用の考案物の概要は、以下を参照。 I. Michael, *The Teaching of English* (Cambridge, 1987), passim.

(11) Darton, F. J. Harvey, *Children's Books in England* (London, 1805), p. 127 を参照。

（12） Boucher, *Tradition and Change in Swedish Education*, pp. 7-8.

（13） F. Watson, *The Encyclopaedia and Dictionary of Education*, 4 vols.（London, 1921）, IV, pp. 1571-5.

（14） E. Johansson, "Alphabeta Varia: Some Roots of Literacy in Various Countries", in Lindmark, D.（ed.）, *Alphabeta Varia: Orality, Reading and Writing in the History of Literacy*（Umeå, 1998）, p. 128.

（15） G. J. Marker, "Primers and Literacy in Muscovy: A Taxonomic Investigation", *The Russian Review*, 48（January 1989）, pp. 1-5.

（16） R. M. Wiles, "The Relish for Reading in Provincial England Two Centuries Ago", in Korshin, P.（ed.）, *The Widening Circle: Essays on the Circulation of Literature in Eighteenth-Century Europe*（Philadelphia, 1976）, p. 111.

（17） I. G. Tóth, "Hungarian Culture in the Early Modern Age", in Kósa, L.（ed.）, *A Cultural History of Hungary: From the Beginnings to the Eighteenth Century*（Budapest, 1999）, pp. 218, 222-3. スウェーデンにおける宗教書の広範な流通は、後述の一四三頁を参照。

（18） 特に T. Dyche, *Guide to the English Tongue*（2nd ed. London, 1710）; J. R. R. Adams, *The Printed Word and the Common Man: Popular Culture in Ulster 1700-1900*（Belfast, 1987）, pp. 17, 19, 111.

（19） D. P. Resnick, "Historical Perspectives on Literacy and Schooling", *Daedalus*, 119, 2（Spring 1990）, p. 18.

（20） L. S. Strumingher, *What Were Little Girls and Boys Made of ? Primary Education in Rural France 1830-1880*（Albany, 1983）, p. 14.

（21） J. Jones, "Some Account of the Writer and Written by Himself ", in Jones, J.（ed.）, *Attempts in Verse*（London, 1831）, pp. 171-2.

（22） B. Eklof, *Russian Peasant Schools: Officialdom, Village Culture and Popular Pedagogy, 1861-1914*（Berkeley,

1986), p. 84.

(23) H. Chisick, "School Attendance, Literacy, and Acculturation: *Petites Écoles* and Popular Education in Eighteenth-Century France", *Europa*, 3 (1979), p. 189.

(24) D. Roche, *The People of Paris* (Leamington Spa, 1987), p. 207.

(25) Melton, *Absolutism and the Eighteenth-Century Origins of Compulsory Schooling in Prussia and Austria*, p. 11; Schleunes, *Schooling and Society*, p. 12. この言葉は文字通り「街角の学校」という意味である。

(26) Schleunes, *Schooling and Society*, p. 36.

(27) Adams, *The Printed Word and the Common Man*, p. 12-15.

(28) P. J. Dowling, *The Hedge Schools of Ireland* (London, 1935), pp. 47-8.

(29) J. E. Gordon, *Six Letters on Irish Education* (1832), pp. 3-4. Dowling, *The Hedge Schools of Ireland*, p. 43 より引用。

(30) 近年これらの説明が無批判に支持される例は、以下を参照。E. Hopkins, *Childhood Transformed: Working-Class Children in Nineteenth-Century England* (Manchester, 1994), pp. 131-2. このような教育が、いかにして「事実上の資格を剥奪されていたか」は、以下を参照。M. J. Maynes, *Schooling in Western Europe* (Albany, 1985), p. 63.

(31) The Anordning for Almueskolevesenet på landet i Danmark. W. Dixson, *Education in Denmark* (Copenhagen, 1958), pp. 43-8.

(32) H. Mann, *Report of an Educational Tour in Germany and Parts of Great Britain and Ireland* (London, 1846), p. 32.

(33) D. Vincent, *Literacy and Popular Culture :England 1750-1914* (Cambridge, 1989), p. 69.

（34）筆者の訳。A. Sylvère, *Toinou, le cri d'un enfant auvergnat*（Paris, 1980）, p. 52.

（35）この段落の数値は以下から抜粋。P. Flora, *State, Economy, and Society in Western Europe 1815-1975*, vol. 1: *The Growth of Mass Democracies and Welfare States*（London, 1983）, pp. 355-449 ＝Ｐ・フローラ編 竹岡敬温監訳『ヨーロッパ歴史統計　国家・経済・社会一八一五―一九七五』（原書房 一九八五―八七）; B. R. Mitchell, *Abstract of British Historical Statistics*（Cambridge, 1971）, pp. 396-8.

（36）ベルギー、デンマーク、フィンランド、フランス、ドイツ、ノルウェー、スウェーデン、イギリスの公費の支出総額を参照。

（37）E. Johansson, "To Know the Words: The Key to Oral and Reading Tradition in the Church. A Basic Theme in Christian Literacy Teaching", in Lindmark, D.（ed.）, *Alphabeta Varia: Orality, Reading and Writing in the History of Literacy*（Umeå, 1998）, p. 150; J. V. H. Melton, "From Image to Word: Cultural Reform and the Rise of Literate Culture in Eighteenth-Century Austria", *Journal of Modern History*, 58（March 1986）, p. 112.

（38）一九世紀半ばに広まっていた見方によると、プロイセンがヨーロッパの教育とリテラシーの未来像を具現していた。以下を参照。Mann, *Report of an Educational Tour in Germany and Parts of Great Britain and Ireland*, p. 5.

（39）R. Block, *Der Alphabetisierungsverlauf im Preussen des 19. Jahrhunderts*（Frankfurt am Main, 1985）, ch. 4. 2; R. Gawthrop and G. Strauss, "Protestantism and Literacy in Early Modern Germany", *Past and Present*, 104（1984）, pp. 43-53.

（40）Schleunes, *Schooling and Society*, p. 25.

（41）Lamberti, *State, Society, and the Elementary School in Imperial Germany*, p. 13.

（42）V. Cousin, *Report on the State of Public Instruction in Prussia*, ed. Knight, E. W.（New York, 1930）, pp. 125-9.

(43) R. Gibson, *A Social History of French Catholicism 1789-1914* (London, 1989), p. 93; R. Gildea, *Education in Provincial France, 1800-1914: A Study of Three Departments* (Oxford, 1983), pp. 216-7; R. D. Anderson, *Education in France 1848-1870* (Oxford, 1975), p. 17.

(44) Strumingher, *What Were Little Girls and Boys Made of ?*, pp. 42-6.

(45) N. J. Smelser, *Social Paralysis and Social Change* (Berkeley, 1991), pp. 141-2.

(46) M. Barbagli, *Education for Unemployment: Politics, Labour Markets, and the School System. Italy 1859-1973* (New York, 1982), p. 56.

(47) H. J. Graff, *The Legacies of Literacy* (Bloomington, 1987), p. 307.

(48) Eklof, *Russian Peasant Schools*, pp. 29, 64, 155; J. Brooks, *When Russia Learned to Read: Literacy and Popular Literature, 1861-1917* (Princeton, 1985), pp. 37-48.

(49) Maynes, *Schooling in Western Europe*, p. 69.

(50) J. K. Hoensch, *A History of Modern Hungary 1867-1986* (London, 1988), p. 92.

(51) S. Fitzpatrick, *Education and Social Mobility in the Soviet Union 1921-1934* (Cambridge, 1979), pp. 173-5.

(52) Block, *Der Alphabetisierungsverlauf im Preussen des 19. Jahrhunderts*, p. 201, table 5.17.

(53) N. Atkinson, *Irish Education: A History of Educational Institutions* (Dublin, 1969), p. 74; Dowling, *The Hedge Schools of Ireland*, p. 22.

(54) G. Ricuperati and M. Roggero, "Educational Policies in Eighteenth-Century Italy", in Leith, J. A. (ed.), *op. cit.*, p. 257.

(55) Gibson, *A Social History of French Catholicism 1789-1914*, pp. 108-22.

(56) W. Dixon, *Education in Denmark*, p. 48.

（57） Cousin, *Report on the State of Public Instruction in Prussia*, p. 130.

（58） A. T. Quartararo, *Women Teachers and Popular Education in Nineteenth Century France*（Newark, 1995）, p. 20.

（59） G. R. Galbraith, *Reading Lives: Reconstructing Childhood, Books and Schools in Britain, 1870-1920*（New York, 1997）, p. 94.

（60） E. Johansson, "Literacy Campaigns in Sweden" , *Interchange*, 19, 3/4（Fall/Winter 1988）, p. 160.

（61） C. Heywood, *Childhood in Nineteenth-Century France*（Cambridge, 1988）, p. 72.

（62） Schleunes, *Schooling and Society*, p. 153.

（63） I. Hunter, *Rethinking the School: Subjectivity, Bureaucracy, Criticism*（St Leonards, Australia, 1994）, p. xxi.

（64） Watson, *The Encyclopaedia and Dictionary of Education*, I, p. 448; S. Gemie, *Women and Schooling in France, 1815-1914: Gender Authority and Identity in the Female Schooling Sector*（Keele, 1995）, p. 50.

（65） M. Depaepe and F. Simon, "Is there any Place for the History of 'Education' in the 'History of Education'? A Plea for the History of Everyday Educational Reality in - and outside Schools", *Paedagogica Historica*, XXXI, 1（1995）, p. 11.

（66） D. Lindmark, "Introduction", in Lindmark, D.（ed.）, *Alphabeta Varia: Orality, Reading and Writing in the History of Literacy*（Umeå, 1998）.

（67） I. Markussen, "The Development of Writing Ability in the Nordic Countries of the Eighteenth and Nineteenth Centuries", *Journal of Scandinavian History*, 15, 1（1990）, pp. 39-40; Anderson, *Education in France 1848-1870*, pp. 32-3; Eklof, *Russian Peasant Schools*, p. 53; Watson, *The Encyclopaedia and Dictionary of Education*, I, p. 447.

（68） たとえば、一八世紀後半のベルギーにおける教会学校の実践は、以下を参照。J. Ruwet and Y. Wellemans,

L'Analphabétisme en Belgique XVIIème-XIXème siècles（Louvain, 1978）, p. 33.

（69）I. G. Tóth, *Mivelhogy magad írást nem tudsz ... Az írás térhódítása a müvelödésben a Kora újkori Magyarországon*（Budapest, 1996）, pp. 14-5, 33.

（70）Mann, *Report of an Educational Tour in Germany and Parts of Great Britain and Ireland*, p. 93.

（71）ランカスターは一七九八年にモニトリアル・システムを展開する学校を設立した。ベルは一七九六年にマドラスにおいて、すでにモニトリアル・システムを開発し、一九世紀初頭にはイギリスに普及させていたと主張している。

（72）K. Barkin, "Social Control and the Volksschule in Vormärz Prussia", *Central European History*, 16（1983）, pp. 41-3.

（73）Mann, *Report of an Educational Tour in Germany and Parts of Great Britain and Ireland*, p. 58; V. Cousin, *On the State of Education in Holland as regards Schools for the Working Classes and for the Poor*, Horner, L.（trans.）（London, 1838）, p. 35; Maynes, *Schooling in Western Europe*, pp. 77-8.

（74）E. B. Huey, *The Psychology and Pedagogy of Reading*（1908; Cambridge, Mass., 1968）, pp. 241-2. 最も初期の教材もギリシア・モデルに基づいていた。

（75）一七一〇年第二版より。

（76）初版は一七四〇年イギリス、一七四七年北アメリカで出版。Vincent, "Reading Made Strange", pp. 180-4.

（77）Michael, *The Teaching of English*, pp. 56, 91, 117.

（78）M. Mathews, *Teaching to Read, Historically Considered*（Chicago, 1966）, pp. 19-74.

（79）Marker, "Primers and Literacy in Muscovy", pp. 1-12.

（80）*Manual of the System of Teaching Reading, Writing, Arithmetick, and Needlework in the Elementary-Schools of the British and Foreign Schools Society*（London, 1816）. 後続版としては、*Manual for the System of Primary Instruction, Pursued in the Model Schools of the B. F. S. S.*（London, 1831）を参照。

（81）ジェーン・ジョンソンが収集した教材のコレクションを見ると、一八世紀中頃の中流家庭でどのような学習が可能だったのかが最もよくわかる。V. Watson, "Jane Johnson: A Very Pretty Story to Tell Children", in Hilton, M., Styles, M. and Watson, V.（eds）, *Opening the Nursery Door: Reading, Writing and Childhood, 1600-1900*（London, 1997）, pp. 31-46.

（82）Maynes, *Schooling in Western Europe*, p. 62.

（83）Dixon, *Education in Denmark*, p. 39. 一七九一年にコペンハーゲンで初期段階の試行が見られたものの、これがデンマークにおける最初の教員養成機関となった。

（84）Galbraith, *Reading Lives*, p. 17.

（85）A. J. La Vopa, *Prussian Schoolteachers: Profession and Office, 1763-1848*（Chapel Hill, 1980）, p. 92; A. Green, *Education and State Formation: The Rise of Education Systems in England, France and the USA*（Basingstoke, 1990）, p. 23; Maynes, *Schooling in Western Europe*, p. 76.

（86）M. J. Maynes, "Schooling and Hegemony", *Journal of Interdisciplinary History*, 13, 3（Winter 1983）, p. 519.

（87）Maynes, *Schooling in Western Europe*, p. 62.

（88）Gildea, *Education in Provincial France, 1800-1914*, p. 227; La Vopa, *Prussian Schoolteachers*, p. 30.

（89）W. B. Stephens, *Education in Britain, 1750-1914*（London, 1998）, p. 78.

（90）Maynes, *Schooling in Western Europe*, pp. 61-2.

（91）ボルシェヴィキがマス・リテラシー運動を開始したために、このことは両大戦間のロシアで中心的課題として残った。Fitzpatrick, *Education and Social Mobility in the Soviet Union 1921-1934*, p. 171.

(92) Barbagli, *Education for Unemployment*, p. 59.

(93) Johansson, "Literacy Campaigns in Sweden", p. 136; E. Johansson, "Popular Literacy Scandinavia about 1600-1900", *Historical Social Research*, 34 (1985), p. 123.

(94) Brooks, *When Russia Learned to Read*, p. 37 より引用。

(95) Vincent, *Literacy and Popular Culture*, p. 87 より引用。

(96) Heywood, *Childhood in Nineteenth-Century France*, p. 72 より引用。

(97) F. A. Kittler, *Discourse Networks 1800/1900*, Metteer, M. trans. (Stanford, 1990), pp. 28-53.

(98) J. Laurie, *First Steps to Reading* (London, 1862) 序文。また同時代の以下の出版物も参照。W. J. Unwin, *Infant School Reader* (London, 1861).

(99) Mathews, *Teaching to Read Historically Considered*, pp. 49-50, 75-101; Brooks, *When Russia Learned to Read*, p. 50; Huey, *The Psychology and Pedagogy of Reading*, p. 259. Mann, *Report of an Educational Tour in Germany and Parts of Great Britain and Ireland* は、アルファベットだけを偏重しないようにしなければならない、と論じている。

(100) Galbraith, *Reading Lives*, p. 127.

(101) J. Gill, *Introductory Text-Book to School Management* (2nd ed., London, 1857).

(102) M. Jackson, *Literacy* (London, 1993), p. 50.

(103) R. Thabault, *Education and Change in a Village Community: Mazières-en-Gâtine, 1848-1914* (London, 1971), p. 121.

(104) F. Paulsen, *German Education Past and Present* (London, 1908), pp. 246-61.

(105) Quartararo, *Women Teachers and Popular Education in Nineteenth Century France*, p. 116. イタリアのカサテ

ィ法（the Casati law）では、イタリアの公立基礎学校の教師は、市長のサインのある道徳の免許状を取得しなければならなかった。Barbagli, *Education for Unemployment*, pp. 54-5.

（106）このカリキュラムの特に明確な説明は、以下を参照。Heywood, *Childhood in Nineteenth-Century France*, pp. 61, 73-4.

（107）P.-J. Hélias, *The Horse of Pride: Life in a Breton Village*（New Haven, 1978）, pp. 207-8.

（108）Flora, *State, Economy, and Society in Western Europe 1815-1975*, vol. 1, pp. 553-633. ＝フローラ編、前掲書。

（109）Mann, *Report of an Educational Tour in Germany and Parts of Great Britain and Ireland*, p. 185; Cousin, *Report on the State of Public Instruction in Prussia*, p. 131.

（110）J. M. McNair, *Education for a Changing Spain*（Manchester, 1984）, pp. 24-6.

（111）Brooks, *When Russia Learned to Read*, pp. xv, 43-4.

（112）Hoensch, *A History of Modern Hungary 1867-1986*, p. 46.

（113）Barkin, “Social Control and the Volksschule in Vormärz Prussia”, p. 32 において強調されている点。

（114）B. Reay, “The Content and Meaning of Popular Literacy: Some New Evidence from Nineteenth-Century Rural England”, *Past and Present*, 131（May 1991）, p. 98.

（115）図１・２の識字率と同じく、就学率も以下の研究による。Flora, *State, Economy, and Society in Western Europe 1815-1975*, vol. 1, pp. 553-633. ＝フローラ編、前掲書。

（116）万国郵便連合（ＵＰＵ）の報告書（図１・２参照）によるデータ、および Flora, *State, Economy, and Society in Western Europe 1815-1975*, vol. 1, pp. 556-633. ＝フローラ編、前掲書による（ベルギーの就学率の数値は一八九五年）。

（117）たとえば、プロイセンに関するブロックの記述を参照すると、リテラシー水準が九〇％を上回るまで、公立基礎教育の統合はおこなわれなかった。Block, *Der Alphabetisierungsverlauf im Preussen des 19. Jahrhunderts*, ch. 4.2

(118) Eklof, *Russian Peasant Schools*, p. 392.

(119) フランス、ドイツ、イギリスの調査を参照。L. Clark, "The Socialization of Girls in the Primary Schools of the Third Republic", *Journal of Social History*, 15, 4（Summer 1982）, p. 685.

(120) フランスの初等教育における女子生徒の体験例を参照。L. Clark, *Schooling the Daughters of Marianne: Textbooks and the Socialization of Girls in Modern French Primary Schools*（Albany, 1984）, pp. 5, 10-4.

(121) この過程に関する最も豊かな、そして最も微妙な差異を明らかにする説明は、以下に見ることができる。A. Davin, *Growing up Poor: Home, School and Street in London 1870-1914*（London, 1996）, pp. 116-73; J. Purvis, *Hard Lessons: The Lives and Education of Working-Class Women in Nineteenth-Century England*（Cambridge, 1989）, pp. 80-93.

(122) たとえば、フランスの第三共和政下において、基礎リテラシー教育の平等化が進行し、基礎学校で家事の訓練が強調されていったことを参照。Quartararo, *Women Teachers and Popular Education in Nineteenth Century France*, p.99; Clark, *Schooling the Daughters of Marianne*, pp. 9, 16, 57-8, 61. イギリスは Galbraith, *Reading Lives*, p. 97.

(123) Davin, *Growing up Poor*, pp. 87, 101; Purvis, *Hard Lessons*, p. 78.

(124) 一八九九年のフランスの女子生徒に関する調査によれば、これらは最も嫌われていた授業だった。Clark, "The Socialization of Girls in the Primary Schools of the Third Republic", p. 687.

第3章

（1） F. Furet and J. Ozouf, *Reading and Writing: Literacy in France from Calvin to Jules Ferry*（Cambridge, 1982）, p. 312; G. Ricuperati and M. Roggero, “Educational Policies in Eighteenth-Century Italy”, in Leith, J. A.（ed.）, *Facets of Education in the Eighteenth Century*, Studies on Voltaire and the Eighteenth Century, 167（Oxford, 1977）, p. 259.

（2） C. M. Cipolla, *Literacy and Development in the West*（Harmondsworth, 1969）, p. 87. ＝C・M・チポラ 佐田玄治訳『読み書きの社会史――文盲から文明へ』（御茶の水書房 一九八三）。一般的な関連を最も近年論じたのは D. S. Landes, *The Wealth and Poverty of Nations: Why Some are So Rich and Some So Poor*（London, 1998）, p. 250.

（3） L. Pettersson, “Reading and Writing Skills and the Agrarian Revolution: Scanian Peasants during the Age of Enclosure”, *Scandinavian Economic History Review*, XLIV, 3（1996）, p. 44; L. G. Sandberg, “Ignorance, Poverty and Economic Backwardness in the Early Stages of European Industrialisation: Variations on Alexander Gerschenkron's Grand Scheme”, *Journal of European Economic History*, II, 3（Winter 1982）, pp. 675-8, 681 で議論されている。さらに、非識字が成長を遅らせるという議論を支持するのは、以下を参照。G. Tortella, “Patterns of Economic Retardation and Recovery in South-Westren Europe in the Nineteenth and Twentieth Centuries”, *Economic History Review*, XLII, 1（1994）, pp. 1-21.

（4） C. A. Anderson, “Patterns and Variability in the Distribution and Diffusion of Schooling”, in Anderson, C. A. and Bowman, M. J.（eds）, *Education and Economic Development*（London, 1966）. さらに以下も参照。M. J. Bowman and C. A. Anderson, “Concerning the Role of Education in Development”, in Geertz, C.（ed.）, *Old Societies and New States*（New York, 1963）, p. 252.

（5）R. A. Houston, *Literacy in Early Modern Europe: Culture and Education 1500-1800*（London, 1988）, p. 131. さらに、以下も参照。R. Chartier, “The Practical Impact of Writing”, in Chartier, R.（ed.）, *A History of Private Life*, vol. 3: *Passions of the Renaissance*（Cambridge, Mass., 1989）, p. 116; M. Spufford, “Literacy, Trade and Religion in the Commercial Centres of Europe”, in Davids, K. and Lucassen, J.（eds）, *A Miracle Mirrored: The Dutch Republic in European Perspective*（Cambridge, 1995）, p. 231.

（6）D. F. Mitch, “The Role of Human Capital in the First Industrial Revolution”, in Mokyr, J.（ed.）, *The British Industrial Revolution*（Boulder, Colo., 1993）, p. 291.

（7）D. Vincent, *Literacy and Popular Culture: England 1750-1914*（Cambridge, 1989）, pp. 96-7. また、以下も参照。R. Schofield, “Dimensions of Illiteracy in England 1750-1850”, in Graff, H. J.（ed.）, *Literacy and Social Development in the West*（Cambridge, 1981）, p. 211.

（8）C. -E. Nunez, “Literacy and Economic Growth in Spain, 1860-1977”, in Tortella, G.（ed.）, *Education and Economic Development since the Industrial Revolution*（Valencia, 1990）, p. 128.

（9）たとえば、ベルギー、オランダ、スウェーデンをまとめたものに、H. J. Graff, *The Legacies of Literacy*（Bloomington, 1987）, pp. 304, 307, 310.

（10）フランスはC. Heywood, *Childhood in Nineteenth-Century France*（Cambridge, 1988）, p. 69を、ロシアはA. Kahan, “Determinants of the Incidence of Literacy in Rural Nineteenth-Century Russia”, in Anderson, C. A. and Bowman, M. J.（eds）, *Education and Economic Development*（London, 1966）, p. 302 ; B. Eklof, *Russian Peasent Schools: Officialdom, Village Culture and Popular Pedagogy, 1861-1914*（Berkeley, 1986）, p. 356を参照。イギリスの田園地域はB. Reay, “The Content and Meaning of Popular Literacy: Some New Evidence from Nineteenth-Century Rural England”, *Past and Present*, 131（May 1991）, pp. 93-6を参照。

(11) この可能性は Cipolla, *Literacy and Development in the West*, p. 87-8. ＝チポラ、前掲書にまとめられている。以下も参照。W. R. Lee, *Population Growth, Economic Development and Social Change in Bavaria 1750-1850*（New York, 1977), p. 338. 有益な批判は、以下を参照。K. Levine, “Functional Literacy: Fond Illusions and False Economies”, *Harvard Educational Review*, 52（3）（August 1982), pp. 257-9.

(12) リテラシーと経済成長の関係について「グローバルなアプローチ」の可能性に対する批判としては、以下がある。M. Blaug, “Literacy and Economic Development”, *School Review*, 74（Winter 1966), p. 407; M. Blaug, *An Introduction to the Economics of Education*（London, 1970), pp. 63-6, 83, 100 において、両者に距離があると主張されている。この問題をさらに探究したものとして K. H. Jarausch, “The Old ‘New History of Education’: A German Reconsideration”, *History of Quarterly*, 26, 2（Summer 1986), p. 235; H. J. Graff, *The Labyrinths of Literacy: Reflections on Literacy Past and Present*（rev. ed. Pittsburgh, 1995), 特に pp. 19, 51, 273; Nunez, “Lietracy and Economic Growth in Spain, 1860-1977”, p. 125.

(13) 拡大した家計における贅沢の概念の議論としては、以下を参照。D. Vincent, *Poor Citizens: The State and the Poor in Twentieth-Century Britain*（London, 1991), p. 26.

(14) D. Levine, “Education and Family Life in Early Industrial England”, *Journal of Family History*, 4, 4（Winter 1979), pp. 373-9; Vincent, *Literacy and Popular Culture*, p. 26. を参照。

(15) R. Lowery, *Robert Lowery, Radical and Chartist*, ed. Harrison, B. and Hollis, P.（London, 1979), p. 45. レニーとは、William Lennie, *Principles of English Grammar* のことである。

(16) E. Le Roy Ladurie, “The Conscripts of 1868” and “Rural Civilization”, in *The Territory of the Historian*（Hassocks, 1979), p. 56. ＝E・ル・ロワ・ラデュリ 樺山紘一ほか訳『新しい歴史——歴史人類学への道』（新評論 一九八〇）所収。

(17) M. A. Marrus, "Folklore as an Ethnographic Source: A 'Mise au Point' ", in Beauroy, J., Bertrand, M. and Gargan, E. T. (eds), *The Wolf and the Lamb: Popular Culture in France from the Old Regime to the Twentieth Century* (Saratoga, Calif., 1977), p. 122.

(18) J. M. McNair, *Education for a Changing Spain* (Manchester, 1984), p. 25.

(19) S. Tanguiane, *Literacy and Illiteracy in the World: Situation: Trends and Prospects* (Paris, 1990), p. 39.

(20) R. F. Tomasson, "The Literacy of Icelanders", *Scandinavian Studies*, 57 (1975), p. 70.

(21) M. Sanderson, "Social Change and Elementary Education in Industrial Lancashire 1780-1840", *Northern History*, 3 (1968), pp. 131-54; "Literacy and Social Mobility in the Industrial Revolution in England", *Past and Present*, 56 (1972), pp. 82-9 を参照。W. B. Stephens, *Education, Literacy and Society, 1830-1870: The Geography of Diversity in Provincial England* (Manchester, 1987), pp. 3-4, 6, 58; S. J. Nicholas, "Literacy and the Industrial Revolution", in Tortella, G. (ed.), *Education and Economic Development since the Industrial Revolution* (Valencia, 1990), pp. 51-8; S. J. Nicholas and J. M. Nicholas, "Male Literacy, 'Deskilling' and the Industrial Revolution", *Journal of Interdisciplinary History*, 23 (Summer, 1992), pp. 3-16 を参照。

(22) サンダーソンへの初期の応答として E. G. West, "Literacy and the Industrial Revolution", *Economic History Review*, 2nd ser., XXXXXI (1978), pp. 371-2, 382; T. W. Laqueur, "The Cultural Origins of Popular Literacy in England, 1500-1800", *Oxford Review of Education*, 11, 3 (1974), pp. 96-107 の二つが挙げられる。ニコラス（原注21参照）は一般化してよいかどうか問題はあるものの、通商データを用いることによってこの問題を避けている。

(23) Nunez, "Literacy and Economic Growth in Spain, 1860-1977", p. 129.

(24) W. B. Stephens, *Education in Britain, 1750-1914* (London, 1998), p. 33.

(25) ベルギーは Graff, *The Legacies of Literacy,* p. 306. フランスは Furet and Ozouf, *Reading and Writing*, pp. 203-18 を参照。

(26) R. Block, *Der Alphabetisierungsverlauf im Preussen des 19. Jahrhunderts* (Frankfurt am Main, 1995), pp. 181-93, 表 5.10 と表 5.11.

(27) Vincent, *Literacy and Popular Culture*, pp.97-100; J. Grayson, “Literacy, Schooling and Industrialisation: Worcestershire. 1760-1850”, in Stephens, W. B. (ed.), *Studies in the History of Literacy: England and North America* (Leeds, 1983), pp. 54-67; Stephens, *Education in Britain, 1750-1914*, p. 57.

(28) R. D. Anderson, “Education and the State in Nineteenth-Century Scotland”, *Economic History Review*, 36 (1983), p. 525; D. M. Mason, “School Attendance in Nineteenth-Century Scotland”, *Economic History Review*, 38 (1985), pp. 278-81 を参照。

(29) Block, *Der Alphabetisierungsverlauf im Preussen des 19. Jahrhunderts*, p. 197, table 5.14.

(30) R. D. Anderson, *Education in France 1848-1870* (Oxford, 1975), pp. 69-70; J. Brooks, *When Russia Learned to Read: Literacy and Popular Literature, 1861-1917* (Princeton, 1985), pp. 13. 15; C. Tilly, “Did the Cake of Custom Break?”, in Merriman, J. (ed.), *Class Consciousness and Class Experience in Nineteenth-Century Europe* (New York, 1979), p. 37; Graff, *The Legacies of Literacy*, p. 311; Mitch, “The Role of Human Capital in the First Industrial Revolution”, p. 300; Nicholas and Nicholas, “Male Literacy, ‘Deskilling’ and the Industrial Revolution”, p. 3; N. de Gabriel, “Literacy, Age, Period and Cohort in Spain (1900-1950)”, *Paedagogica Historica*, 34, 1 (1998), p. 47.

(31) Le Roy Ladurie, “The Conscripts of 1868”, p. 45; Graff, *The Legacies of Literacy*, p. 311; Mitch, “The Role of Human Capital in the First Industrial Revolution”, p. 300.

（32） W. H. Sewell, *Structure and Mobility: The Men and Women of Marseille, 1820-1870*（Cambridge, 1985）, pp. 169-71, 196.

（33） Vincent, *Literacy and Popular Culture*, pp. 98-100.

（34） Furet and Ozouf, *Reading and Writing*, p. 40.

（35） S. A. Harrop, “Literacy and Educational Attitudes as Factors in the Industrialisation of North-East Cheshire, 1760-1830”, in Stephens, W. B.（ed.）, *Studies in the History of Literacy: England and North America*（Leeds, 1983）, pp. 37-53.

（36） Stephens, *Education, Literacy and Society, 1830-1870*, pp. 37-53.

（37） たとえば、リテラシーが先行したことについて、プロイセンの先進工業地域の経済力が重要な意味をもっていたとするライナー・ブロックの評価は、以下を参照。Block, *Der Alphabetisierungsverlauf im Preussen des 19. Jahrhunderts*, pp. 147-8.

（38） D. F. Mitch, *The Rise of Popular Literacy in Victorian England: The Influence of Private Choice and Public Policy*（Philadelphia, 1992）, appendix A, pp. 213-4.

（39） Vincent, *Literacy and Popular Culture*, p. 97.

（40） I. Berend, “Economy and Education: The Hungarian Case”, in Tortella, G.（ed.）*Education and Economic Development since the Industrial Revolution*（Valencia, 1990）, p. 178.

（41） B. Brierley, *Home Memories, and Recollections of a Life*（Manchester and London, 1886）, pp. 30-1. 彼の弟は一八二八年に生まれた。

（42） Reay, “The Content and Meaning of Popular Literacy”, pp. 104-5.

（43） R. Darnton, “First Steps toward a History of Reading”, *Australian Journal of French Studies*, 23, 1（1986）, p.

11. 以下も参照。D. Roche, *The People of Paris*（Leamington Spa, 1987）, p. 200.

（44）Mitch, *The Rise of Popular Literacy in Victorian England*, pp. 14-8, 200-1. 以下も参照。Mitch, "The Role of Human Capital in the First Industrial Revolution", p. 200.

（45）J. -L. Ménétra, *Journal of My Life*, trans. Goldhammer, A.（New York, 1986）, p. 98. ＝Ｊ＝Ｌ・メネトラ（Ｄ・ロシュ校訂・解説）喜安朗訳『わが人生の記――一八世紀ガラス職人の自伝』（白水社 二〇〇六）

（46）*Ibid*, p. 98.

（47）Eklof, *Russian Peasant Schools*, p. 444 を参照。

（48）I. G. Tóth, *Mivelhogy magad írást nem tudsz ... Az írás térhódítása a müvelödésben a Kora újkori Magyarországon*（Budapest, 1996）, pp. 90-2; Brooks, *When Russia Learned to Read*, pp. 5-10; E. Weber, *Peasants into Frenchmen: The Modernisation of Rural France 1870-1914*（London, 1977）, p. 473.

（49）D. Marchenisi, *Il bisogno di scrivere. Usi della scrittura nell'Italia moderna*（Bari, 1992）, p. 64.

（50）Heywood, *Childhood in Nineteenth-Century France*, pp. 288-9.

（51）R. Engelsing, *Analphabetentum und Lektüre*（Stuttgart, 1973）, p. 105. ＝Ｒ・エンゲルジンク 中川勇治訳『文盲と読書の社会史』（新思索社 一九八五）

（52）Mitch, *The Rise of Popular Literacy in Victorian England*, pp. 22-3 では、この割増額は一九世紀の最後の二五年間に非熟練労働者の給料の一三%に達したと計算している。

（53）D. F. Mitch, "Inequalities which Every One may Remove: Occupational Recruitment, Endogamy, and the Homogeneity of Social Origins in Victorian England", in Miles, A. and Vincent, D.（eds）, *Building European Society*（Manchester, 1993）, pp. 140-61; Mitch, *The Rise of Popular Literacy in Victorian England*, p. 69.

（54）Mitch, *The Rise of Popular Literacy in Victorian England*, p. 200.

（55） A. J. La Vopa, *Prussian Schoolteachers: Profession and Office, 1763-1848*（Chapel Hill, 1980）, p. 40.

（56） K. A. Schleunes, "Enlightenment, Reform, Reaction: The Schooling Revolution in Prussia", *Central European History* 12, 4（December 1979）, p. 332.

（57） M. Lamberti, *State, Society, and the Elementary School in Imperial Germany*（New York, 1989）, p. 21.

（58） K. A. Schleunes, *Schooling and Society: The Politics of Education in Prussia and Bavaria 1750-1900*（Oxford, 1989）, p. 230; クルーはボーフム市の研究から、鍵となるギムナジウム進学人数は一九世紀末にきわめて緩慢に増大し、一九〇六年には一〇・五％に達したことを発見している。D. Crew, "Definitions of Modernity: Social Mobility in a German Town 1880-1901", *Journal of Social History*, 7, 1（Fall 1973）, pp. 63-6 を参照。

（59） Eklof, *Russian Peasant Schools*, pp. 25, 47, 439, 453-7.

（60） J. R. Gillis, *The Development of European Society 1770-1870*（Boston, 1977）, p. 221; Anderson, *Education in France 1848-1870*, pp. 14-5; Heywood, *Childhood in Nineteenth Century France*, p. 91.

（61） R. Pethybridge, *The Social Prelude to Stalinism*（London, 1974）, pp. 137-40.

（62） R. Grew and P. J. Harrigan with J. Whiteney, "The Availability of Schooling in Nineteenth-Century France", *Journal of Interdisciplinary History*, 14, 1（Summer 1983）, p. 61; Anderson, *Education in France 1848-1870*, pp. 140-157. 学業修了とそれが限られた価値しかなかったことは、以下を参照。P. Besson, *Un pâtre du Cantal*（Paris, 1914）, p. 26.

（63） J. Guinchard（ed.）, *Sweden: Historical and Statistical Handbook*, 2 vols（2nd ed. Stockholm, 1914）, vol. 1, p. 351.

（64） 後述の二二九頁を参照。

（65） F. K. Ringer, *Education and Society in Modern Europe*（Bloomington, 1979）, p. 117.

(66) L. Boucher, *Tradition and Change in Swedish Education* (Oxford, 1982), pp. 8-20; W. Dixon, *Education in Denmark* (Copenhagen, 1958), pp. 94-105.

(67) Ringer, *Education and Society in Modern Europe*, p. 181.

(68) J. Floud, "The Educational Experience of the Adult Population of England and Wales as at July 1949", in Glass, D. V. (ed.), *Social Mobility in Britain* (London, 1954), pp. 117-8; D. Vincent, "Mobility, Bureaucracy and Careers in Twentieth-Century Britain", in Miles, A. and Vincent, D. (eds), *Building European Society* (Manchester, 1993), pp. 222-3.

(69) M. Sanderson, *Educational Opportunity and Social Change in England* (London, 1987), p. 26.

(70) M. Barbagli, *Education for Unemployment: Politics, Labour Markets, and the School System. Italy 1859-1973* (New York, 1982), p. 127.

(71) Crew, "Definitions of Modernity", p. 54; N. J. Smelser, *Social Paralysis and Social Change* (Berkeley, 1991), p. 273.

(72) 初等教育同様に中等教育も取り入れるという、楽観主義的立場の熱心な主張としては、P. J. Harrigan, "Social Mobility and Schooling in History: Recent Methods and Conclusions", *Historical Reflections*, 10 (Spring 1983), pp. 128-40を参照。

(73) Mitch, *The Rise of Popular Literacy in Victorian England*, pp. 23-32; Vincent, *Literacy and Popular Culture*, pp. 129-32.

(74) Sewell, *Structure and Mobility*, pp. 251-3.

(75) A. Miles, "How Open was Nineteenth-Century British Society? Social Mobility and Equality of Opportunity, 1839-1914", in Miles, A. and Vincent, D. (eds), *Building European Society* (Manchester, 1993), p. 34.

（76） G. Crossick, “The Emergence of the Lower Middle Class in Britain: A Discussion”, in Crossick, G.（ed.）, *The Lower Middle Class Britain*（London, 1977）, p. 19.

（77） Union Postale Universelle, *Statistique générale du service postal, année 1890*（Berne, 1892）, p. 4; Union Postale Universelle, *Statistique générale du service postal, année 1913*（Berne, 1915）, p. 4.（一九一三年の図では、ベルギーを除外）

（78） T. Myllyntaus, “Education in the Making of Mondern Finland”, in Tortella, G.（ed.）, *Education and Economic Development since the Industrial Revolution*（Valencia, 1990）, pp. 161-2.

（79） Tortella, “Patterns of Economic Retardation and Recovery in South-Western Europe in the Nineteenth and Twentieth Centuries”, p. 14. さらに前述の九九〜一〇〇頁も参照。

（80） Nunez, “Literacy and Economic Growth in Spain, 1860-1977”, p. 131.

（81） B. N. Mironov, “The Effect of Education on Economic Growth: The Russian Variant, Nineteenth-Twentieth Centuries”, in Tortella, G.（ed.）, *Education and Economic Development since the Industrial Revolution*（Valencia, 1990）p.117. 同様の計算はカナダについてもおこなわれている。以下を参照。G. W. Bertram, *The Contribution of Education to Economic Growth*（Ottawa, 1968）, pp. 61-2.

（82） N. F. R. Crafts, “Exogenous or Endogenous Growth? The Industrial Revolution Reconsidered”, *Journal of Economic History*, 55, 4（December 1995）, p. 765.

（83） Stephens, *Education in Britain, 1750-1914*, p. 56.

（84） Blaug, “Literacy and Economic Development”, p. 400; Bowman and Anderson, “Concerning the Role of Education in Development”, p. 252-3, 261 も参照。

（85） Furet and Ozouf, *Reading and Writing*, p. 27.

（86） L. G. Sandberg, “The Case of the Impoverished Sophisticate: Human Capital and Swedish Economic Growth before World War 1”, *Journal of Economic History*, XXXIX, 1 （March 1979）, pp. 227-31.

（87） Pettersson, “Reading and Writing Skills and the Agrarian Revolution”, p. 210.

（88） K. H. O’Rourke and J. G. Williamson, “Education, Globalization and Catch-up: Scandinavia in the Swedish Mirror”, *Scandinavian Economic Review*, 3 （1996）, p. 302, pp. 296-301.

（89） *Ibid,* p. 302.

（90） A. Nilsson and L. Pettersson, “Literacy and Economic Growth: The Swedish 19th Century Experience”, unpublished paper, November 1996, p. 12; Pettersson, “Reading and Writing Skills and the Agrarian Revolution”, pp. 214-20.

（91） A. Nilsson and L. Pettersson, “Some Hypotheses regarding Education and Economic Growth in Sweden during the First Half of the Nineteenth Century”, in Tortella, G. （ed.）, *Education and Economic Development since the Industrial Revolution*, p. 214; Nilsson and Pettersson, “Literacy and Economic Growth”, pp. 5-6.

（92） G. A. Male, *Education in France* （Washington, 1963）, p. 15.

（93） C. E. McClelland, “Does Education Accelerate Economic Growth?”, *Economic Development and Cultural Change*, 14 （April 1966）, p. 259; Mironov, “The Effect of Education on Economic Growth”, pp. 113, 117; Tortella, “Patterns of Economic Retardation and Recovery in South-Western Europe in the Nineteenth and Twentieth Centuries”, p. 16.

（94） 識字率の数値は前掲図1・2および図1・3を参照。国内総生産（一人あたり、一九九〇年基準のゲアリー＝ケイミス・ドルによる）は、A. Maddison, *Monitoring the World Economy 1820-1992* （Paris, 1995）, pp. 194, 196, 200.

（95）Barbagli, *Education for Unemployment*, p. 74.
（96）M. Dintenfass, *The Decline of Industrial Britain, 1870-1980*（London, 1992）, p. 37.
（97）P. Lundgren, “Educational Expansion and Economic Growth in Nineteenth-Century Germany: A Quantitative Study”, in Stone, L.（ed.）, *Schooling and Society*（Baltimore, 1976）.
（98）P. L. Robertson, “Technical Education in the Marine Engineering Industries 1863-1914”, *Economic History Review*, 2nd ser., XVII（1974）, pp. 234-5.
（99）Crafts, “Exogenous or Endogenous Growth?”, p. 768; Nicholas, “Literacy and the Industrial Revolution”, p. 59.
（100）G. Tortella and L. Sandberg, “Education and Economic Development since the Industrial Revolution: A Summary Report”, in Tortella, G.（ed.）, *Education and Economic Development since the Industrial Revolution*（Valencia, 1990）, p. 10.
（101）Nunez, “Lietracy and Economic Growth in Spain, 1860-1977”, p. 124; Tortella, “Patterns of Economic Retardation and Recovery in South-Western Europe in the Nineteenth and Twentieth Centuries”, p. 12-3.
（102）Myllyntaus, “Education in the Making of Mondern Finland”, pp. 165-6. 現代の世界経済の研究も、初等教育やリテラシーよりもむしろ中等教育の方が、経済成長と有意に相関していることを示している。R. J. Barro and X. Sala-i-Martin, *Economic Growth*（New York, 1995）, pp. 431-6.
（103）国内総生産は、一九九〇年基準のゲアリー＝ケイミス・ドルを一〇〇で割った一人あたりの数値である。Maddison, *Monitoring the World Economy 1820-1992*, pp. 194, 196, 198, 200 を参照。郵便のデータは、前掲図１・２を参照。統計的な相関は、第四章の一五九頁。
（104）たとえば、スウェーデンとノルウェーでは、一人あたり郵便流通量に対する国内総生産の比率はほぼ同様である。しかし、郵便に対する銑鉄生産量の割合は、まったく異なる。銑鉄生産は以下を参照。B.

R. Mitchell, *European Historical Statistics 1750-1975*（2nd ed. London, 1981）, pp. 414-5.

（105）図の数値は、一八七六年と一九一三年の郵便流通量と国内総生産の比較に基づく。最も差が小さいのがイギリスであり、データが入手できる範囲で最も差が大きいのはポルトガルである。出典は本章原注（103）も参照。

（106）Barbagli, *Education for Unemployment*, p. 74-6.

第4章

（1）B. Shaw, *The Family Records of Benjamin Shaw Mechanic of Dent, Dolphinholme and Preston, 1772-1841*, Crosby, A. G. ed.（Stroud, 1991）, pp. 27-8. ショーは粉引き機械工であった。恋人が妊娠したため、翌年ショーは結婚せざるをえなくなった。

（2）H. Miller, *My Schools and Schoolmasters: or, The Story of My Education*（1854, 13th ed. London, 1869）, p. 287.

（3）D. Alston, “The Fallen Meteor: Hugh Miller and Local Tradition”, D. Vincent, “Miller's Improvement: A Classic Tale of Self-advancement?”, in Shortland, M.（ed.）, *Hugh Miller and the Controversies of Victorian Science*（Oxford, 1996）, pp. 206-39.

（4）P. Burke, *Popular Culture in Early Modern Europe*（London, 1978）, pp. 3-22. ＝P・バーク 中村賢二郎訳『ヨーロッパの民衆文化』（人文書院 一九八八）

（5）蒐集家としてのスコットの著作の両義性に関しては、D. Vincent, “The Decline of the Oral Tradition in Popular Culture”, in Strorch, R. D.（ed.）, *Popular Culture and Custom in Nineteenth-Century England*（London, 1982）, pp. 20-47 を参照。

（6）C. A. Macartney, *The Habsburg Empire 1790-1918*（London, 1969）, p. 223.

（7）たとえば、R. M. Dorson, *The British Folklorists*（London, 1968）; N. Z. Davis, "The Historian and Popular Culture", in Breauroy, J., Bertrand, M. and Gargan, E. T.（eds）, *The Wolf and Lamb: Popular Culture in France from the Old Regime to the Twentieth Century*（Saratoga, Calif., 1977）など。

（8）E. Weber, *Peasants into Frenchmen: The Modernisation of Rural France 1870-1914*（London, 1977）, p. 471; R. D. Anderson, *Education in France 1848-1870*（Oxford, 1975）, p. 148.

（9）M. A. Marrus, "Folklore as an Ethnographic Source: A 'Mise au Point' ", in Beauroy, J., Bertrand, M. and Gargan, E. T.（eds）, *The Wolf and the Lamb: Popular Culture in France from the Old Regime to the Twentieth Century*（Saratoga, Calif., 1977）, pp. 110-22; J. Boyarin, "Introduction", in Boyarin, J.（ed.）, *The Ethnography of Reading*（Berkeley and Los Angeles, 1993）, pp. 1-8.

（10）E. Johansson, "Literacy Campaigns in Sweden", *Interchange*, 19, 3/4（Fall/Winter 1988）, p. 94.

（11）R. F. Tomasson, "The Literacy of Icelanders", *Scandinavian Studies,* 57（1975）, p. 69.

（12）D. Vincent, "Reading in the Working Class Home", in Walton, J. K. and Walvin, J.（eds）, *Leisure in Britain, 1780-1939*（Manchester, 1983）, pp. 210-1.

（13）R. Chartier, "The *Bibliothèque bleue* and Popular Reading", in *The Cultural Uses of Print in Early Modern France*（Princeton, 1987）, pp. 240-64.; S. T. Nalle, "Literacy and Culture in Early Modern Castile", *Past and Present*, 125（November 1989）, p. 82; J. Brooks, "Studies of the Reader in the 1920s", *Russian History*, 9, 2-3（1982）, p. 87.

（14）M. Spufford, *Small Books and Pleasant Histories*（London, 1981）, p. 101.

（15）A. L. Lloyd, *Folk Song in England*（London, 1975）, p. 20; R. S. Thompson, "The Development of the

Broadside Ballad Trade and its Influence upon the Transmission of English Folksongs", Ph. D. thesis, Cambridge University, 1974, p. 215.

（16） D. O Hogáin, "Folklore and Literature: 1700-1850", in Daly, M. and Dickson, D.（eds）, *The Origins of Popular Literacy in Iceland: Language Change and Educational Development 1700-1920*（Dublin, 1990）, p. 2.

（17） *Ibid,* p. 4 より引用。

（18） I. G. Tóth, *Mivelhogy magad írást nem tadsz ... Az írás térhódítása a müvelödésben a Kora újkori Magyarországon*（Budapest, 1996）, p. 153.

（19） J. S. Allen, *In the Public Eye: A History of Reading in Modern France, 1800-1940*（Princeton, 1991）, p. 5; J. Brooks, *When Russia Learned to Read: Literacy and Popular Literature, 1861-1917*（Princeton, 1985）, p. 27; R. Chartier, "Texts, Printing, Readings", in Hunt, L.（ed.）, *The New Cultural History*（Berkeley, 1989）, p. 153. ＝ R・シャルチエ「テクスト・印刷物・読書」L・ハント編 筒井清忠訳『文化の新しい歴史学』（岩波書店 一九九三）所収。

（20） R. Darnton, "First Steps toward a History of Reading", *Australian Journal of French Studies*, 23, 1（1986）, p. 14; C. Heywood, *Childhood in Nineteenth-Century France*（Cambridge, 1988）, pp. 75-80.

（21） Tomasson, "The Literacy of Icelanders", pp. 71-2.

（22） 行商人は、C. Mayhew, *London Labour and the London Poor*（London, 1861）, vol. I, pp. 234, 297; D. Roche, *The People of Paris*（Leamington Spa, 1987）, p. 221 を参照。

（23） J. R. R. Adams, *The Printed Word and the Common Man: Popular Culture in Ulster 1700-1900*（Belfast, 1987）, pp. 34, 121.

（24） C. Knight, *London*（London, 1875-7）, vol. I, p. 144. 以下も参照。 A. J. Lee, *The Origins of the Popular Press* in England 1855-1914（London, 1976）, p. 35.

（25）H. Vizeterlly, *Berlin under the New Empire*（London, 1879）, vol. I, p. 26.

（26）I. Markussen, "The Development of Writing Ability in the Nordic Countries of the Eighteenth and Nineteenth Centuries", *Journal of Scandinavian History*, 15, 1（1990）, p. 50; Roche, *The People of Paris*, p. 220.

（27）W. Farish, *The Autobiography of William Farish: The Struggles of a Hand-Loom Weaver*（privately printed, 1889）, pp. 11-2.

（28）T. Judt, "The Impact of the Schools, Provence 1871-1914", in Graff, H. J.（ed.）, *Literacy and Social Development in the West*（Cambridge, 1981）, p. 267; E. Berenson, *Populist Religion and Left-Wing Politics in France, 1830-1852*（Princeton, 1984）, pp. 169-75 も参照。

（29）R. Chartier, *The Order of Books*（Cambridge, 1994）, p. 19. ＝R・シャルチエ 長谷川輝夫訳『書物の秩序』（文化科学高等研究院〔三交社〕一九九三；ちくま学芸文庫 一九九六）

（30）たとえば、ロシアの街路の影響力については、Brooks, *When Russia Learned to Read*, p. 12 を参照。イギリスのポスターや広告については、同時代で最も初期の研究である J. D. Burn, *The Language of the Walls*（Manchester, 1855）, p. 3 を参照。

（31）J. Gutteridge, *Lights and Shadows in the Life of an Artisan*（Coventry, 1893）, republished in *Master and Artisan in Victorian England*, Chancellor, V. E.（ed. and intro.）（London, 1969）, p. 85.

（32）Adams, *The Printed Word and the Common Man*, pp. 43-8.

（33）D. Vincent, "Reading Made Strange: Context and Method in Becoming Literate in Eighteenth and Nineteenth-Century England", in Grosvenor, I., Lawn, M. and Rousmaniere, K.（eds）, *Silences and Images: The Social History of the Classroom*（New York, 1999）, pp. 181-97.

(34) D. Hall, "Introduction", R. Chartier, "Culture as Appropriation: Popular Cultural Uses in Early Modern France", in Kaplan, S. L. (ed), *Understanding Popular Culture: Europe from the Middle Ages to the Nineteenth Century* (Berlin, 1984), pp. 9, 230; J. Devlin, *The Superstitious Mind: French Peasants and the Supernatural in the Nineteenth Century* (New Haven, 1987), p. 218.

(35) Anderson, *Education in France 1848-1870*, p. 170.

(36) E. Weber, "Religion and Superstition in Nineteenth-Century France", *Historical Journal*, 31 (June 1988), p. 399.

(37) 一八〇六～一二年に生徒であったJ・T・ペゼの回想。以下に引用されている。Schleunes, K. A., *Schooling and Society* (Oxford, 1989), p. 84.

(38) B. Holbek, "What the Illiterate Think of Writing", in Schousboe, K. and Trolle Larsen, M. (eds), *Literacy and Society* (Copenhagen, 1989), p. 192.

(39) B. Eklof, *Russian Peasant Schools: Officialdom, Village Culture and Popular Pedagogy, 1861-1914* (Berkeley, 1986), p. 274; Devlin, *The Superstitious Mind*, pp. 37-8.

(40) たとえば、一九世紀イングランドの農村地域についての研究は、以下を参照。M. Pickering, "The Four Angels of the Earth: Popular Cosmology in a Victorian Village", *Southern Folklore Quarterly*, 45 (1981), pp. 7-12.

(41) J. Lawson, *Letters to the Young on Progress in Pudsey during the Last Sixty Years* (Stanningley, 1887), pp. 68-9.

(42) C. Garrett, "Witches and Cunning Folk in the Old Régime", in Beauroy, J., Bertrand, M. and Gargan, E. T. (eds.), *The Wolf and Lamb: Popular Culture in France from the Old Regime to the Twentieth Century*, (Saratoga, Calif., 1977), pp. 52-62; Weber, *Peasants into Frenchmen*, p. 25; Delvin, *The Superstitious Mind*, p. 45.

（43）D. Vincent, *Literacy and Popular Culture: England 1750-1914*（Cambridge, 1989）, pp. 175-6.

（44）Lawson, *Letters to the Young on Progress in Pudsey during the Last Sixty Years*, p. 71.

（45）さまざまな版の例として、*Napoleon's Book of Fate*（London and Otley, n. d.）; *Napoleon Bonaparte's Book of Fate*（Glasgow, n.d.）がある。これらの本が博した人気は、J. Harland and T. T. Wilkinson, *Lancashire Folk-Lore*（London, 1882）, p. 121 を参照。

（46）Tóth, *Mivelhogy magad írást nem tadsz*, p. 321.

（47）*Ibid*, pp. 68-70.

（48）A. Somerville, *The Autobiography of a Working Man*（1848; London, 1951）, p. 45. アンソンの著作の初版は一七四八年に出版された。

（49）*Ibid*, p. 47.

（50）R. Chartier, "Introduction: An Ordinary Kind of Writing", in Chartier, R., Boureau, A. and Dauphin, C.（eds）, *Correspondence: Models of Letter-Writing from the Middle Ages to the Nineteenth Century*（Cambridge, 1997）.

（51）F. Staff, *"The Valentine" and its Origins*（London, 1969）, pp. 25-38; W. H. Cremer, *St. Valentine's Day and Valentines*（London, 1971）, pp. 10-3.

（52）この１節は、元の条約が改訂される際、あらゆる改訂版の冒頭に見いだされる。たとえば、Universal Postal Union, *Convention of Paris, as modified by the Additional Act of Lisbon*（London, 1885）, p. 1; *Convention of Vienna*（London, 1891）, p. 1; *Convention of Washington*（London, 1898）, p. 1 を参照。

（53）*Union Postale*, vol. 1. no. 1（October, 1875）, p. 15.

（54）国際協力の発展において、郵便事業の協同化が果たした役割は、E. Luard, *International Agencies: The Emerging Framework of Interdependence*（London, 1977）, pp. 11-26 で検討されている。

(55) この鉄道のデータは、B. R. Mitchell, *European Historical Statistics*（Cambridge, 1971）, pp. 629-40より引用。郵便のデータは前掲の図1・2を参照。

(56) 前掲の図1・1、図1・2、図1・3、図1・5、図2・2、図3・1、図4・1を参照。

(57) Union Postale Universelle, *Statistique générale du service postal, année 1890*（Berne, 1892）, p. 6.

(58) Anderson, *Education in France 1848-1870*, p. 169.

(59) R. Thabault, *Education and Change in a Village Community: Mazières-en-Gâtine, 1848-1914*（London, 1971）, pp. 133-5.

(60) E. Shorter, "The 'Veillée' and the Great Transformation", in Beauroy, J., Bertrand, M. and Gargan, E. T.(eds), *op.cit.*, p. 137; G. R. Galbraith, *Reading Lives: Reconstructing Childhood, Books and Schools in Britain, 1870-1920*（New York, 1997）, p. 25.

(61) G. J. Marker, "Russia and the 'Printing Revolution': Notes and Observations", *Slavic Review*, 41, 2（Summer, 1982）, pp. 277-81.

(62) Adams, *The Printed World and the Common Man*, p. 132.

(63) P. Saenger, *Space between Words: The Origins of Silent Reading*（Stanford, 1997）, pp. 256-76 and passim.

(64) R. Chartier, "The Practical Impact of Writing", in Chartier, R.（ed.）, *A History of Private Life*, vol. 3: *Passions of the Renaissance*（Cambridge, Mass., 1989）, p. 140.

(65) Chartier, *The Order of Books*, p. 8.

(66) L. James, *Fiction for the Working Man*（Harmondsworth, 1974）, p. 44; Vincent, *Literacy and Popular Culture*, p. 213.

(67) Anderson, *Education in France 1848-1870*, p. 147; Weber, *Peasants into Frenchmen*, p. 454; R. Gildea,

Education in Provincial France, 1800-1914: A Study of Three Departments（Oxford, 1983）, p. 248.

（68）Allen, *In the Public Eye*, p. 66.

（69）*Ibid*, p. 5.

（70）Chartier, *The Order of Books*, p. 17; Darnton, "First Steps toward a History of Reading", p. 12.

（71）Brooks, "Studies of the Reader in the 1920s", p. 88.

（72）A. F. Westin, *Privacy and Freedom*（New York, 1967）, p. 7; J. Michael, "Privacy", in Wallington, P.（ed.）, *Civil Liberties 1984*（Oxford, 1984）, pp. 134-5; A. R. Miller, *The Assault on Privacy*（Ann Arbor, 1971）, p. 25.

（73）Chartier, "Introduction; An Ordinary Kind of Writing", pp. 13-5; D. Vincent, *The Culture of Secrecy: Britain 1832-1998*（Oxford, 1998）, p. 19.

（74）J. -L. Ménétra, *Journal of My Life*, Goldhammer, A.（trans.）（New York, 1986）, p. 172. ＝J＝L・メネトラ D・ロシュ校訂・解説 喜安朗訳『わが人生の記――一八世紀ガラス職人の自伝』（白水社 二〇〇六）

（75）Adams, *The Printed World and the Common Man*, pp. 47-8.

（76）D. S. Landes, *Revolution in Time*（Cambridge, Mass., 1983）, p. 287.

（77）H. Robinson, *Britain's Post Office*（Oxford, 1953）, pp. 102-17.

（78）D. Marchenisi, *Il bisogno di scrivere. Usi della scrittura nell'Italia moderna*（Bari, 1992）, pp. 82-3.

（79）L. S. Strumingher, *What Were Little Girls and Boys Made of ? Primary Education in Rural France 1830-1880*（Albany, 1983）, p. 136.

（80）W. J. Ong, *Orality and Literacy*（London, 1982）, p. 97. ＝W・オング 桜井直文・林正寛・糟谷啓介訳『声の文化と文字の文化』（藤原書店 一九九一）; P. Burke, *Popular Culture in Early Modern Europe*, p. 179. ＝バーク、前掲書。

（81）I. G. Tóth, " 'Chimes and Ticks': The Concept of Time in the Minds of Peasants and the Lower Gentry Class in Hungary in the 17th and 18th Centuries", *Central European University, History Department Yearbook*（1994-5）, pp. 15-37; Tóth, *Mivelhogy magad írást nem tudsz*, pp. 83-4.

（82）J. V. H. Melton, *Absolutism and the Eighteenth-Century Origins of Compulsory Schooling in Prussia and Austria*（Cambridge, 1988）, pp.105,110,140; F. Furet and J. Ozouf, *Reading and Writing: Literacy in France from Calvin to Jules Ferry*（Cambridge, 1982）, p. 137.

（83）たとえば，J. Ruwet and Y. Wellemans, *L'Analphabétisme en Belgique*（*XVIIème-XIXème siècles*）（Louvain, 1978）, p. 73; Marker, "Russia and the 'Printing Revolution' ", p. 281; L. James, *Print and People 1819-1851*（Harmondsworth, 1978）, pp. 49-59; B. Capp, *Astrology and the Popular Press: English Almanacks 1500-1800*（London, 1979）, pp. 238-69 を参照。

（84）R. Engelsing, *Analphabetentum und Lektüre*（Stuttgart, 1973）, pp. 118-9. ＝R・エンゲルジンク 中川勇治訳『文盲と読書の社会史』（新思索社 一九八五）

（85）Weber, *Peasants into Frenchmen*, pp. 461-4; Vincent, *Literacy and Popular Culture*, pp. 192-3; Markussen, "The Development of Writing Ability in the Nordic Countries of the Eighteenth and Nineteenth Centuries", p. 50.

（86）Pickering, "The Four Angels of the Earth: Popular Cosmology in a Victorian Village", pp. 12-4.

（87）Adams, *The Printed World and the Common Man*, p. 87.

（88）R. M. Friedman, *Appropriating the Weather*（Ithaca, 1989）, p. 3.

（89）M. Perkins, *Visions of the Future: Almanacs, Time, and Cultural Change 1775-1870*（Oxford, 1996）, pp. 197-230.

（90）Friedman, *Appropriating the Weather*, p. 4.

(91) P. Besson, *Un pâtre du Cantal* (Paris, 1914), pp. 18-20.
(92) Marrus, "Folklore as an Ethnographic Source", p. 118.
(93) Pickering, "The Four Angels of the Earth: Popular Cosmology in a Victorian Village", p. 7.
(94) E. Durkheim, *Suicide* (London, 1952), pp. 164-9. ＝E・デュルケム 宮島喬訳『自殺論』(中公文庫 一九八五)
(95) R. Gildea, "Education in nineteenth-Century Brittany: Ille-et-Vilaine, 1800-1914", *Oxford Review of Education*, 2, 3 (1976), p. 228; Thabault, *Education and Change in a Village Community*, p. 44.
(96) Brooks, *When Russia Learned to Read*, p. 31.
(97) A. J. La Vopa, *Prussian Schoolteachers: Profession and Office, 1763-1848* (Chapel Hill, 1980), p. 14.
(98) Eklof, *Russian Peasant Schools*, p. 23.
(99) N. M. Frieden, "Child Care: Medical Reform in a Traditionalist Culture", in Ransel, D. L. (ed.), *The Family in Imperial Russia* (Urbana, 1976), pp. 239-51.
(100) A. Marynova, "Life of the Pre-Revolutionary Village as Reflected in Popular Lullabies", in Ransel, D. L. (ed.), *op.cit.*, pp. 179-82.
(101) Weber, "Religion and Superstition in Nineteenth-Century France", pp. 410-5.
(102) C. Tilly, "Population and Pedagogy in France", *History of Education Quarterly*, 13 (Summer 1973), pp. 122-4.
(103) Vincent, *Literacy and Popular Culture*, pp. 168, 170.
(104) Strumingher, *What Were Little Girls and Boys Made of ?*, p. 9.
(105) R. Gibson, *A Social History of French Catholicism 1789-1914* (London, 1989), pp. 134-57; Devlin, *The Superstitious Mind*, pp. 1-6.

(106) Anderson, *Education in France 1848-1870*, p. 146.
(107) Vincent, *Literacy and Popular Culture*, pp. 174-5.
(108) Allen, *In the Public Eye*, p. 48. 一九世紀後半のこの種の書籍市場と衰退の規模については、以下を参照。S. Eliot, *Some Patterns and Trends in British Publishing, 1800-1919* (London, 1994), section C.
(109) J. Sperber, *Popular Catholicism in Nineteenth-Century Germany* (Princeton, 1984), p. 58.
(110) C. Ford, "Religion and Popular Culture in Modern Europe", *Journal of Modern History*, 65 (March 1993), p. 166; Devlin, *The Superstitious Mind*, pp. 68-71.
(111) Darnton, "First Steps toward a History of Reading", p. 8.
(112) Raun, "The Development of Estonian Literacy in the 18th and 19th Centuries", *Journal of Baltic Studies*, 10 (1979), p. 120.
(113) B. Reay, "The Content and Meaning of Popular Literacy: Some New Evidence from Nineteenth-Century Rural England", *Past and Present*, 131 (May 1991), pp. 116-7.
(114) 教会の出版部門が示した起業家的熱意の説明としてとりわけ充実しているのは、L. Howsam, *Cheap Bibles: Nineteenth-Century Publishing and the British and Foreign Bible Society* (Cambridge, 1991), pp. 75-120.
(115) Brooks, *When Russia Learned to Read*, p. 31.
(116) Tóth, *Mivelhogy magad írást nem tadsz*, p. 320.
(117) Gibson, *A Social History of French Catholicism 1789-1914*, p. 235
(118) Weber, *Peasants into Frenchmen*, p. 228; Vincent, *Literacy and Popular Culture*, pp. 50-1.
(119) Judt, "The Impact of the Schools, Provence 1871-1914", p. 264.
(120) Eklof, *Russian Peasant Schools*, p. 227.

(121) B. N. Mironov, “The Effect of Education on Economic Growth: The Russian Variant, Ninettenth-Twentieth Centuries”, in Tortella, G.(ed.), *Education and Economic Development since the Industrial Revolution* (Valencia, 1990), p. 120.

(122) Shorter, “The ‘Veillée’ and the Great Transformation”, p. 137.

(123) J. Clare, “Sketches in the Life of John Clare”, in Robinson, E. (ed.), *John Clare's Autobiographical Writings* (Oxford, 1983), p. 5.

(124) J. Clare, “Autographical Fragments”, in Robinson, E. (ed.), *John Clare's Autobiographical Writings* (Oxford, 1983), p. 48. これらの書名のほとんどは、ロビンソン版の注21に挙げられているものと同一である。これらの本は、一七〜一八世紀から存在するチャップブック・教科書・草本書・占星術書・物語・神学および敬虔書を含んでいた。

(125) Galbraith, *Reading Lives*, p. 33.

(126) たとえば、一九世紀末ロシアの都市市場の発達については、以下を参照。L. McReynolds, *The News under Russia's Old Regime: The Development of a Mass-Circulation Press* (Princeton, 1991), p. 26.

(127) Darnton, “First Steps toward a History of Reading”, p. 9. 以下も参照。P. P. Clark, “The Beginnigs of Mass Culture in France”, *Social Research*, 45 (1978), pp. 281-90.

(128) Engelsing, *Analphabetentum und Lektüre*, p. 110.

(129) Brooks, *When Russia Learned to Read*, p. xv.

(130) Vincent, *Literacy and Popular Culture*, pp. 37-8.

(131) G. A. Codding, *The Universal Postal Union* (New York, 1964), pp. 39-40.

第5章

（1） A. Green, *Education and State Formation: The Rise of Education Systems in England, France and the USA*（Basingstoke, 1990）, p. 309.

（2） T. Nipperdey, "Mass Education and Modernization: The Case of Germany 1780-1850", *Transactions of the Royal Historical Society*, 5th ser., 27（1977）, pp. 155, 161-2; A. J. La Vopa, *Prussian Schoolteachers: Profession and Office, 1763-1848*（Chapel Hill, 1980）, p. 37.

（3） G. L. Seidler, "The Reform of the Polish School System in the Era of the Enlightenment", in Leith, J. A.（ed.）, *Facets of Education in the Eighteenth Century*, Studies on Voltaire and the Eighteenth Century, 167（Oxford, 1977）, p. 337.

（4） J. Ruwet and Y. Wellemans, *L'Analphabétisme en Belgique XVIIème-XIXème siècles*（Louvain, 1978）, pp. 83-6.

（5） J. Guinchard（ed.）, *Sweden: Historical and Statistical Handbook*, 2 vols（2nd ed. Stockholm, 1914）, p. 378.

（6） R. Birn, "Deconstructing Popular Culture: The *Bibliothèque Bleue* and its Historians", *Australian Journal of French Studies*, 23, 1（1986）, p. 32.

（7） F. Furet and J. Ozouf, *Reading and Writing: Literacy in France from Calvin to Jules Ferry*（Cambridge, 1982）, p. 97.

（8） J. S. Allen, *In the Public Eye: A History of Reading in Modern France, 1800-1940*（Princeton, 1991）, pp. 9, 32, 52, 86, 94; I. Collins, *The Government and the Newspaper Press in France, 1814-1881*（London, 1959）.

（9） R. Gildea, *Education in Provincial France, 1800-1914: A Study of Three Departments*（Oxford, 1983）, p. 247.

（10） これは急進的な政治的異議申し立てに対抗するかたちで議会を通過した六つの法令のうちの一つである。 W. H. Wickwar, *The Struggle for the Freedom of the Press*（London, 1927）, pp. 138-40.

（11）D. Vincent, *Literacy and Popular Culture: England 1750-1914*（Cambridge, 1989）, p. 233より引用。

（12）自由表現という一八世紀の伝統、革命期の統制に関するフランスとイギリスの対照は、以下を参照。H. Barker, *Newspapers, Politics and English Society, 1700-1850*（London, 1999）, ch. 3.

（13）J. Watson, "Reminiscences of James Watson", in Vincent, D.（ed.）, *Testaments of Radicalism*（London, 1977）, p. 109.

（14）*ibid.*, p. 110.

（15）P. Hollis, *The Pauper Press*（Oxford, 1970）, pp. 27-9.

（16）Watson, "Reminiscences of James Watson", p. 112. 切手は実際に一八三六年までは四ペンス半ペニーだった。

（17）この議論は、以下の文献において適切な要約がなされている。H. Brougham, "Taxes on Knowledge", *Edinburgh Review*, LXII（October 1835）, pp. 130-1.

（18）J. Curran, "The Press as an Agency of Social Control: An Historical Perspective", in Boyce, G., Curran, J. and Wingate, P.（eds）, *Newspaper History from the Seventeenth Century to the Present Day*（London, 1978）, p. 63.

（19）Vincent, *Literacy and Popular Culture*, p. 235より引用。

（20）Hollis, *The Pauper Press*, p. 38. 新聞の音読という長期にわたって確立されていた伝統は、以下を参照。L. Brown, *Victorian News and Newspapers*（Oxford, 1985）, p. 27.

（21）H. F. Schulte, *The Spanish Press 1470-1966: Print, Power, and Politics*（Chicago, 1968）, pp. 116-20.

（22）J. McReynolds, *The News under Russia's Old Regime: The Development of a Mass-Circulation Press*（Princeton, 1991）, pp. 22-4.

（23）J. Brooks, *When Russia Learned to Read: Literacy and Popular Literature, 1861-1917*（Princeton, 1985）, pp.

64, 66, 105, 110, 299.
（24）D. Vincent, *The Culture of Secrecy: Britain 1832-1998*（Oxford, 1998）, pp. 1-99, 18-9, 21-2, 29-30, 116-20. さらに活発かつ開放的であったフランスの伝統は、以下を参照。E. Vaillé, *Le Cabinet noir*（Paris, 1950）.
（25）Union Postale Universelle, *Statistique générale du service postal, année 1913*（Berne, 1915）.
（26）L. E. Holmes, *The Kremlin and Schoolhouse*（Bloomington, 1991）, p. 4 より引用。
（27）Brooks, *When Russia Learned to Read*, p. xx.
（28）H. J. Graff, *The Labyrinths of Literacy: Reflections on Literacy Past and Present*（rev. ed. Pittsburgh, 1995）, pp. 277-9.
（29）S. Fitzpatrick, *Education and Social Mobility in the Soviet Union 1921-1934*（Cambridge, 1979）, pp. 84-8.
（30）Holmes, *The Kremlin and Schoolhouse*, p. 4.
（31）R. Pethybridge, "Spontaneity and Illiteracy in 1917", in Elwood, R. C.（ed.）, *Reconsiderations on the Russian Revolution*（Cambridge, Mass., 1976）, pp. 84-8.
（32）E. N. Anderson, "The Prussian Volksschule in the Nineteenth Century", in Ritter, G. A.（ed.）, *Entstehung und Wandel der modernen Gesellschaft*（Berlin, 1970）, p. 272; K. Barkin, "Social Control and the Volksschule in Vormärz Prussia", *Central European History*, 16（1983）, pp. 36-7 より引用。
（33）S. J. Seregny, *Russian Teachers and Peasant Revolution: The Politics of Education in 1905*（Bloomington, 1989）, p. 2.
（34）N. J. Smelser, *Social Paralysis and Social Change*（Berkeley, 1991）, pp. 323-9.
（35）M. J. Maynes, *Schooling in Western Europe*（Albany, 1985）, pp. 70-1.
（36）M. J. Burrows, "Education and the Third Republic", *Historical Journal*, 28, 1（March 1985）, p. 257.

(37) A. K. Pugh, "Factors Affecting the Growth of Literacy", in Brooks, G., Pugh, A. K. and Hall, N.(eds), *Further Studies in the History of Reading* (Widnes, 1993), p. 3.

(38) A. Burns, *The Power of the Written Word: The Role of Literacy in the History of Western Civilisation* (New York, 1989), p. 287; Nipperdey, "Mass Education and Modernization", pp. 160-1.

(39) R. Pattison, *On Literacy: The Politics of the World from Homer to the Age of Rock* (New York, 1982), p. 152.

(40) T. Judt, "The Impact of the Schools, Provence 1871-1914", in Graff, H. J.(ed.), *Literacy and Social Development in the West* (Cambridge, 1981), p. 262.

(41) J. S. Coleman, "Introduction: Education and Political Development", in Coleman, J. S. (ed.), *Education and Political Development* (Princeton, 1965), p. 19.

(42) R. D. Anderson, *Education in France 1848-1870* (Oxford, 1975), p. 137 より引用。

(43) Furet and Ozouf, *Reading and Writing*, p. 125.

(44) たとえば、鉄道の敷設、郵便制度の改編、行商人ネットワークの増大など、一八四〇～五〇年代フランスの民主的な社会主義運動が結果的に生んだ熱心な開発は、以下を参照。E. Berenson, *Populist Religion and Left-Wing Politics in France, 1830-1852* (Princeton, 1984), pp. 127, 132, 135-7.

(45) Vincent, *Literacy and Popular Culture*, p. 139 より引用。

(46) 詳細な事例研究は、以下を参照。S. Shipley, "The Libraries of the Alliance Cabinet Makers' Association in 1879", *History Workshop*, 1 (Spring 1976); H. -J. Steinberg, "Workers' Libraries in Germany before 1914", *History Workshop*, 1 (Spring 1976); R. E. Johnson, *Peasant and Proletarian: The Working Class of Moscow in the Late Nineteenth-Century* (New Brunswick, N. J., 1979), p. 102.

(47) R. Block, *Der Alphabetisierungsverlauf im Preussen des 19. Jahrhunderts* (Frankfurt am Main, 1995), pp. 136,

213-4, tables 5. 26, 5. 27, 5. 28; R. Engelsing, *Analphabetentum und Lektüre* (Stuttgart, 1973), pp. 106-8.

(48) Vincent, *Literacy and Popular Culture*, pp. 254-8.

(49) D. Geary, "Working-Class Culture in Imperial Germany", in Fletcher, R. (ed.), *Bernstein to Brandt* (London, 1987), pp. 11-6.

(50) M. Vilanova, "Anarchism, Political Participations and Illiteracy in Barcelona between 1934 and 1936", *American Historical Review*, 97, 1 (February 1992), p. 105.

(51) J. Steinberg, "The Historian and the *Questione della Lingua*", in Burke, P. and Porter, R. (eds), *The Social History of Language* (Cambridge, 1987), p. 204.

(52) La Vopa, *Prussian Schoolteachers*, p. 64; F. A. Kittler, *Discourse Networks 1800/1900*, Metteer, M. trans. (Stanford, 1990), pp. 35-8.

(53) D. P. Resnick, "Historical Perspectives on Literacy and Schooling", *Daedalus*, 119, 2 (Spring 1990), pp. 22-4.

(54) P. Higonnet, "The Politics of Linguistic Terrorism and Grammatical Hegemony during the French Revolution", *Social History*, 5, 1 (January 1980), pp. 41-51.

(55) H. C. Barnard, *Education and the French Revolution* (Cambridge, 1969), pp. 72-3; Furet and Ozouf, *Reading and Writing*, p. 93.

(56) L. Pettersson, "Reading and Writing Skills and the Agrarian Revolution: Scanian Peasants during the Age of Enclosure", *Scandinavian Economic History Review*, XLIV, 3 (1996), p. 208.

(57) E. Johansson, "Popular Literacy Scandinavia about 1600-1900", *Historical Social Research*, 34 (1985), p. 61; I. Markussen, "The Development of Writing Ability in the Nordic Countries of the Eighteenth and Nineteenth Centuries", *Journal of Scandinavian History*, 15, 1 (1990).

（58）K. A. Schleunes, *Schooling and Society: The Politics of Education in Prussia and Bavaria 1750-1900*（Oxford, 1989）, p. 100.

（59）J. K. Hoensch, *A History of Modern Hungary 1867-1986*（London, 1988）, p. 11.

（60）C. A. Macartney, *The Habsburg Empire 1790-1918*（London, 1969）, pp. 223-4, 723-6.

（61）I. G. Tóth, *Mivelhogy magad írást nem tudsz ... Az írás térhódítása a müvelödésben a Kora újkori Magyarországon*（Budapest, 1996）, p. 232. 戦後すぐの激動の後、一九二三年に政策は大幅に改変された。Macartney, *The Habsburg Empire1790-1918*, p. 69.

（62）M. Clark, *Modern Italy 1871-1995*（London, 1996）, pp. 34-5; Resnick, "Historical Perspectives on Literacy and Schooling", p. 24.

（63）ローマ政府の野心的な試みは、以下を参照。M. Barbagli, *Education for Unemployment: Politics, Labour Markets, and the School System. Italy 1859-1973*（New York, 1982）, pp. 52-5.

（64）F. Watson, *The Encyclopaedia and Dictionary of Education*, 4 vols.（London, 1921）, II, p. 904; R. Bell, *Fate and Honour, Family and Village: Demographic and Cultural Change in Rural Italy since 1800*（Chicago, 1979）, p. 158. 第二次世界大戦前夜、北部での入学者数は六〜一四歳までの年齢集団のうちの八二%であり、南部では六二%であった。Barbagli, *Education for Unemployment*, p. 156.

（65）D. Marchenisi, *Il bisogno di scrivere. Usi della scrittura nell'Italia moderna*（Bari, 1992）, pp. 150-1.

（66）H. Innes, *The Rhetorical Class Book, or the Principle and Practice of Elocution*（London, 1834）, p. 12; Vincent, *Literacy and Popular Culture*, p. 80 より引用。また、以下も参照。J. Lawson, *Letters to the Young on Progress in Pudsey during the Last Sixty Years*（Stanningley, 1887）, p. 85.

（67）Gildea, *Education in Provincial France, 1800-1914*, p. 222.

(68) Allen, *In the Public Eye*, p. 69.

(69) Furet and Ozouf, *Reading and Writing*, p. 282.

(70) E. Weber, “Who Sang the Marseillaise?”, in Beauroy, J., Bertrand, M. and Gargan, E. T. (eds), *The Wolf and the Lamb: Popular Culture in France from the Old Regime to the Twentieth Century* (Saratoga, Calif., 1977), pp. 164-6.

(71) L. S. Strumingher, *What Were Little Girls and Boys Made of ? Primary Education in Rural France 1830-1880* (Albany, 1983), p. 35.

(72) Anderson, *Education in France 1848-1870*, pp. 168-9; G. R. Galbraith, *Reading Lives: Reconstructing Childhood, Books and Schools in Britain, 1870-1920* (New York, 1997), pp. 121-2.

(73) Macartney, *The Habsburg Empire 1790-1918*, p. 726.

(74) Judt, “The Impact of the Schools, Provence 1871-1914”, pp. 264-5; Allen, *In the Public Eye*, p. 69; Block, *Der Alphabetisierungsverlauf im Preussen des 19. Jahrhunderts*, pp. 151-2, ch. 4. 2.

(75) Furet and Ozouf, *Reading and Writing*, p. 297; Clark, *Modern Italy 1871-1995*, p. 35.

(76) T. Myllyntaus, “Education in the Making of Mondern Finland”, in Tortella, G. (ed.), *Education and Economic Development since the Industrial Revolution* (Valencia, 1990), pp. 156-7.

(77) G. Williams, “Language, Literacy and Nationalism in Wales”, *History*, 56 (February 1971), p. 11.

(78) Schleunes, *Schooling and Society*, p. 100.

(79) Block, *Der Alphabetisierungsverlauf im Preussen des 19. Jahrhunderts*, pp. 202-5, table 5. 18.

(80) M. Lamberti, *State, Society, and the Elementary School in Imperial Germany* (New York, 1989), pp. 109, 124, 140. スペインのカトリック教会が教義問答書に基づく教育に対しておこなった支援は、以下も参照。M.

Andrés and J. F. A. Braster, "The Rebirth of the 'Spanish Race': The State, Nationalism and Education in Spain, 1875-1931", *European History Quarterly*, 29, 1（1999）, pp. 87-8.

（81）P. -J. Hélias, *The Horse of Pride: Life in a Breton Village*（New Haven, 1978）, p. 151.

（82）Bell, *Fate and Honor,Family and Village*, pp. 159-60; Clark, *Modern Itary 1871-1995*, p. 169.

（83）Steinberg, "The Historian and the *Questione della Lingua*", p. 198.

（84）A. R. Zolberg, "The Making of Flemings and Walloons: Belgium: 1830-1914", *Journal of Interdisciplinary History*, 5, 2（Autumn 1974）, p. 194.

（85）E. Weber, *Peasants into Frenchmen: The Modernisation of Rural France 1870-1914*（London, 1977）, pp. 495-6.

（86）C. Tilly, "Did the Cake of Custom Break?", in Merriman, J.（ed.）, *Class Consciousness and Class Experience in Nineteenth-Century Europe*（New York, 1979）.

（87）R. Chartier, *The Order of Books*（Cambridge, 1994）, pp. 7-16. ＝Ｒ・シャルチエ 長谷川輝夫訳『書物の秩序』（文化科学高等研究院〔三交社〕一九九三；ちくま学芸文庫 一九九六）

（88）文化的カテゴリーについての有益な分類法は、以下を参照。N. Z. Davis, "The Historian and Popular Culture", in Breauroy, J., Bertrand, M. and Gargan, E. T.（eds）, *The Wolf and Lamb: Popular Culture in France from the Old Regime to the Twentieth Century*（Saratoga, Calif., 1977）, pp. 9-12. 民衆文化という概念の限定的な価値は、以下を参照。J. Rose, "Rereading the English Common Reader: A Preface to a History of Audiences", *Journal of the History of Ideas*, 53（1992）, p. 58.

（89）リテラシーの大衆化についてのこうした定義は、以下を参照。B. Waites, T. Bennett, and G. Martin,（eds）, *Popular Culture: Past and Present*（London, 1982）, p. 15.

（90）D. Hall, "Introduction", in Kaplan, S. L.（ed.）, *Understanding Popular Culture: Europe from the Middle Ages to the Nineteenth Century* (Berlin, 1984), pp. 5-14; P. Anderson, *The Printed Image and the Transformation of Popular Culture 1790-1860* (Oxford, 1991), p. 7.

(91) D. Roche, “Jacques-Louis Ménétra: An Eighteenth-Century Way of Life”, in Ménétra, J.-L., *Journal of My Life* (New York, 1986), p. 257.

(92) Vincent, *Literacy and Popular Culture*, pp. 212-3.

(93) R. Chartier, “Culture as Appropriation: Popular Cultural Uses in Early Modern France”, in Kaplan, S. L. (ed.) *Understanding Popular Culture: Europe from the Middle Ages to the Nineteenth Century* (Berlin, 1984), pp. 229-35.

(94) D. Roche, *The People of Paris* (Leamington Spa, 1987), p. 215.

(95) B. Brierley, *Ab'O' Th' Yate's Dictionary: or, Walmsley Fowl Skoomester* (Manchester, 1881), p. 128.

(96) M. Shiach, *Discourse on Popular Culture* (Cambridge, 1989), p. 72.

(97) R. Chartier, “Culture as Appropriation: Popular Cultural Uses in Early Modern France”, p. 235; R. W. Scribner, “Is a History of Popular Culture Possible?”, *History of European Ideas*, 10, 2 (1989), p. 181.

(98) Scribner, “Is a History of Popular Culture Possible?”, p. 181.

(99) たとえば、以下を参照。G. L. Craik, *The Pursuit of Knowledge under Difficulties* (London, 1830-1), vol. 1, p. 418.

(100) Shiach, *Discourse on Popular Culture*, p. 97.

(101) R. Biernacki, *The Fabrication of Labour: Germany and Britain, 1640-1914* (Berkeley, 1997), pp. 34-5. 強調原文。

(102) R. Darnton, “First Steps toward a History of Reading”, *Australian Journal of French Studies*, 23, 1 (1986), p. 9.

訳注

第1章

*1　万国郵便連合（英 Universal Postal Union, 仏 Union Postale Universelle, UPU）——国際郵便条約によって設立された国際機関（1874. 10. 9）。この条約はスイスのベルンで開かれた会議で二二ヵ国によって承認され、翌年発効した（1875. 7. 1）。その目的は、国際間の郵便業務を効果的に運営することによって、諸国間の通信連絡を増進し、文化、社会および経済の分野における国際協力に寄与することであった。これによって、加盟国間における郵便物を安全かつ迅速に交換・配達・保証すること、郵便業務と組織化を確保し、郵便分野における国際協力の増進を助長することなどが可能になった。

*2　サンチーム（centime）——ベルギー、フランス、リヒテンシュタイン、ルクセンブルク、マルティニーク、セネガル、スイス、タヒチなどの補助通貨単位。約一〇〇分の一フラン。

*3　ヨハン・ハインリッヒ・ペスタロッチ（Johann Heinrich Pestalozzi, 1746-1827）——スイスの教育実践家。若い頃はフランス革命に期待していたが、次第に失望して教育の道に進んだ。キリスト教的博愛主義の立場から、スイスのノイホーフ、シュタンツ、イフェルドン、ブルクドルフなどで、孤児や貧民の子どもなどの教育に従事した。その教育実践のなかで、基礎から複合的応用へ、具体から抽象へという直観教授法を編み出し、後にヨーロッパ各国の初等教育のカリキュラム構成と教育方法に大きな影響を及ぼした。また、生きることと学ぶことを労働のなかでつなぎ、意味づける労作教育の思想は広く受け入れられ、大きな期待が寄せられた。ペスタロッチの教育実践と創意に満ちた教授活動は注目され、各方面からさまざまな人びとが教えを乞うために彼のもとを訪れた。ペスタロッチの実践に理論的枠組みを与え、大学教育の場で教育学へと発展させたヨハン・フリードリヒ・ヘルバルト（Johann Friedrich Herbart, 1776-1841）、ペスタロッチの教育実践を幼児教育に応用・展開し、幼稚園運動を拓いたフリードリヒ・フレーベル（Friedrich Wilhelm August Froebel, 1782-

1852）らは、若い頃にペスタロッチを訪ねている。また、同時代のイギリスで、工場経営者でありながら、生育期の子どもの生活環境を重視して、幼児の工場労働をやめさせ、性格形成学院を設立した空想的社会主義者ロバート・オウエン（Robert Owen, 1771-1858）も、ペスタロッチの学校を訪問している。

*4 ジョセフ・ランカスター（Joseph Lancaster, 1778-1838）――イギリスの教育実践家。同時代のアンドリュー・ベル（Andrew Bell, 1753-1832）とともに、少数の学校教師が多数の児童生徒の教育を効率よくおこなう方法として、モニター（助教）制度（モニトリアル・システム）による一斉教授法を開発し、注目を集めた。効率の高い大量生産方式というマニュファクチュア以来の考えが産業革命の進展によっていっそう具体性を帯び、国民普通教育の普及をめざす当時の行政当局の意向が重なって、一斉教授法は教育財政と学校管理の両面から注目された。一対一の関係を軸とする伝統的な教育関係とは違って、子どもたちを集団として扱い、その学習行為を内面から支えるのではなく、助教による監視と管理の対象として扱うことから、教育の資本主義的再編、学習の機械的規格化を誘発することになった。

*5 ローランド・ヒル（Rowland Hill, 1795-1879）――イギリスの「ペニー郵便制」の創設者。前払いの均一郵便料金を軸とする近代郵便制度の基本概念を生み、「近代郵便制度の父」と呼ばれる。三八歳（1833）まで教師であったが、政府調査に対して独自の着想を提案し、小冊子『郵便制度改革――その重要性と実用性』（*Post Office Reform: Its Importance and Practicability*, 1837）を出版して注目された。この提案が法案として提出され（1840）、郵便局の要職に就き、郵便総裁（Secretary to the Postmaster General）（1846）、郵政大臣（Secretary to the Post Office）（1854）を歴任した。なお Penny Post という言い方は、すでに一六八〇年頃から使われていた。

*6 万国電信連合（International Telegraph Union）――一八六五年にパリを本部として設立された。ベルリンで創設された国際無線電信連合（1906）と、マドリッドにおいて合体し（1932）、国際電気通信連合（International Telecommunication Union, ITU）に発展し、現在、国連機関となっている。現在のITUの目的は、電気通信の改善と合理的利用のために国際協力を増進し、電気通信業務の能率を増進し、利用増大と普及をはかるため、技術的手段の発達と

能率的運用を促進することにある。加盟国数は一九一ヵ国（2008. 4 現在）で、本部はスイスのジュネーブにある。

*7 グレートウェスタン鉄道（the Great Western Railway）――イギリスのロンドンとブリストルのあいだ（約一五〇キロメートル）を結ぶ鉄道。イギリスの土木技師、造船家であったブルーネル（Isambard K. Brunel, 1806-59）によって建設され、開業した（1841）。

*8 アレクサンダー・グラハム・ベル（Alexander Graham Bell, 1842-1922）――アメリカの発明家、聾教育家。スコットランドのエディンバラに生まれ、父親は大学教授で視話法の考案者であった。エディンバラ大学で音声学を学んだ後、ロンドン大学で学びながら父親を助けて聾教育の教職に就いたのち、家族がカナダのオンタリオ州へ移住したことに伴い、アメリカのボストン州のいくつかの学校で視話法を教え、ボストン大学で発声生理学を教えた。当時二〇歳であった、電気工のトマス・A・ワトソン（Thomas A. Watson）と出会い、彼の協力を得て磁石式電話機を考案した（1874）。「電信の改良」（Improvement in Telegraphy）の特許を出願し（1876. 2）、電話の実験に成功した（1876. 3. 10）。最初の言葉は「ワトソン君、用事がある、ちょっと来てくれたまえ」（"*Mr. Watson! Come here; I want you!*"）であった。ベル電話会社を設立し、資金を得てさまざまな発明に取り組む一方、障害児教育に献身した。「奇跡の人」として知られるアン・サリバン（Anne Sullivan または Annie Sullivan Macy, Johanna Mansfield Sullivan Macy, 1866-1936）を家庭教師として、三重の障害者であったヘレン・ケラー（Helen Adams Keller, 1880-1968）に紹介したのはベルであった（1887）。全米地理学協会（National Geographic Society, 月刊誌は有名なNational Geographic）の会長（1896-1904 在職）に就任した。また、科学雑誌 *Science* [*Scientific American*] を創刊し、その発行母胎であるアメリカ科学振興協会（American Association for the Advancement of Science）を創設した（1898）。生涯を通じて科学振興および聾者教育に大きな足跡を残した。

*9 聖ベーダ（Saint Bede [*the Venerable Bede*], 672/3-735）――イングランドのアングロ＝サクソン時代の修道士、歴史家、神学者。ラテン語で『イギリス教会史』（*Historia Ecclesiastica genis Anglorum*, 731）を著した。祝日五月二五日。

*10 ヴィクトール・デュリュイ（Victor Duruy, 1811-

1894）——フランスの歴史家、政治家。はじめローマ史を専攻し、二二歳でパリの理工科大学教授となるが、第二帝政時代に公教育相（1863-69 在職）となり、教育改革を進めた。大学界だけでなく広く万人のための教育機関として、デュリュイ自らの起草によって、高等研究実習院（École pratique des hautes études, EPHE）が創設された（1868）。第一部門（数学）、第二部門（物理学・化学）、第三部門（自然科学・生理学）、第四部門（歴史学・文献学）をおき、啓蒙主義的な理念を具現する教育機関として活動を始めた。その後、第五部門（宗教学）（1886）を、第二次世界大戦後に第六部門（経済・社会科学）を拡充した（1947）。さらに第一部門を大学機関に、第二部門を国立科学研究センター（CNRS）に委譲した。また、第六部門が独立して、社会科学高等研究院（École des hautes études en sciences sociales, EHESS）となった（1975）。今日では三つの部門（生命科学・地球科学、歴史学・文献学、宗教学）と一つの研究所（宗教学ヨーロッパ研究所 Institut Européen en Sciences des Religions）によって構成されている。

*11 公立学校——本書には、学校に関する表記として、formal classroom, public（elementary）school, official school, official classroom, inspected school, church school, private school などさまざまな種類の学校が登場する。これらは、公教育に属するものと私教育に属するものに大別される。公教育に属する学校は、formal, official 等の形容詞を付して表現され、国家あるいは地方自治体が設置・運営するもののほかに、民間団体が公費補助を受けて設置・運営するchurch school や inspected school も含まれる。これらの学校は、視学官（school inspectors）が補助金の使途、教育活動および学校運営全般に関する視察調査をおこなったり、生徒に対して各教科の試験を実施する等の条件を受け入れて公費補助を受ける。これに対して、私教育に属する学校には、dame school, private day school, private adventure school などがあり、補助金を受け取らない代わりに公的統制に従わない。イギリスの伝統的なパブリック・スクールやグラマースクールは、中産階級以上の子どもを対象とする私教育の中等教育機関の典型的事例として広く知られているが、近年の研究では労働者階級のかなりの部分もまた、公教育における公的統制や規律の押しつけを嫌って、公教育に比して高額な授業料を払っても、労働者階級向けの私立学校に子どもを通わせる傾向

があったことが明らかになっている。
一般に、国家あるいは地方自治体が設置する学校を「公立学校」、民間団体が公費補助を受けて設置する学校を「公営学校」あるいは「任意団体立学校」と訳し分ける場合もあるが、本書では、考察の対象がヨーロッパ各国にわたっており、「公立学校」の設立過程の経緯が国ごとに複雑であること、また時代区分も数世紀にわたっているため、訳文では公教育に属する学校を一括して「公立学校」と訳出し、必要と思われる場合にルビ（ふりがな）をふって種別を示すこととした。公立・公営を一括して表現する定訳がなく、表記が煩雑になることもあるが、こうした歴史的経験の複雑さ以上に大きな理由がある。本書の基本的な視点が、広い意味での公的秩序に服する公教育と、民衆世界に教育慣行が根づいて公的統制を受けない私教育との差異を際立たせようとするため、公教育内部の学校間の差異に相対的な重点をおいていないためである。また、日本では公＝国家、地方自治体（お上）という想定があるが、ヨーロッパ、とりわけイギリスでは多くの場合、宗教団体（宗派、歴史も多種多様）を母体とする民間の任意団体も、それぞれの文化的・社会的な思惑から教育の社会的エージェントを組織し、国家とは異なる位相で公共性を担う公的アクターであったこと、基礎教育法（1870）によって学務委員会（school board）が設置され、公費による基礎学校の設置・運営が認められるまで、国立・地方自治体立の基礎学校はほとんど存在せず、イギリス公教育の大部分は任意団体立の学校であったことも考慮した。なお、本書で頻出するofficial (school) teacher は、文脈によって「有資格教師」あるいは「公立学校教師」と訳し分けた。

*12　基礎学校（elementary school）――読み書き算のスリー・アールズ（3R's）および読み書きに宗教を加えたもうひとつのスリー・アールズを中心とした基礎教育をおこなう学校のこと。基礎教育もしくは基礎学校は、それ自体完結した制度であって、その上に中等教育制度を接続（articulation）していない。類似の概念に初等学校（primary school）ないし初等教育（primary education, primary class）があるが、これらは学校階梯制度としての中等教育（secondary education）への接続がなされている学校の表記である。ヨーロッパ諸国の場合、中等教育は伝統的に中産階級以上の階級の子どもを対象とし、民衆の子どもを対象とした基礎学校はそれとは切り離されて発

達した。一九世紀までの民衆学校はその大部分が基礎学校であり、それらが再編されて中等教育と接続されたのは、一九世紀末から二〇世紀初頭以降であった。

*13　サン・マロ（Saint Malo）——イギリス海峡に面したフランス北西部ブルターニュ地方にある城壁に囲まれた港町。

*14　ジュネーブ（Geneva）——スイス西部のレマン湖南西岸に位置する州都。フランス語圏に属する。

*15　ピエモンテ（Piedmont）——イタリア北西部の州でフランスに隣接する。統一前はフランスの影響を強く受け、フランス語を第二言語とする住民がいる。

*16　カラブリア（Calabria）——イタリア半島最南端の州。メッシーナ海峡を隔ててシチリア島を望む。州都はカタンザーロ。

*17　フォアアールベルク（Vorarlberg）——オーストリア最西部の州。ドイツ、リヒテンシュタイン、スイスと隣接する。

*18　ダルマチア（Dalmatia）——現在のクロアチア西部のアドリア海沿岸地方。数百の島からなるダルマチア諸島を南に望む。

*19　ルテニア（Ruthenia）——チェコスロヴァキア東部の旧地域名。現在のウクライナ西部のザカルパッチャ州に含まれる（1946-）。

*20　チェチェン（Chechens）——ロシア連邦の北カフカス連邦管区に属する共和国。黒海とカスピ海に挟まれた北カフカスに位置し、公用語はロシア語とチェチェン語。先住民であったチェチェン人が多数を占め、独立の気運が高い。

*21　イングーシ（Ingush）——ロシア連邦の北カフカス連邦管区に属する共和国。東はチェチェン共和国、西は北オセチア共和国、南はグルジアに隣接する。

*22　ブロードサイド（broadside）——一六〜一八世紀のイングランドで、時の話題などをテーマにしたバラッド形式の俗謡。片面刷りの大判紙に印刷され、街頭などで歌い手が売り歩いた。

*23　ピエール＝ジャケズ・エリアス（Pierre-Jakez Hélias, 1914-1996）——フランスの作家、詩人、言語人類学者、ジャーナリスト。ブルターニュ地方のペン・アル・ベッドのプールドロイズという小さな農村に生まれた。後年、この村の習俗やブルトン語で語り伝えられてきた民話、古くから伝わる農村の伝統料理のレシピなどを収集しながら作家活動を展開し、多数の詩、紀行文、物語を残した。代表作のひとつ

『誇りの馬』(*Le Cheval d'orgueil*, 1975) は、本書で何度も傍証資料として引用されているが、農民出身のエリアスが故郷の少年時代を回想した作品である。美しい文体とユーモアあふれる表現で、伝統社会の習俗の社会コードを解読して注目された。映画化されたほか、英語版 (*The Horse of Pride : Life in a Breton Village*, 1978) も出版された。

*24 タイプライター (typewriter) ──typewriteという語の初出は、アメリカである (1868)。

*25 タイピスト (typist)──植字工を意味したが (1848)、タイプライターの登場によってタイプを打つ人という意味で使われ始めた (1885)。

*26 エマニュエル・トッド (Emmanuel Todd, 1951-) ──フランスの人口学・歴史学・家族人類学者。作家のポール・ニザンの孫、ジャーナリストのオリヴィエ・トッドの息子としてユダヤ系の家系に生まれた。オランダ留学中にフランスの人口学者のルイ・アンリの影響を受け、人口統計による定量化と家族構造に基づく斬新な文明社会、文化構造の分析に進む。フランス国立人口学研究所 (INED) に所属し、資料局長を務めた。主著 *L'Invention de l'Europe*, (Seuil, coll. L'Histoire immédiate, Paris, 1990) 『新ヨーロッパ大全』石崎晴己・東松秀雄訳 (藤原書店 一九九二) ; *Après l'empire, Essai sur la décomposition du système américain*, (Gallimard, Paris, 2002)『帝国以後』石崎晴己訳 (藤原書店 二〇〇三); *Le Rendez-vous des civilisations*, avec Youssef Courbage, (Seuil, coll. La République des idées, 2007)『文明の接近』石崎晴己訳 (藤原書店 二〇〇八) ほか多数。

*27 ロジェ・シャルチエ (Roger Chartier, 1945-) ──フランスの文化史家。リヨンに生まれ、サン＝クルー高等師範学校に進学して、ルイ・ル・グラン高等学校教諭となって教職経験を積んだ。その後、パリ第一大学助手、社会科学高等研究院助教授を経て、現在は社会科学高等研究院の研究指導教授を務めるかたわら、同研究院歴史学研究センター長として精力的に活動している。また、プリンストン大学、カリフォルニア大学バークレー校、エール大学、コーネル大学などの客員教授・客員研究員を歴任した。印刷物の浸透が人びとの社会的結合のあり方をいかに変え、新しい思考様式を生み、権力や宗教との関係を変容させたかを研究テーマとした。書物を読むというプラチックを通して人びとがテクストを自らのものとする「領有」(アプロプリアシオン:

appropriation）の様相をとらえる新しい文化史を構想する。主著 *Figures de la gueuserie*（Montalba, 1982）; *Lectures et lecteurs dans la France d'Ancien Regime*（Seuil, 1987）『読書と読者』長谷川輝夫・宮下志朗訳（みすず書房 一九九四）; *L'Ordre des livres*（Alinea, 1992）『書物の秩序』長谷川輝夫訳（文化科学高等研究院出版局 一九九三）; *Inscrire et effacer: culture ecrite et litterature*（XI-XVIII siècle）（Gallimard-Seuil, 2005）など。

*28　ダニエル・ロシュ（Daniel Roche, 1935-）――フランスの社会史・文化史家。パリ生まれ。パリ第一大学＝ソルボンヌ教授（1978-99）、社会科学高等研究院指導教授（1989-97）などを経て、コレージュ・ド・フランス教授（1999-）。

*29　ハーヴェイ・グラーフ（Harvey J. Graff）――アメリカの歴史学者。読み書きの社会史研究に関する一連の研究を進め（1980-90 年代初め）、世界の読み書きの歴史研究を先導した。長らくテキサス大学教授を務めたあと、現在はオハイオ州立大学歴史学部教授。主著 *The Legacies of Literacy: Continuities and Contradictions in Western Society and Culture*（Bloomington: Indiana University Press, 1987; paper, 1991）; *The Literacy Myth: Literacy and Social Structure in the Nineteenth-Century City*（New York and London, 1979）; *Literacy in History: An Interdisciplinary Research Bibliography*（Garland, 1981）; *Literacy Myth: Literacy and Social Structure in the Nineteenth-Century City*（Academic Press, 1979）; *The Labyrinths of Literacy: Reflections on Literacy Past and Present*（Sussex: Falmer Press, 1987）

*30　トーマス・マコーレー（Thomas Babington Macaulay, 1800-59）――イギリスの歴史家、政治家。学校に通わず家庭教育だけで勉学を修め、ケンブリッジ大学卒業後、法律家となった。三〇歳でホイッグ党の下院議員となり（1830）、選挙法改正法（Reform Act）を擁護して注目された。インド参事会の評議員としてインド刑法典の編纂に携わる一方、インドの教育改革を推進した。五巻からなる未完の主著『イングランド史』（*The History of England from the Accession of James the Second*, 1849-61）は、ホイッグ史観の代表作として広く読まれた。

*31　バーナード・ショウ（George Bernard Shaw, 1856-1950）――アイルランド生まれのイギリスの戯作家、批評家、小説家。*Man and Superman*（1903）『人と

超人』市川又彦訳（岩波書店 一九五八）; *Saint Joan*（1923）など。一九二五年にノーベル文学賞を受賞。

第2章

*1 タインサイド（Tyneside）——イングランド北東部タイン＝ウィアシャーの州都ニューカッスル（正式名 Newcastle-upon-Tyne）から北海に流れ込むタイン川下流域の都市。古くから造船業で栄えた。

*2 ホーンブック（Hornbook）——子どもに読み方を教えるための教具の一種。アルファベットやお祈りの言葉などを書いた紙を、牛の角で作った透明な薄片で覆い、柄のついた木片の板枠に入れた。

*3 フォニックス（Phonics）——とくに英語学習において、初心者を対象にした読み方と綴り方の教授方法（1683-4頃より）。音声学的解釈に基づいて、発音された言葉が文字で表記された言葉とどのように結びつくか、その照合関係を耳（聴音）と目（視読）と口（発音）で学習する。この方法が初等教育段階の子どもの言語教育に適用できるかどうかは、アメリカの教育学者ホレース・マン（Horace Mann, 1796-1859）〔訳注2章15〕が問題提起して以来、一世紀以上にわたって論争が続いている。

*4 ギゾー法（Loi Guizot）——フランス七月革命（1830）後のフィリップ治世下に、文部大臣に任命されたF・ギゾー（François Pierre Guillaume Guizot, 1787-1874）が制定した自由主義的な教育法（1832-40在職）。この法律によって市町村の初等学校の建設が義務づけられ、国庫補助が制度化されるなど、フランスの普通教育が拡大された。

*5 フェリー法（Loi Jules Ferry）——ジュール・フェリー（Jules Ferry, 1832-93）が、文部大臣（1879-80）、首相（1880-81）在職中に制定した、フランスの一連の教育法。私学による学位授与の禁止（1880. 3. 12）、許可を受けていない宗教団体の解散（1880. 3. 29）に続き、初等教育の無償化（1881. 6. 16）、女子中等教育の拡充（1881. 12. 21）、ライシテ〔世俗道徳教育〕と義務教育（1882. 3. 28）、女子高等師範学校の設置および女性に対するアグレガシオン〔一等教員資格〕の授与など、大規模な法整備と教育行政の改革を進めた。

*6 ゴブレ法（Loi Goblet）——フランスの教育法（1886制定）。無償制、義務制、中立を骨子とした公教育体制が確立された。公的初等教育から聖職者を完全に排除した。

*7　モヤノ法（Ley Moyano）――一九世紀初めのスペインではカタルーニャ、バレンシア、ガリシア、バスクなど、各地方の方言がそれぞれ独自の言語文化圏を形成しており、カスティーリャ語をスペイン国家の公用語とする言語政策が課題であった。モヤノ法は、教育の言語は王立アカデミーが規定したカスティーリャ語でなければならないとした。

*8　ルボーク（*luboks*）――ロシアの民衆のあいだに出回っていた木版画。

*9　青本（*livre bleu, la Bibliothèque bleue*）――フランスの一六世紀後半頃に、民衆本として登場した廉価本の総称。表紙あるいは紙が青色であったことから「青本」（*livre bleu*）「青本叢書」（*la Bibliothèque bleue*）と呼ばれ、庶民のあいだで広く回し読みされた。造りが簡素で、綴じ方も弱く壊れやすかったが、内容がわかりやすく人気があった。庶民向けに簡略された教訓話、物語、聖人伝、英雄伝などがあり、図版も多く用いられた。専門業者として、北フランスの古都トロワのクロード・ガルニエ(Claude Garnier dit Saupiquet)や、本の都市リヨンのブノワ・リゴー（Benoît Rigaud）らがいた。フランスの読書文化史家R・シャルチエ〔訳注1章27〕は、「青本を構成するテクストは、あらゆるジャンル、あらゆる時代、あらゆる文学にまたがっているものの、そのほとんどが、たとえば騎士道物語・妖精物語・信心の本・実用書といったように、知的な起源をなしている」と述べた（『読書と読者』四頁）。

*10　チャップブック（chapbook）――イギリスの呼び売り本。占い、笑話、説教説話、犯罪実録、名作のダイジェスト、物語、俗謡などを掲載した安価な小冊子。行商人（chapman）が町や村々を巡回して、日用雑貨品と一緒に売り歩いた。

*11　青空学校（Hedge School）――風が強いアイルランドでは、昔から家屋や農地を風よけの灌木や石積みの柵（hedge）で囲っていたが、柵で囲んだ場所に子どもを集めて教えたことから、ヘッジ・スクールあるいは野外学校、青空学校などと呼ばれた。

*12　ディーンの森（the Forest of Dean）――イングランド西部のグロスターシャーに広がる森林地帯。王室御用林であったが、現在はナショナル・トラストの拠点のひとつ。

*13　パーマストン卿（Lord Palmerston, Henry John Temple, 3rd Viscount（"Pam"）, 1784-1865）――イギリスの政治家、首相。政治家でありアイルランド貴族であっ

た第二代パーマストン子爵ヘンリー・テンプルの息子。ハンプシャー州ブロードランズに生まれ、ロンドンで育つ。ハーロー校、エディンバラ大学で学び、ケンブリッジ大学のセント・ジョンズ・カレッジを卒業。国会議員選挙に二二歳で初当選した（1807）。二度首相を務め（1855-58, 59-65 在職）、大英帝国の絶頂期に外交で実績を上げて、パックス・ブリタニカのシンボル的存在となった。

*14　スライゴー州（Sligo）――アイルランド北西部のコノート地方北部の大西洋に面した州。

*15　ホレース・マン（Horace Mann, 1796-1859）――アメリカの教育改革者。初め法律を学んでマサチューセッツ州議会議員となり、さらに同州の教育委員会委員長として教育制度改革に取り組んだ。アメリカ初の教育委員会の立法化、公教育の普及、公教育費の増額、学校増設などに尽力し、自然法的権利として教育を受ける権利を主張する一方、ペスタロッチの直観教授法の普及や初等教科書の改善をはかり、教員養成のためのアメリカ最初の師範学校を設立して女子の入学を認めるなど、公教育の民主的展開の礎石を築いた。

*16　ロバート・ロウ（Robert Lowe, 1811-1892）――イギリスの政治家。ウインチェスター校、オックスフォード大学を卒業後、一時移住していたオーストラリアの公教育制度の確立にも寄与した。帰英後（1850）政界に入り、枢密院教育委員会副総裁に就いた（1859-64）。公教育を貧民大衆に拡大する政策動向のなかで、「出来高払い制度」〔訳注2章22〕を公教育の運営に導入することによって、当時の教育現場にはびこっていた教師のマンネリズム打破を狙い、ほかの資格専門職にも見られた惰性的で非効率な業務の行政改革をめざした。上級公務員制度の改革、資格試験の公開制など、イギリス近代国家の官僚制度の抜本的改革を上から進めようとした。

*17　プロイセン一般ラント法（Allgemeines Landrecht für die Preußischen Staaten 1794）――プロイセンの啓蒙君主フリードリヒ二世（1712-86）が編纂事業に着手し、没後に完成した法典体系。プロイセンの全盛期をもたらした在位中に進めた改革のひとつとして、その後大きな影響力をもち続けた。

*18　貧民教育普及国民協会（The National Association for Promoting the Education of the Poor in the Principles of the Established Church）――イギリスの民間教育団体（1811 設立）。ランカスターによるモニトリアル・

システム〔訳注1章4〕が広まりを見せたことに危機意識を高めたイギリス国教会の高位聖職者たちが中心になって、ベルのマドラス・システム〔同上訳注〕に基づく民衆教育の普及をめざした。

*19　内外学校協会（The British and Foreign Schools Society）――イギリスの任意教育団体（1814 設立）。「王立ランカスター協会」（1810 設立）を前身として、ランカスター〔訳注1章4〕の教育方法に基づく学校を、国内と海外の植民地に設立運営することを目的とした。

*20　シュティール規則（Stiehl regulations）――プロイセンの文部大臣フェルディナンド・シュティール（Ferdinand Stiehl, 1812-78）によって制定された教育法（Regulative für das Volksschul-, Präparanden- und Seminarwesen）。

*21　女家庭教師（Governess）――住み込みで子どものしつけと家庭教育をおこなう女性の養育係。中産階級に多く見られた。一九世紀に入ってイギリスの植民地経営が本格化すると、植民地への移住が盛んになり、国内の晩婚化が進むとともに独身女性が増加していた。教養のある独身女性が「レディ」という身分から転落せずに生計を立てていく数少ない職業となった。プライドを失わず薄給に耐えて生きる知的な女性が多かった。

*22　ニューカッスル委員会（Newcastle Commission）――イギリスの勅命委員会（1856-61 設置）。ニューカッスル委員長の名をとって呼ばれた。イギリスでは基礎教育法の制定（1870）に先立って公教育整備のための三つの全国調査が実施された。調査報告書として、貧民階級はニューカッスル委員会報告書（1861）、富裕階級はクラレンドン委員会報告書（1864）、中産階級はトーントン委員会報告書（1868）がそれぞれ公表された。このうちニューカッスル委員会は、イギリスにおける民衆教育の実態を調査した。イングランドとウェールズに住む貧民階級の子どもたち約221万3694人のうち、ほぼ四分の一にあたる57万3536人が私営学校の生徒であること、質的に教育力が劣り、身分が不安定であった「見習い教師」が1万3871人もいたことなどが明らかにされた。ニューカッスル委員会はこれを踏まえて、学校を私営していた各任意団体の傘下に入っていない学校に対して、毎年試験を実施して教育効果が上がっていることが確かめられた場合に限って、政府の補助金の交付資格を与えることを目的とした「出

来高払い制」を勧告した。出来高払い制は、改正教育令（1862）で導入された。

*23　就学率（school attendance rate）——教育の実態に関する社会史研究では、就学率と通学率は区別すべき概念である。就学率は学校に在籍する児童数を学齢期にある全人口で割った比率で示すが、学籍があっても実際に学校に通っていない子ども、労働に従事して不定期にしか通学しない子どもが相当数存在したからである。実質的な就学の程度を知るには、学籍上の在籍児童数だけではなく、実際の出席児童数や、出席日数とその全授業日数に占める割合などを調べる必要がある。しかし、本書が主として依拠している P. Flora（ed.）, *State, Economy, and Society in Western Europe 1815-1975*, vol. 1: *The Growth of Mass Democracies and Welfare States*（London, 1983）P・フローラ編　竹岡敬温監訳『ヨーロッパ歴史統計　国家・経済・社会一八一五—一九七五』（原書房　一九八五—八七）で扱われている school attendance rate は、就学率と通学率が混在しているので、本書では一貫してこれを就学率と訳出した。実際の就学率（＝通学率）は本書で提示されている値より低い可能性があることに、留意する必要がある。

*24　一見読み方式（Look and Say Method）——リーディング教授法のひとつで、学習者にテクストを見せたすぐあとに、テクストを見ないで暗唱またはその内容を発表させる教授法。

第3章

*1　ピーターヘッド（Peterhead）——スコットランド北東部のアバディーンシャー最東部にある、北海に面した港町で、イギリスが一七世紀初めに北極海で捕鯨を始めた頃からの基地港のひとつ。

*2　ペセタ（Peseta）——スペインおよびスペイン領の貨幣単位で、一〇〇センチモで一ペセタ。青銅製の貨幣。

*3　ベンジャミン・ブライアリー（Benjamin Brierley, 1825-96）——イギリスの作家、詩人。職工としての経験に基づいて、ランカシャー地方の方言で作品を著した。筆名はアバザイエイト（Ab'-O'-Th'-Yate）。

*4　イサーク・ピットマン（Sir Isaac Pitman, 1813-97）——イギリスの速記術発明家。綴字式に代えて表音式による新しい速記術（ピットマン式速記術）を発明し（1837 頃）、その普及に努めた。*Phonetic Journal* を創刊し（1842）、発音通りの綴字法の普及

をはかり、「音声学研究所」を創設した（1851）。↓
フォニックス〔訳注2章3〕

*5　ヴィルヘルム・フォン・フンボルト（Wilhelm von Humboldt, 1767-1835）――ドイツの言語学者、政治家、文学者。フランクフルト大学、ゲッチンゲン大学などで法律学、古典学を学んだのち、官職に就く。シラー、ゲーテ、フィヒテ、シュレーゲル兄弟らと交わり、パリ、スペインなどを遊歴後、プロイセン公使としてローマに駐在する。帰国後、内政改革を進めるF・シュタイン（F. v. Stein, 1757-1831）の要請を受けて内務省文教局長（1809-10）に就き、ベルリン大学の創設（1811）など、新人文主義的な教育理念に基づいて教育改革を進めた。「基礎学校／古典語学校ないしギムナジウム／大学」という三階梯単線型の統一的な学校体系を軸に、個別的な職業的知識や技術の修得ではなく、どの職業にも一般的・形式的な基礎教養の教育が必要であるとの考えから、言語的教養、歴史、数学などを基幹とするカリキュラムを構想した。その後、「ジュフェルン教育法案」(1819）に結実する。政界引退（1819）後、言語学研究に専念した。主著 *Über die Kawisprache auf der Insel Java*, 3 vols（1836-40）.

第4章

*1　フォークロア（Folklore）――イギリスの古物研究家W・トムズ（William John Thoms, 1803-85）の造語に由来する（1846頃）。トムズはロンドンの *Athenaeum Club*（1824結成）のメンバーで、文芸批評誌 *The Athenaeum* の編集者であり、*Notes and Queries* の創刊者である。

*2　ヒュー・ミラー（Hugh Miller, 1802-56）――スコットランド出身の地質学者、作家、民族学者、編集者。ネス湖近くの小村クロマティに、漁船の船長の息子として生まれる。五歳で父親を海難事故で失ったあと、ほとんど独学で自己形成を果たし、幅広い分野で才能を発揮した。一七歳から石工の職に就き、仕事の合間に地質の観察と研究をおこなうかたわら、イギリス北部地方の伝統を扱った『スコットランド北方の景観と伝説』（*Scenes and Legends of Scotland, or the Traditional History of Cromarty*, 1835）を出版した。エディンバラに移り、銀行員を経て地質学の研究に従事しながら、スコットランド自由教会の機関誌 *Witness* の編集者となって自由教会の発展にも貢献した。緻密な踏査観察を繰り返し、当時未開拓で

あったスコットランド地方の地質学上の特徴を地質学会に発表する一方、地質学の発見を魅力的な文体で一般向けに公刊して啓蒙に努め、当時まだ創成期にあった地質学会の発展に貢献した。ダーウィン以前の進化論と反進化論に深く関わり、旧赤色砂岩層から自ら発見した魚類化石を反進化論の科学的根拠として、『旧赤砂岩層』（*The Old Red Sandstone, or New Walks in an Old Field*, 1841）のなかで提示した。本書の「ミラーの名前を付された鉱物」とは、この書で紹介されている魚類化石標本「プテリクティス・ミレリ」（*Pterichthys Milleri*）のことである。自伝『私の学校と私の教師たち』（*My Schools and My Schoolmasters*, 1854）は、独学でリテラシーを身につけ、学問の世界に目覚める過程を描くとともに、彼が生まれ育った故郷の考古学的価値の本質を見極め、伝承文化の継承者たらんとした気概が美しい文体で綴られている。

*3　ヨハン・ゴットフリート・フォン・ヘルダー（Johann Gottfried von Herder, 1774-1803）——ドイツの思想家、文学者。医学と神学を学び、文学批評でも知られた。カント、ゲーテと識り合い、ルソー、レッシングらの感化を受けていわゆる「疾風怒濤」（*Strum und Drang*）運動に影響を及ぼした。諸国の民謡を蒐集した『民謡集』（*Volkslieder*, 1778-79, のちに *Stimme der Völker in Liedern* と改題）は、近代ヨーロッパの文化史、言語学、美学の発展に貢献した。

*4　ウォルター・スコット（Walter Scott, 1771-1832）——スコットランドの詩人・小説家。エディンバラの弁護士の子に生まれ、エディンバラ大学卒業後、父の事務所で実務を学んだ。弁護士資格を取得し、法曹関係の職に就いたが（1792）、閑職であったため、余暇を利用してスコットランド各地を旅行し、古い民謡や説話を集めた。次第に法曹界から離れて文筆にいそしみ、長年収集した古民謡を『スコットランド国境地帯の詩歌』（1802-3）として刊行し、続く数年間に、いずれもスコットランドの現実と架空の歴史を題材とする三つの物語詩、『最後の吟遊詩人の歌』『マーミオン』『湖上の美人』を次々に発表した。騎士道物語的な歴史小説で、イギリス・ロマン主義の代表とされる「ウェイヴァリー小説群」計二六編の小説を世に送った。

*5　コルデル（*pliegos de cordel*）——スペインで流通した民衆本。直訳すると「糸綴じ本」であり、市などで紐（コルデル）をかけて売られたことから、そ

の名がついたといわれる。

*6 トロワ（Troyes）――フランス北東部のセーヌ川湖畔の都市で、オーブ県の県都。一七世紀の青本出版地のひとつ。↓青本〔訳注2章9〕

*7 ヴェイエ（*veillée*）、スピンステューベ（*Spinnstube*）――フランスやドイツ、北欧、北イタリアなどヨーロッパ各地の伝統的な共同体において、女性たちの主導によって定期的に催された「夜なべ仕事の集い」「夜の集い」のこと。フランス語の *veillées* とドイツ語の *Spinnstube* や *Rockenstube* は本来、紡ぎ糸、編み物、縫い物など、座ってできる夜なべの手仕事を意味していた。誰の家でどのような形態でヴェイエをおこなうのか、またそれにかかる暖房や食料、ランプの燃料費の負担をどのような順番で組むか、あるいは誰を仲間に加え、誰を排除するか、娘たちに言い寄ってくる若者たちのうち誰を中に入れるかといった一連の事柄について、事前に慎重な論議と調整がおこなわれた。

ヴェイエは秋の終わりの「万聖節」（一一月一日）頃から春のカルナヴァル（カーニヴァル）頃までのあいだ、農耕労働が一段落した時期に、多い時は毎週二、三度、気心の知れた仲間同士が「当番役」である女性の家に集まっておこなわれた。地方によって特別な穴を掘り「エクレーニュ」と呼ばれる小屋を準備した。小屋の中には土で作った向かい合わせの長椅子を配し、小屋の上には板や芝草で覆いをした。娘たちや女房たちが暖を取るために、めいめい「クーヴェ」と呼ばれる金属製の火鉢や壺、手仕事の道具、ときには軽食などを持ち寄った。

ヴェイエには、羊毛紡ぎ仕事、針仕事、編み物、豆などの穀粒の選別、トウモロコシの粒取りといった単純で孤独な作業を、女性たちが集まって一緒におこなう、組織的な社交空間という機能があったが、それればかりではなく、フランスの民俗史家アンドレ・ヴァラニャック（A. Varagnac）が指摘したように、「ヴェイエの最も大きな魅力は、若い男女の親密な関係をつくりだすこと」、すなわち、若者たちに「夜の求愛」あるいは集団的な「夜の逢い引き」の機会を与え、共同体がカップルの「形成」と若者のリビドーを「監視」する機能ももっていた。

ヴェイエの一般的な形態としては、女房たちに娘たちが加わり、入口や窓辺に求婚者たちが集まった。幽霊や怪物などの怖い話、特定の人物についての論評、誰かと誰かの「関係」のうわさ、友情や異性間の仲介などの世間話が、時には深夜まで続き、そのあと歌とダンス、若者たちの「求愛のダンス」がおこなわれた。この「夜の集い」は男性が締め出されることもあったが、後から男性が訪問することもあった。また、適齢期の特定の若い男性がヴェイエの最初から同席することもあった。

ヴェイエには、適齢期の娘たちが女房たちに連れてこられたので、若者たちが待ち伏せして悪戯をしかけたり、「品定め」する目的で、ヴェイエが開かれるいろいろな作業小屋を見て歩いたりした。求愛の交渉の手続きは、生産力、多産性、あるいは性的魅力、性行為の象徴などを通じてさまざまにおこなわれた。たとえば、現代のハンカチに相当するものとして、娘は糸巻き棒や編み棒、櫛やリボンなどを床に落とし、誰が最初にそれを競って拾うかを試した。フィンランドでは、求愛相手を求めている少女は、作業小屋に集まった女性たちが見守るなかで、空のナイフの鞘を身につけ、その少女に気のある少年が自分のナイフをそれに突き刺し、うまく収まれば喝采を浴びた。また北アメリカでは、ヴェイエのあとのダンスが終わると、「バンドリング」を伴うこともあった。北フランスの農村では、ボーイフレンドと一緒にヴェイエに加わった少女は、ポケット一杯に詰め込んだナッツを皮をむいて彼に手渡したり、彼の手を直接スカートのポケットの中に入れさせて、ナッツをまさぐらせ、カップルであることを示した。ロシアではパートナーをくじ引きで決めていた。スイスでは、ヴェイエは若者組織によって運営されており、それを禁止しようとする教会とのあいだに軋轢が生じたが、紡糸作業の名目で、この慣習を続けた。ヴェイエは、隙間だらけの家族空間に生きた伝統社会の人びとの「社交性」(sociabilité)の特質を示していた。

一八世紀後半に入ると、都市部を中心に「ロマン主義的恋愛」をはじめとして、家族生活における「情愛的個人主義」(affective individualism)が浸透し、伝統的な共同体の社交空間は解体していった。

地域的な偏差は大きいが、ヴェイエが消滅するのは、ほぼ一九世紀末以降である。山岳地帯では伝統的なヴェイエが根強く残存したが、資本主義文化が浸透した谷間の比較的豊かな村々では、交通形態と家族意識の変化に伴って、ヴェイエは一冬に一晩か二晩しか催されなくなった。かつてのような、軽食や火酒などを持ち寄る格式張らない同性集団の交際の場、濃密な口承コミュニケーションの空間はなくなり、真っ白いテーブルクロス上のワインと白パンと赤身の肉で上品に接待するもてなし（entertainment）へと変質した。こうして、近代家族の心性と、贅沢を誇示するブルジョア趣味の生活様式を取り入れた富裕な農民は、ヴェイエにはもはや加わらなくなり、ブルジョア的接待・社交方法は下層階級の人びとを追い払った。

二〇世紀半ばともなると、若者たちは自動車を使ってその行動範囲と求愛のチャンスを拡大し、家族形成の重要な要因であった職業と結婚という二つの選択を、共同体や両親の意志によるのではなく、主体的に自分で決めるようになった。こうして、伝統的な社交空間であったヴェイエは、テレビを囲む家族の団欒という形態に取って代わられた。

*8　バラッド（ballad）――イギリスの民謡。大部分は一七～一八世紀に口承文学として蒐集された。歌詞の内容が明瞭でリアリズムがあり、誇張された沈痛な嘆きが多い一方で、超自然的な要素が入り込んでいるものもある。リフレインや方言も多い。

*9　ペニー新聞（Penny Newspaper）――ロンドンなどの大都市で売られた廉価版の新聞。*Daily Telegraph*, *Daily News*, *Globe*, 夕刊紙として *The Standards* などがある。

*10　カーライル（Carlisle）――イングランド北西部の都市。カンブリア州の州都。スコットランド南部と接するボーダーシティとして古くから交通の要衝地となった。湖水地方への観光の起点のひとつとして栄え、繊維産業、土木業などが発達した。

*11　懺悔火曜日（Shrove Tuesday）――キリスト教の習俗のひとつで、「告解の火曜日」（Mardi Gras）とも呼ばれる。懺悔季節（Shrovetide）の最終日に当たる「灰の水曜日」（Ash Wednesday）の前日に、四旬節または大斎期（Lent）前の歓楽（謝肉祭）の仕納めをした。この日、パンケーキを食べる風習があったことからPancake Day とも呼ばれる。

*12　ジョン・ウェスレー（John Wesley, 1703-91）――イギリスの神学者、聖職者。メソディスト派の創始者。リンカンシャーのエプワースに高教会派聖職者の子として生まれた。オックスフォード大学で学び、国教会の聖職者になった（1725）。三五歳で福音による回心を体験し（1738）、説教による布教に乗りだしたが、多くの教区教会で説教を拒否されたため、野外説教による全国行脚を開始した（1739）。以後

約五〇年にわたってイギリス全土を旅し、四万回以上もの説教をおこなって布教に努め、下層階級の人びとを中心に信者を増やしていった。ウェスレー本人はあくまで国教会の聖職者を自任していたが、その活動は国教会の枠内にとどまらず、事実上国教会と決別し、メソディスト派を創設した（1784）。学問への関心が深かったことから、キングズウッド校を創立したほか、慈善事業を起こし、多数のパンフレットを刊行してキリスト教界に清新の風を吹き込んだ。『行脚日記』（*Journals*, 8 vols）その他、多数の書物や冊子を残した。

*13　魔法の書（*Livres de sorcellage*）――魔法による現世と人生の神秘を説いて、人気のあった民衆本。科学的な根拠や客観的な事実はないが、ある種の特異な能力や才能による秘儀や魔法があたかも存在するかのように、衣食住、病気、運命などを魔法で説明できるとした。普通は用いられない赤色のインクで奇妙な言語が書かれたものが多かった。異様な絵が添えられ、権威ある著者（ソロモン、アルベルトゥス・マグヌスなど）の手になることを示す風変わりな題名がつけられた。魔法の書は一九世紀後半まで国家の検閲によって発禁とされ、教会からは今日に至るまで禁書処分を受けている。

*14　ラマーミュア丘陵（the Lammermuir Hills）――スコットランド南東部、エディンバラから東南方向に広がるなだらかな丘陵地。最高点の標高は海抜五三三メートル。

*15　『アンソンの世界周航記』（*Anson's Voyage Round the World*）――イギリス海軍の提督であったジョージ・アンソン（George Anson, 1st Baron Anson, 1697-1762）の世界周航に基づく航海記。太平洋の探検とスペインの通商を破壊する命令を受け、一七四〇年「ジェンキンズの耳戦争」の一環として六隻の艦隊を率いて通商破壊の航海に出帆し、マゼラン海峡を経て太平洋を横切り、途中スペインの通商に大きな打撃を与えながら、世界周航を達成した（1744）。この功績によって男爵に叙され（1748）、終生海軍相を務め、海軍改革に尽力した（1751-62）。七年戦争におけるイギリス海軍の優勢に貢献した。

*16　『バーンズの詩集』（*Burns' Poems*）――スコットランドの国民的詩人ロバート・バーンズ（Robert Burns, 1756-96）の詩集。バーンズはおもにスコットランド語で恋愛詩、自然詩、諷刺詩を書いた。スコットランドの伝承説話を扱った *Auld Lang Syne*, 恋愛詩 *Scots,*

Wha Hae, 魔女伝説を扱った *Tam o'Shanter* などがある。

*17 センチュリオン（Centurion）——アンソン提督が率いた戦艦名。ローマ時代に百人の部下を指揮した「百人隊長」（centum）にちなんで名づけられた。

*18 地球村（global village）——「世界村」とも訳され、通信手段の発達や交通形態の高度化によって、世界全体がひとつの村社会のように狭く感じられるようになった二〇世紀後半の世界をさす。M・マクルーハンとQ・フィオーレの共著『地球村における戦争と平和』（*War and Peace in the Global Village*, 1968）の出版によって広まった。

*19 ベルファスト（Belfast）——北アイルランド東海岸の港湾都市。古くから造船業が盛んで、世界最大のドライ・ドッグを擁する大規模造船所がある。

*20 小郵便（petite poste）——ロンドンのペニー郵便制を模範としたパリ市内郵便制度（1760 開設）。パリの医師で会計法院評定官をつとめたクロード＝アンペール・ピアロン・ド・シャムーセによって提案された。シャムーセはルイ一五世からパリ市内に小郵便を設置する許可を得た（1758）。料金は一通につき一スーで、当初は一日三回の配達があった。

*21 市場の立つ日（market days）——一定の間隔で市場が設けられる日。市日。五日、一週間、一〇日ごとなど地域によって間隔が異なる。人びとは市が立つ日に農作物、獲物、その他の手工芸品を持ち寄って町の十字路や教会の前に集まり、商売をおこなった。宗教的な儀礼や祭礼あるいは演劇や見せ物が催されることも多かった。

*22 カナール（canards）——フランスで流通した片面刷りのかわら版。その地域のうわさ話や流言を誇張して掲載した。

*23 剣をとって、押し寄せる苦難に立ち向かう（take arms against a sea of troubles〔Shak. *Ham.* III. i. 59〕）——シェークスピアの戯曲『ハムレット』のなかの台詞。主人公ハムレットがみずから命を絶つべきか否かを逡巡する際の独白である。「生か、死か、それが問題だ。どちらが男らしい生き方か。じっと身を伏せ、不法な運命の矢弾を耐え忍ぶのと、それとも剣をとって、押し寄せる苦難に立ち向かい、止めを刺すまで後には引かぬのと」。

*24 ワイズ・ウーマン（wise woman）——伝統社会において在宅出産に立ち会った産婆、助産婦たちの総称。時には魔女をさすこともあった。啓蒙医学が広

まる以前には、痛み止め、止血法、瀉血、殺菌、煮沸消毒など、助産技術が秘伝化していたため、産婆は「知恵ある者」として、その存在は一目おかれていた。同時に、出産が合法的であるかどうかや、難産の場合に被りやすい新生児の身体的損傷や、畸形出産の処置など、家族の秘密を握る立場でもあったことから、このように呼ばれた。

*25 自然宗教（natural religion）――啓蒙期の合理主義的宗教をさす。啓示宗教（revealed religion）が人間に対する神の啓示、特に聖典に基礎をおくのに対して、自然宗教は啓示や奇跡によらず、人間の理性と自然の洞察から得られる原理と原則に基づく。英語圏ではこのような神学を自然宗教と表現するようになった（1675頃）。代表的なものはイギリスの理神論（Deism）やライマールス、カントなどの説であり、権威主義的・制度的な既成宗教が説く啓示よりも、理性または自然による真理を重視する点に特徴があった。

*26 キリスト教知識普及協会（Society for Promoting Christian Knowledge: SPCK）――イギリス国教会の伝道団。牧師であったトマス・ブレイ（Thomas Bray, 1656-1730）と四名の世俗者が、ロンドンで結成した（1698）。慈善学校の設立とキリスト教関係書籍の出版を当面の目的として、キリスト教の普及と敬虔・勤勉な労働者の育成をはかった。ブレイは翌年、教会建設のためにアメリカのメリーランドに派遣され（1699）、インディアンに対する伝道のために福音伝道協会を創設した。

*27 ルルド（Lourdes）――フランス南西部スペイン国境に近いフランスの小村。「聖ベルナドットの奇跡」の伝承で知られるカトリック巡礼地のひとつ。村の一四歳になる少女ベルナドット・スビルーが聖母マリアの出現を報告した（1858.2）ことに由来する。ベルナドットが村はずれのマッサビエルの洞窟のそばで薪拾いをしているとき、聖母が現れて「無原罪の御宿り」と告げたことを、村の教会の神父に語った。それはルルドの方言で Que soy era immaculada councepciou（当時のフランス語では Je suis La Immaculee conception）であったが、無学な少女が知り得ない用語であったことから、聖母出現の奇跡として広まった。その後、巡礼者のための聖堂が建立され、泉の水が万能薬だとされた。現在も世界中から多数の巡礼者が訪れている。

*28 ホーリーカード（holy cards）――キリストやマリ

ア像を描いたカード。お祝いごとや季節のメッセージカードとして使われている。

*29　贖宥（indulgence）――人間の罪が本人の悔い改めた善行や献金などによって、一時的に許されること。キリスト教の典型的な贖宥の方法として、免罪符がある。教会が聖堂建設などの費用を捻出するために、免償と引き換えに売り出したことが、宗教改革の引き金になった。

*30　ペーパーバック本の登場（paperback）――粗紙を用いた小形の Mass-market paperback と上質紙を用いた Trade-paperback の二種類がある（1899初出）。前者のサイズ（幅10.64cm, 天地17.46cm）が現在の文庫本〔わが国では新書本〕の原型になったと言われる。

第5章

*1　無任所大臣（Lord Privy Seal）――イギリスにおける特任の大臣。一三世紀末頃から、特に大法官府（Chancery）や財務府（Treasury）に対して、国王の紋章が刻印された特別な勅令文書である国璽尚書《こくじしょうしょ》を起草、発行、管理する役割を帯びた。国璽（Great Seal）が手元にないとき「私的な印章」（privy seal）を代用したことが慣例化した。王爾庁（Privy Seal Office）が廃止された（1884）後も、無任所大臣は閣僚の一員となり、特別な任務を果たすようになっている。

*2　ジェイムズ・ワトソン（James Watson, 1799-1874）――イギリスの編集者、印刷者、著述家、労働組合運動家。ヨークシャーのモールトン生まれ。すぐに父を亡くし、学校に行かず母親の家庭教育で育った。一二歳で野良仕事の徒弟になり、一九歳でリーズに移って倉庫番の仕事に就き、当地の読書会に参加した。その集まりで『コモンセンス』『人間の権利』の著者トマス・ペイン（Thomas Paine, 1737-1809）や、ジャーナリストとして知られたリチャード・カーライル（Richard Carlile, 1790-1843）など、急進派の書物の討議に加わった。二三歳でロンドンに出て小売商となり、カーライルら急進派の書物を販売したかどで投獄された。その後も何度か危険な出版物の印刷出版で捕えられたが屈せず、投獄中も「これも勉学と思索を深める良い機会として大いに利用する意欲をもって」読書に励んだ。刑期を終えた後カーライルに雇われて活動し、ロバート・オウエンの強力な支援者としてその思想と活動の協力者になる一方、

全国を回って労働者の組合運動のために会合や演説会を組織した。急進派を中心に出版業を続けるなかで人脈を広め、ロンドン労働者協会（London Working Men's Association）の創設に尽力し、ウィリアム・ラヴェット（William Lovett, 1800-77）らとともに、人民憲章（*People's Charter*）の第一次草案（1838）の作成にも関わった。

*3　ブラック・ドウォーフ、リパブリカン、ポリティカル・レジスター――『ブラック・ドウォーフ』（*Black Dowarf* 黒色矮星）は、ウーラー（Thomas Jonathan Wooler, 1786-1853）が発行した、風刺と皮肉を交えた急進的雑誌（1817頃-）。『リパブリカン』（*Republican*）は、カーライルが普通選挙権と出版の自由を唱導して発行した急進的雑誌（1819頃-）。『ポリティカル・レジスター』（*Political Register*）は、コベット（William Cobbett, 1762-1835）が議会改革を訴えてロンドンで発行した急進的週刊誌（1802-）。

*4　チャーティスト運動（the Chartist movement）――イギリスで起こった労働者階級による政治運動（1838-58頃）。ロンドン労働者協会（London Working Men's Association, 1838 結成）のW・ラヴェットらを中心に、男子普通選挙権、無記名秘密投票、議員への歳費支給、財産による議員資格制限の撤廃、選挙区の均等有権者数制、議会の毎年集会、という六項目の政治的要求を掲げた。この運動参加者をチャーティスト、その運動をチャーティズムと呼ぶのは、彼らの要求をまとめた人民憲章（*People's Charter* または *National Charter*）にちなんでいる。

*5　エドワード・ロイド（Edward Lloyd, 1815-90）――イギリスの新聞社主。サリー州に生まれ、少年時代に書物と新聞の販売店を開き、やがて自作のパンフレットや歌集を売るようになった。二七歳頃に週刊誌 *Lloyd's Penny Weekly Miscellany*（1842）を創刊し、大いに成功した。これはのちに *Illustrated London News* に対抗して *Lloyd's Illustrated London Newspaper* と誌名を変えた。有能なジャーナリスト、ダグラス・ジェロルドを迎え（1852）発行部数を九万部に伸ばし、当時最も流通した新聞となった。

*6　アナトリー・ルナチャルスキー（Anatoli V. Lunacharsky, 1875-1933）――旧ソ連邦の文芸評論家、劇作家、政治家。ロシア革命後に初代の人民教育委員に選出され、ソ連邦の教育、社会主義文化の発展のために大きな役割を果たした。

*7　同職組合（*compagnonages*）――フランスで六〇〇

年以上の古い歴史をもつ職人組合。親方を含む徒弟、職人からなる位階制の組合を「同業組合（コルポラシオン）」と呼んだのに対して、「同職組合」は親方を含まず、見習い（アスピラン）、職人（コンパニヨン）、上級職人（コンパニョン・フィニ）といったゆるやかな階層をもつ構成員からなる。同業組合は職人がおこなうさまざまな製造過程の仕事の分担（配分）と、品質を組織的に管理することを目的としたのに対して、同職組合は平等原理を基本として、職人同士の互助を目的とした。

*8　労働者教育協会（Arbeiterbildungsvereine）――プロイセンにおいて工場労働者と手工業労働者を中心に結成された約五〇余りの組織（1830-1848 前後）。エアランゲン、ライプツィッヒ、ベルリン、マンハイム、ハンブルグなどの都市で、プロレタリア階級の自覚と権利拡張をめざした労働運動が高まり、後年のドイツ社会民主党の母体となった。

*9　フランシスコ・フランコ（Francisco Paulino Hermenegildo Teódulo Franco-Bahamonde, 1892-1975）――スペインの軍人、政治家、独裁者。総選挙（1936）以降、人民戦線内閣と保守勢力が激しく対立し内戦状態になった頃に反乱軍を指揮した。ドイツのナチズム政権とイタリアのファシズム政権の支援を受けて、人民戦線側を大弾圧。スペイン全土を制圧して元首の地位に就き、独裁体制を敷いた。第二次世界大戦後も冷戦時代の巧みな外交戦術によって、約三〇年間独裁体制を維持した。没後に「スペインの奇跡」と呼ばれた民主化の時代が始まった（1978）。

*10　ヨハン・ゴットリープ・フィヒテ（Johann Gottlieb Fichte, 1762-1814）――啓蒙期ドイツを代表するドイツ観念論哲学者。ドイツ東部のドレスデン近郊の寒村に農民の息子として生まれ、貧困のため学校教育を受けられなかった。村の教会の説教や親族から語り聞かされた民話などを記憶して学習に励み、集中力と言語能力を磨いて、当地の貴族ミリティツ侯から学資を得て、名門校プフォルタ学院からイエナ大学に進学した。支援者が死去して学業をあきらめかけたが、友人の紹介によってスイスで家庭教師の職を得、独学でカント哲学を学んだ。三一歳の頃、七〇歳のカントを訪ね、その理解と仲介を得て処女作『あらゆる啓示批判の試み』を出版して注目され、翌年、イエナ大学教授に迎えられた（1794）。教育改革者、言語学者として高名であったフンボルト〔訳注3章5〕がベルリン大学（現在のフンボルト大学

ベルリン）を創設した時に初代哲学教授に迎えられ（1810）、後に初代総長となった。ナポレオン一世の占領時代、一般市民に向けた講演『ドイツ国民に告ぐ』（*Reden an die Deutch Nation*）は大きな反響を呼んだ。晩年はスイスの教育者ペスタロッチに傾倒した。ナポレオン戦役後、看護婦であった妻がチフスに感染し、介護したフィヒテ自身もチフスに罹り、没した。人格高潔にして多くの子弟を育て、知識人、市民を問わず広く敬愛された。フィヒテの死後、後任に招聘されたヘーゲル（Georg W. F. Hegel, 1770-1831）は後年、死に臨んでフィヒテの隣に埋葬されることを強く望み、ドローデン墓地には、フィヒテ夫妻とヘーゲル夫妻の墓が今も並んでいる。

*11　グレゴワール神父（Abbe Gregoire, 1750-1831, 本名 Henri Gregoire）――フランスのローマ・カトリック神父。国内の多様な言語状況を克服し、方言を根絶する目的で、全フランスで方言を話す人びとの実態調査をおこなった（1790）。奴隷制度の廃止やパリ工芸博物館（現在のフランス国立工芸院に付設）の創設を提言したことでも知られる。

*12　事件史（*historie événementielle*）と文化変容の長期波動（*longue durée*）――フランスの歴史学者フェルナン・ブローデル（Fernand Braudel, 1902-85）が提唱した歴史変動に関する概念。変化は幾筋もの流れをもつ大河の流れのようなものであり、その流れに乗って動く時間は均質ではなく、世界の隅々にまで一様に広がっているものでもなく、短期波動、中期波動、長期波動など、さまざまな変化の時間的積層を形づくるとする。事件史が出来事の一回性しか扱わないのに対して、社会史あるいは人類学的歴史学は繰り返される習俗に沈澱する人びとの無意識の堆積層を明らかにし、日常的な時間感覚を解明しようとする。このような複合的な変化の時間波動論は、アナール学派の方法論的視点のひとつとなった。

*13　クリミア戦争（the Crimian War, 1853-56）――ロシアがトルコ領内のギリシア正教徒の保護を口実に進駐したことから、ロシア対トルコ、イギリス、フランス、サルディニアのあいだでおこなわれた戦争。パリ講和会議で停戦し、これによってロシアの南下政策は挫折した。

*14　ラ・ヴァシュ（la vache）――めちゃくちゃなフランス語を話す人をさして言う軽蔑語。vacheは、もともとはピレネー山脈西部に住むバスク人たちの方言で、牝牛を意味する。

*15　フラマン語（the Flemish）――ベルギー北部で話されるオランダ語の方言。ベルギーの公用語のひとつ。

*16　ミシェル・ド・セルトー（Michel de Certeau, 1925-86）――フランスの哲学者、宗教家、言語学者。フランス東部サヴォワ県のシャンベリーに生まれ、二〇歳の頃、恩寵を体験。パリ、グルノーブル、リヨンの各大学で文学、哲学、宗教を学び、古典文学と哲学の学士号を取得。他方、神学の研究と修業を積み、旧約聖書（ヘブライ語）、新約聖書（ギリシア語）、および伝統の諸文献に取り組む。二五歳の頃、イエズス会に入会し、イエズス会コレージュの哲学教授を経て同司祭に叙せられる。フランスのイエズス会草創期における神秘主義、特にジャン＝ジョセフ・シュランの研究のかたわら、歴史学と精神分析学を学んだ。五月革命（1968）以後、大学改革計画に参加する一方、歴史・精神分析・言語学等に関する論文を相次いで発表した。パリ第八、第七大学教授を経て、ケンブリッジ大学特別研究員、カリフォルニア大学教授などを歴任した。

監訳者あとがき

本書は、David Vincent, *The Rise of Mass Literacy: Reading and Writing in Modern Europe*（Polity Press, 2000）の全訳です。原著はポリティー出版社の「テーマ別歴史」シリーズの一冊として出版され、すぐに各方面の専門家から高い評価を受けています。たとえば、社会史・文化史研究者として令名を馳せているピーター・バークは、「デイヴィド・ヴィンセントの手になる本書は、すばらしく周到かつ明晰で、鋭い洞察に満ちたリテラシーの概説書であり、文字世界と口承世界、個人と集団とのあいだの相互作用の解明に重点を置いて、近年のリテラシーの歴史研究の成果を総合する初めての試みとなっている」と評しています。また、専門の学会誌でも「簡潔にして知的創見に満ちた本書は、イギリスを超えて、ドイツ、フランス、北欧諸国、スペイン、イタリア、スイス、スコットランドあるいはロシアなど、ヨーロッパ各国における一九世紀と二〇世紀のマス・リテラシーの比較発展史を描いている」（*English Historical Review; European Review of History* など）と評されています。

原著者デイヴィド・M・ヴィンセント博士（David M. Vincent）は一九四九年に生まれ、一九八〇年にケンブリッジ大学で博士号を取得後、キール大学で教鞭を執り、現在はオープン・ユニヴァーシティ学長を務めておられます。イングランドで最大の公開大学であり、世界の放送大学や社会教育のモデルにもなっているこのオープン・ユニヴァーシティにおいて、ヴィンセント博士がテレビ、ラジオ、インターネットその他の通信伝達システムと学習機器を活用した授業番組、印刷教材、学習ソフトの提供や実験用学習教材の開発の陣頭指揮に当たっておられるのは、博士が長らく自己教育の文化史研究を進めてきたことと関係しています。それは次の著作物からも知ることができます。

Bread, Knowledge, and Freedom: A Study of Nineteenth-Century Working Class Autobiography（Methuen, 1981）. 川北稔・松浦京子訳『パンと知識と解放と―一九世紀イギリス労働者階級の自叙伝を読む』（岩波書店 一九九一）

Editor with John Burnett and David Mayall, *The Autobiography of the Working Class: An Annotated Critical Bibliography, 1790-1900*, 2 vols（New York University Press, 1985）

Literacy and Popular Culture: England 1750-1914（Cambridge University Press, 1989）

Poor Citizens: The State and the Poor in Twentieth-Century Britain（Studies in Modern History Series）（Longman, 1991）

The Culture of Secrecy: Britain, 1832-1998（Oxford University Press, 1999）

ヴィンセント博士はこれまでに、労働者階級の日記・手紙・自叙伝など、個人の内面あるいは自己形成に関わる、いわゆるエゴドキュメントの収集・編纂・分析を精力的におこなってきました。労働者の自己教育と自己改善のすがたを丹念に読み解いて、新しい社会史研究の重要なジャンルを拓き、大きな反響を呼んだ処女作『パンと知識と解放と』（右記参照）のほか、その続編である『リテラシーと大衆文化』（同）の著者として知られています。「マス・リテラシー」という表記は、これを本格的に論じた本書が最初だと考えられます。

二〇世紀におけるリテラシー（読み書き能力）と読書の文化史研究の分野では、戦後いちはやくアナール学派のリュシアン・フェーヴルとアンリ＝ジャン・マルタン（1）から、フュレとオズーフ（2）に至る初期の研究とならんで、英語圏ではカルロ・M・チポラ(3)が示した経済成長とリテラシーの公教育とのあいだの因果関係をめぐる議論があります。これと並行して、マクルーハン(4)やアイゼンステイン(5)などが、印刷技術の革新とそれがもたらした新しい読書文化の成立とその変容を描く一方、一九八〇年代になると、フランスとアメリカなどで、リテラシーの社会史・文化史の総合が試みられました。フランスではアンリ＝ジャン・マルタン(6)とロジェ・シャルチエの一連の研究(7)によってリテラシーの新しい研究が構想されました。シャルチエは、印刷物が社会に浸透することによって人びとの社会的な結合、すなわち文字文化を媒介して人びとが新しく抱くようになった思考様式が、既存の権力や宗教との関係をどのように変容させたか、あるいはまた、書物を読むという心性史的慣習(プラチック)をとおして、人びとがテクストを物質的にも精神的にもみずからのものとする「領有」(アプロプリアシオン)がどのような社会的分布を示したかを解明しようとしました。これとほぼ同じ時期のアメリカでは、ハーヴェイ・J・グラーフ(8)が、国や地域、社会階層、性差などによって識字率の格差が発生する要因を解明しその克服をめざす、教育文化の壮大な歴史展望を描こうとしました。

近年の学問において、リテラシーの社会史・文化史研究がこのように持続的かつダイナミックなうねりを見せているのは、現在進行中のインターネット時代における言語の学習環境の激変、とくに子どもや若者の言語・コミュニケーション能力の変質と深い関係がありそうです。さらに、大量消費されるメディア文化によって、書道や運筆法の修得に見られるような、身体知をベースにした個性豊かな読み書き教育の伝統が侵食され、単純で標準化されたデジタル・メディアに画一化され続けている現実があります。これらを前に、「効率神話」のなかで標準言語の普遍化を担うはずの公教育が、人びとのあいだに新たな知の断層を生みだしているかもしれません。教育はその断層の被害者であるだけでなく、加害者でもあるのではないかという疑念は、人びとのあいだで深まりこそすれ薄れることはありません。

二〇〇〇年に出版された本書は、二〇世紀後半の研究動向を精妙に反映しています。近年のリテラシーの社会史・文化史研究は、経済発展とリテラシーの普及とのあいだの因果関係を中心にした問題群に加え、長い歴史をもつ言語文化が人間とその知性のあり方や人間形成の知の構造に質的変容を生じさせたことを問題にします。かつてW・J・オング(9)が問題にした「言葉の身体性」の危機、あるいはN・ポストマン(10)やB・サンダース(11)が問題にした幼児の言語学習の認知構造に及ぼすテレビやパソコンの暴力的な影響、A・マングェルの読書の歴史研究(12)などに通底していた内的読解能力の弱体化の解明という問題意識の背景には、今日のメディア依存の文化体質に対する危機意識が読み取れます。

わたしたちはいま、情報メディア社会の標準化と便利さを得た代わりに、数千年に及ぶ言語文化が築いてきた認識構造や、言葉の学習過程がもつ人格形成の個性的で多面的な機能を喪失しようとしている(いや、すでに喪失してしまった)のかもしれません。変化の意味をいっそう深いレベルで再検討しようとするこうした新たな課題があらわれてきたという点で、マクロ的に見て、二〇〇〇年前後という時期はリテラシーの社会史の分水嶺かもしれません。現代の情報メディア社会が言語世界に巨大な知の断層帯をつくり、その深みを増しているのだとしたら、その原因を解明することは歴史的な課題であるといえましょう。

本書は、右に見た研究動向と問題意識のなかで「ひとつの総合」を試みたといえます。ヨーロッパ各国の近代史に広く見られたリテラシーの普遍化をめざす文教政策のなかで、民間の伝統的教育習俗やヴァナキュラー(vernacular 生活感覚に満ちた現地語)な言語文化が保持していた言葉の獲得方法は変わってしまいました。また、近代国家が学校を組織し、標準語化イデオロギーのもとに進めた識字政策の展開によってさまざまな軋轢が生じるなかで、教育概念そのものも変わってしまいました。少なくともリテラシーの普及を担うことになった基礎教育では、教育目的は「人格の完成」から「技術知の獲得」「情報の獲得」へとシフトしたのでした。これは、学校がかつてのように生産的な知性を創造的に養成する場であるよりも、効率と所有分量を競う消費技術の受動的な学習の場と化したことと無関係ではなさそうです。「精神無き専門家の時代」（マックス・ヴェーバー）における、こうしたリテラシーの普遍化が平等の実現をめざす意図とは逆に、普遍化をめざせばめざすほど、結果的に格差が広まってしまうというパラドックスを生みました。情報機器やそのネットワーク化のインフラ格差がいわゆるデジタル・デバイド（情報格差）をもたらし、その上に構築されたマス・リテラシーが新たな世代間・文化的格差と境界線を際立たせているようにみえます。

本書は一八世紀後半〜二〇世紀初めのマス・リテラシーを、社会史的ダイナミズムのなかで解明しようとしています。ヴィンセント博士は、従来のリテラシーの社会史が仮説としてきた経済発展とリテラシーの普及との因果関係、非識字者と識字者、民衆文化（無文字文化）とエリート文化（識字文化）といった一連の、単純な二項対立的な概念構成を見直すために、能力としてのリテラシー概念を、スキル要素としての口承伝達の技法、聞き取り方、読み聞かせ方、読み方、書き方などに区分して分析しています。

従来のリテラシー研究が、結婚登録簿を主要なデータとして、その自著率だけを見て、短絡的に識字率を算出するというきわめてアバウトな資料理解であったことを、まず問題にします。読むことと書くことはそれぞれ異質のスキルを必要としており、読むことに比べて書くことは、筆記法の習得や紙と文具の準備など、一定の高度なスキルと条件を必要としています。このため、読むことはできても書くことはできないという状態が生まれます。こうして、従来の識字統計にはあらわれなかった膨大な数の中間的な「半識字者」の存在に注目（発見）することによって、リテラシーの量的な把握から質的な把握へと焦点を移すことが可能になったのです。

さらに、リテラシーが社会に浸透する際、その質的傾向を解明する分析視角としてヴィンセント博士が設定しているのは、リテラシーの受動的所有と能動的活用という区別です。リテラシーを、結婚登録簿の署名率のように、単なる形式的、記号的な記名でしかない「名目上のリテラシー」と、実際の社会生活において遺言状・日記・ラブレター・自叙伝などを書いて、自己の内面と意志を伝える「機能的なリテラシー」を区別して扱うことで、リテラシーの社会史研究の名にふさわしい「下からの歴史」を志向する立場を堅持しています。

このことが可能なのは、著者が長年にわたって労働者階級の自伝研究を進め、「下からの」リテラシーの獲得の意味を深くとらえていたからです。リテラシーの「活用」ぶりを如実に示す国際郵便制度の発展史に注目する郵便流通量の分析をはじめとして、各国の教育政策の動向、教会組織の変質過程、家族と人口動態の変化、職業選択と雇用におけるリテラシーの条件化、そしてこれらの変化に対応してリテラシーを活用しようとする者たちの心的バリエーションなどに目配りしているのも、そのためです。そして、社会生活のさまざまな面で顕著になっていく「機能的なリテラシー」の広まりを、「マス・リテラシー」の登場として描いています。この試みは、従来リテラシーを扱ってきた読書教育・文化伝達・書物文化・学校教育などの歴史研究では見えてこなかった水脈を掘り当てることに成功していると思います。ヴィンセント博士が本書で取り組もうとした対象と方法的視点は、次の一文によく示されています。

「リテラシーの歴史は、民衆文化とエリート文化という一枚岩的な図式に二度と再び安住することはできない。今日では、リテラシーの領有について、経済的・社会的・政治的な関係に見られる複雑な不平等と関連しつつも、そこに還元できないさまざまな戦略に焦点を当てた研究課題が現れている。印刷市場が拡大し、コミュニケーション・スキルの分布が変化し、より大きな権力と機会の構造が再編成されるにつれて、これらの戦略の境界線もまた移動した。変化の生じたあらゆる局面で、さまざまな意味のやりとりが見られた。新たに読み書きできるようになった者たちが書物やペンを手に取った時に何をしたのか。書物の著者や教育者の意図に統制されなかったとはいえ、独立していたわけでもなかった。リテラシーを利用することに内在する意義と、リテラシーに外部から規定される意義がどのように摺り合わされ、最終的にどのような一致を見るに至るのかは、リテラシーが利用される文脈と、それに対する人びとの反応を忍耐強く歴史的に解明することでしか再現できない。」（本書二二九～三〇頁）

人間が、言語（文字と言葉）を獲得し、それを教養として蓄えておくだけでなく、社会生活において機能的に使いこなし、言語能力を達成する小さな事実を丹念に拾い上げ、それを大きな精神文化史の流れに位置づけること、そして言語の基本命題に、人間性を磨き、意味を伝えるという文化的意義を付け加え続けて初めて、リテラシーの社会史研究は人間性を深める知的営みに貢献できるのだと思います。

「小説とノンフィクション、遊びと仕事のあいだに引かれたリテラシーの境界線そのものは、リテラシーの機能という概念が制度化され、鋭く分節化されたことの帰結であった。この意味で、二〇世紀に至るまで長きにわたって残存した古い二分法は、文字コミュニケーションの可能性を切り拓くよりも、むしろ掘り崩してしまったのである。職業における昇進と採用の制度がすべての教育水準と結合し、未熟な読者が時間と場所とお金を得て、自立した書物の消費者になって初めて、富、地位、権力の不平等の遺産を断ち切る、読み書きの真の潜在能力を現実のものにできるのである。」（本書二三二頁）

ここでヴィンセント博士が述べている「富、地位、権力の不平等の遺産を断ち切る、読み書きの真の潜在能力」を現実のものにするには、何が必要なのか、ここにこそ、わたしたちの時代の教育と文化が取り組むべき課題があるように思われます。

偶然の出来事が必然の結果となるには、そのあいだに努力の谷が横たわっている、と言われます。本書の翻訳出版は、そのような偶然と必然のつながりのなかで実現しました。思い起こせば、偶然ある年、非常勤講師として担当することになった東京大学での半年間の大学院ゼミで、教育の社会史の重要テーマとして子ども観、学校、若者文化、教材などと並んで、リテラシーの社会史という分野があり、ヴィンセント博士の研究を紹介したことがありました。この短い学期中にひとまず輪読を終えましたが、メンバーからの申し出を受け、本書の精読会を発足させました。やがて出版社のご理解とご協力のもと、本書の翻訳企画を進めることになったのでした。

本書を取り上げたとき、その価値に敏感に反応してくれた翻訳メンバーのみなさんは、それぞれの専門分野での研鑽をこの翻訳にじゅうぶん反映してくれました。これは、監訳者としてほんとうに恵み多いことでした。素訳作りの初期段階では北條紫さんが尽力して下さいました。北田佳子さんは第2章を担当し、英語教育の経験を存分に活かし、教授学、教育方法史、学習論の観点から有益かつセンスあふれる素訳を作ってくれました。第3章を担当した相澤真一氏は、教育社会学、統計分析、社会調査などの知見を訳文に的確に盛り込んでくれました。また、第5章を担当した渡邊福太郎氏は、ウィトゲンシュタインの気鋭の研究者として、言語教育、意味論、言語の機能分析論の観点から訳文を作り、随所に鋭い修正コメントを加えてくれました。

そして、第4章を担当した岩下誠氏は、いちはやくこの企画への意欲を示し、つねにメンバーとの連絡を密にし、原著者とのパイプ役も果たしながら、全体を推進し続けてくれました。翻訳メンバーからの信頼が厚い岩下氏が示してくれた熱意と意欲は、今回の翻訳チームのリーダー役にふさわしいものでした。わたしからの無理難題も毎回見事にこなしてくれ、イギリス教育史研究の鋭い問題意識をもって、大事な情報を提供してくれました。そのおかげで、それらすべてを訳文に反映させることができました。もちろん訳文の責任はすべて監訳者にあります。

原因と結果はしばしば同居する、と言われますが、偶然と必然もしばしば同居しているように思います。偶然の出会い、翻訳メンバーの真摯な取り組み、そして所属先の先生方が見守って下さったおかげで必然の結果がもたらされたことを、深い感銘と感謝を込めて振り返ることができます。本書の翻訳に注力したこの四年あまり、平均して毎月一回の検討会は、わたし自身の院生時代を思い起こすこともでき、忙しいなかにも学ぶことの多い、楽しい濃密な時間でした。

日本語版へのメッセージを寄せて下さった原著者ヴィンセント博士をはじめとして、この時期には多くの方々から、直接間接に、ご助言と励ましを頂くことができました。北爪美和さんは有能な研究室秘書として、素訳原稿を整理する最終段階でわたしが指示したよりも多くの作業を的確にこなして下さいました。本書の企画を最初から根気強く見守っていただき、大きな節目ごとに的確な助言を下さった新曜社編集部の小田亜佐子さんには、わたしたち翻訳メンバーの誰もがリテラシーを磨かれ、人間的にも知的探求者としても、ひとまわり成長できたように思います。本書の邦訳を助けて下さったすべてのみなさんに、心より感謝申し上げます。

二〇一一年七月

監訳者　北本　正章

注

（1）Lucien Febvre et Henri-Jean Martin, *L'Apparition du Livre*, Editions Albin Michel, 1958. ＝L・フェーヴル、H-J・マルタン 関根素子・長谷川輝夫・宮下志朗・月村辰雄訳『書物の出現』上・下（筑摩書房 一九八五）

（2）François Furet et Jacques Ozouf, *Lire et écrire: L'alphabétisation des français de Calvin à Jules Ferry*, 1977.

（3）Carlo M. Cipolla, *Literacy and Development in the West*, Harmondsworth, 1969. ＝C・チポラ 佐田玄治訳『読み書き能力の社会史——文盲から文明へ』（御茶の水書房 一九八三）

（4）Marshall McLuhan, *The Gutenberg Gallaxy: The Making of Typographic Man*, University of Toronto Press, 1962. ＝M・マクルーハン 森常治訳『グーテンベルグの銀河系——活字人間の形成』（みすず書房 一九八六）

（5）Elizabeth L. Eisenstein, *The Printing Revolution in Early Modern Europe*, Cambridge University Press, 1983. ＝E・アイゼンステイン 別宮貞徳監訳『印刷革命』（みすず書房 一九八七）

（6）Henri-Jean Martin, *L'histoire et pouvoirs de l'écrit*, Librairie Académique, 1988; *The History and Power of Writing*, Chicago University Press, 1995.

（7）一九八〇年代と一九九〇年代のシャルチエの研究のうち、次のものが邦訳されている。Roger Chartier (éd.), *Pratiques de la lecture*, Editions Rivages, 1985. ＝R・シャルチエ編 水林章・泉利明・露崎俊和訳『書物から読書へ』（みすず書房 一九九二）；R・シャルチエ 福井憲彦訳『読書の文化史——テクスト・書物・読解』（新曜社 一九九二）；Roger Chartier, *L'Ordre des libres*, Alinea, 1992. ＝R・シャルチエ 長谷川輝夫訳『書物の秩序』（文化科学高等研究院 一九九三）；Roger Chartier, *Lectures et lecteurs dans la France d'Ancien Regime*, Seuil, 1982, 1984, 1987. ＝R・シャルチエ 長谷川輝夫・宮下志朗訳『読書と読者——アンシャン・レジーム期における』（みすず書房 一九九四）；R・シャルチエ、G・カヴァッロ編 田村毅ほか訳『読むことの歴史——ヨーロッパ読書史』（大修館書店 二〇〇〇）

（8）Harvey J. Graff, *The Legacies of Literacy: Continuities and Contradictions in Western Culture and Society*, Indiana University Press, 1987.

（9）Walter J. Ong, *Orality and Literacy: The Technologizing of the Word*, Methuen, 1982. ＝W・オング 桜井直文・林正寛・糟谷啓介訳『声の文化と文字の文化』（藤原書店 一九九一）

（10）Neil Postman, *The Disappearence of Childhood*, Dell Publishing, 1982. ＝N・ポストマン 小柴一訳『子どもはもういない』（新樹社 一九八五；一九九五）

（11）Barry Sanders, *A is for Ox: Violence, Electronic Media, and the Silencing of the Written Word*, Pantheon Books, 1994. ＝B・サンダース 杉本卓訳『本が死ぬところ暴力が生まれる――電子メディア時代における人間性の崩壊』（新曜社 一九九八）

（12）Alberto Manguel, *A History of Reading*, Westwood Creative Artists, 1996. ＝A・マングェル 原田範行訳『読書の歴史――あるいは読者の歴史』（柏書房 一九九九）

訳者紹介

岩下　誠（いわした　あきら）

1979年栃木県生まれ。東京大学大学院教育学研究科博士課程単位取得満期退学。2007-2009年日本学術振興会特別研究員（PD）。2009-2010年バーミンガム大学客員研究員。現在，慶應義塾大学教職課程センター助教。イギリス教育史・教育思想史専攻

著訳書・論文　クリストフ・ヴルフ編『歴史的人間学事典 第2巻』（共訳，勉誠出版，2005）;「モニトリアル・システムの条件と限界―サラ・トリマーの教育思想と教育実践を通じて」『教育学研究』第73巻第1号（2006）;「近代イギリス民衆教育史における日曜学校研究の意義と課題」東京大学大学院教育学研究科教育学研究室『研究室紀要』第33号（2007）;「18世紀末のイングランドにおけるモラル・リフォームと教育―サラ・トリマーを事例として」『近代教育フォーラム』第16号（2007）;『教育思想史』（共著，有斐閣，2009）;「現代の子ども期と福祉国家―子ども史に関する近年の新たな展開とその教育学的意義」青山学院大学教育学会紀要『教育研究』第53号（2009）

相澤　真一（あいざわ　しんいち）

1979年長崎県生まれ。東京大学大学院教育学研究科博士課程修了。博士（教育学）。現在，日本学術振興会特別研究員（PD），教育社会学専攻

著書・論文「戦後教育における学習可能性留保の構図―外国語教育を事例とした教育運動言説の分析」『教育社会学研究』第76集（2005）;『現代の階層社会―趨勢と比較』（共著，東京大学出版会，2011年近刊）

北田　佳子（きただ　よしこ）

1967年新潟県生まれ。東京大学大学院教育学研究科博士課程単位取得満期退学。現在，富山大学人間発達科学部准教授，教師教育・授業研究

訳書・論文「校内授業研究会における新任教師の学習過程―〈認知的徒弟制〉の概念を手がかりに」『教育方法学研究』第33巻（2008）；デボラ・マイヤー『学校を変える力―イースト・ハーレムの小さな挑戦』（岩波書店，2011）

渡邊福太郎（わたなべ　ふくたろう）

1981年東京都生まれ。現在，東京大学大学院教育学研究科博士課程在籍中。教育哲学・思想研究，ウィトゲンシュタイン研究

訳書・論文「教育の〈日常性〉についての言語論的考察―言語ゲーム論の方法論的再定位」東京大学大学院教育学研究科教育学研究室『研究室紀要』第34号（2008）;「ウィトゲンシュタインにおける自我の確実性に関する考察―自我を基点とした教育における関係性の分析」『近代教育フォーラム』第18号（2009）；H・シュネーデルバッハ『ドイツ哲学史―1831-1933年』（共訳，法政大学出版局，2009）

人名索引

ア行
アンソン，G.　156, 305
アンダーソン，C. A.　100, 130
ヴィルヘルム 4 世　207
ウェスレー，J.　153-4, 304
ウェーバー，E.　152, 225
エリアス，P.-J.　30, 87, 223, 292-3
エリントン，A.　43, 44
オズーフ，J.　29, 41, 131

カ行
ガーシェンクロン，A.　100
ガタリッジ，J.　150
カルヴィン，J.　63
ギゾー，F.　50, 62, 66, 220
クーパー，T.　38
グラーフ，H. J.　35, 294
クレア，J.　186
グレゴワール神父，A.　217, 311
コール，M.　27

サ行
サンダーソン，M.　106
サンドベリ，L.　131
シェークスピア，W.　38, 306
シャルチエ，R.　35, 157, 226, 293-4, 296
シュテファン，H. v.　3
ショー，B.　139, 157
ショウ，B.　39, 294-5
ジョーンズ，J.　53
シルヴェール，A.　56
スクリブナー，R.　27, 230
スコット，W.　142, 301
スターリン，J.　206
スティーブンソン，G.　51
ストラミンガー，L.　177
ストリート，B.　36
聖ベーダ　8, 289
セルトー，M. de　227, 312
セレニー，S. J.　207

タ行
ダイク，T.　72-3
ダーントン，R.　189
ティリー，Ch.　225
ディルワース，T.　72, 73, 187
デカルト，R.　72
デュリュイ，V.　10, 84, 123, 289-290
デュルケム，E.　174
トッド，E.　34, 293
トマソン，R. F.　106
トルストイ，A. K.　81

ナ行
ナポレオン，B.（1世）　2, 4,17, 22, 45, 57, 59, 61, 63, 131, 154, 196, 200, 208, 231
ナポレオン，C. L.（3世，ルイ・ナポレオン）63, 199, 210
ニコライ，P.（1世）　121
ヌネス，C. -E.　130

ハ行
パーマストン卿　54, 296-7
バルバグリ，M.　137
バーンズ，R.　156, 305-6
ビエルナッキ，B.　231
ビスマルク，O. v.　117, 210
ピットマン，I.　111, 299-300
ヒューストン，R. A.　100
ヒル，R.　3, 288
プー，A. K.　208
フィヒテ，J. G.　217, 310-1
フュレ，F.　29, 41, 131
ブライアリー，B.　111, 228, 299
フランコ，F.　216, 310
フリードリヒ 2 世（フリードリヒ大王）61
ブロウグ，M.　130
ブローデル，F.　311
フンボルト，W. v.　121, 300
ペスタロッチ，J. H.　2, 68, 287
ベッソン，P.　37, 173
ベル，A. G.　4, 289

ベル，A.　71
ヘルダー，J. G. v.　142, 301

マ行

マクドナルド，A.　212
マコーレー，T. B.　38, 294
マルクス，K.　205, 208
マン，H.　55, 70, 71, 83, 90, 109, 295, 297
ミッチ，D. F.　111-3, 127
ミラー，H.　141-2, 300
ミロノフ，B. N.　130
メネトラ，J. -L.　114, 164, 226-7
モーツァルト，W. A.　39
モラン将軍　10

ヤ行

ユークリッド　38

ラ行

ラウアリー，R.　103
ラデュリ，E. L. R.　104
ランカスター，J.　2, 68, 71, 73, 288
ルイ14世　45
ルイ16世　140
ルター，M.　52, 63, 143
ルナチャルスキー，A. v.　205, 309
レーニン，V. I.　205-6
ロイド，E.　203, 309
ロウ，R.　57, 210, 297
ロシュ，D.　35, 226-8, 294
ローソン，J.　153-4
ロック，J.　49, 72
ローマ法王　63

ワ行

ワトソン，J.　200-2, 308-9

事項索引

あ行
アイスランド　48, 106, 143, 147
アイルランド　1, 15, 52-4, 64, 107, 144-6
青空学校　52-4, 296
青本　51, 144-5, 296
アメリカ　1, 32, 55, 83, 164, 189, 224
アルファベット　49, 51-3, 69, 72, 74, 76, 93, 95, 122, 151, 250
アンシャン·レジーム　44, 217
暗唱　79, 147, 162, 206

位階秩序　41, 66, 202
イギリス　3, 13-4, 18, 20-1, 23-5, 28, 31-2, 49-51, 55, 57-8, 60, 62, 65, 67, 69, 71, 73-4, 78, 83-4, 90-2, 96, 101, 106-7, 111, 115, 119, 122-5, 127, 129-35, 143-5, 154, 157-8, 166, 179, 200, 202-3, 205, 210, 212, 215, 217, 219, 220
イギリス国教会　64, 222
イギリス郵便制度　3
イタリア（語）　14-5, 21, 23, 26, 33, 62, 80, 86, 91, 126, 133, 137, 197, 206, 218-9, 224
一見読み方式　83, 299
一斉教授法　71, 73
イデオロギー　46, 64, 82, 93, 195, 205, 212, 230, 231
イベリア半島　14, 197
イングーシ　22, 292
イングランド（とウェールズ）　3, 11, 81, 109, 111, 172, 189
印刷機　172, 203, 214
印刷術　18, 140, 161
印刷物　19, 35, 42, 19, 35, 42, 52, 65, 74, 105, 115, 143-51, 153-5, 160-2, 167, 170-4, 177-8, 180-3, 188, 211, 214-6, 225, 228, 232
印刷文字　24, 28-9, 39-40, 69, 99, 141, 152, 174, 179, 193, 200, 212, 224, 226-7

ウィーン　76, 218
ヴェイエ　147, 302-4
ウェールズ語　222

運指技法　69

映画　207
英語　52, 72
エジプト　1
エストニア　18, 20, 48, 180
絵葉書　191-3
ＡＢＣ教本　198
エリート（集団）　36, 42, 47, 110, 161, 196, 225, 228-9, 232

オクシタン語　218
オーストリア（＝ハンガリー帝国）　14, 21, 23, 48, 53, 60, 78, 80, 168, 218
おばさん学校　55, 139, 150
音節（法）　72-5, 79, 82-3
音読　122, 147-8
女家庭教師　73, 298

か行
改革者　2, 26, 54, 56, 59-60, 71, 82, 158
外国語　217, 220-1, 223
改正教育令　11, 57, 84
解読　8, 35, 69, 72, 99, 113, 116, 134, 145, 151
書き方　14, 17, 19-20, 23, 26-7, 36, 44, 52-3, 62, 66, 69-70, 79, 81, 84-6, 93, 95-6, 102, 110, 113, 118-21, 127, 132, 140, 152, 157, 167, 169, 175, 191, 193, 197, 219, 232
書き言葉　3, 13, 16, 28, 30, 34, 38, 42, 46, 68, 114-6, 146-7, 150, 152, 155, 157, 161, 163-4, 180, 182, 206, 209-11, 214, 216, 226, 232
書き手　36, 54, 93, 151, 163, 169, 205
学業成績　7, 124, 200
書くこと　8, 27, 30, 31, 56, 86, 116, 127, 139, 155-6, 205, 218, 220, 228
格差（リテラシーの格差）　10, 12, 17, 21-2, 24, 27, 31-3, 101, 106, 126, 184, 222, 229
学童　7, 26, 29
学年　48, 84, 106, 173

書く能力　13, 213, 219
学齢（人口）　65, 90
学歴（主義）　103, 123-4, 137
家計　41, 53, 55, 80, 88, 96, 103, 106, 108, 119, 123, 166, 182, 232, 255
家族　10, 15, 20, 24-6, 30, 43, 52, 89, 99, 102-3, 107-8, 112, 115-6, 123, 133, 143-4, 158, 163-4, 175, 178, 183-5, 188, 191-3, 215, 232
語り部　89, 147, 162, 184
カタルーニャ（語）　106, 218
学校　3, 17, 29, 37-8, 43, 52, 54, 59, 64, 70-6, 83, 87, 95, 99, 107, 119, 123, 131, 138-40, 145, 154, 159, 166, 169, 175, 177, 179-82, 184, 188, 190, 197, 200, 206, 214, 217-20, 223-4, 227-8
学校教育（制度）　9, 19, 29, 34, 39, 44-6, 49-50, 55-8, 60, 66, 80-1, 86, 88-91, 93-4, 96-7, 102-5, 108-10, 113, 116-7, 122, 124-6, 128-9, 132, 135, 141, 156, 160, 185, 195, 198, 212-3, 221, 225, 229
学校教師　8, 18, 53, 57, 65, 68, 77, 100, 109, 118, 142, 146, 148, 150, 152, 170, 176, 183, 192, 195, 202, 204, 207
カップル　18, 24-5
活用（利用）　5, 12, 19, 27, 29-30, 32-3, 37, 60, 64, 72, 77, 94, 102, 111, 114, 119, 155, 159, 193, 205-6
カード　49, 74, 157, 181, 212, 214
カトリック（教会）　8, 60-1, 63-5, 71, 85, 141, 144, 174, 178-9, 181, 199, 202, 222-3, 283
カナール　167, 306
カーライル（地名）　149, 201, 304
カラブリア　21, 219, 292
カリキュラム　10, 11, 45, 48, 50, 61-2, 68-9, 71, 73, 75, 82, 84, 86, 88, 92-6, 120, 123-4, 144, 168, 182, 195, 207, 221, 232
監督　8, 46, 50, 64, 66-7, 206
官僚（組織）　3, 5,9, 11, 30, 45, 56-7, 60, 115, 117, 122, 129, 158, 183, 197, 212-3, 221
官僚制　54, 208
カン（フランスの工業都市）　109-10

気象予報　170-1, 173
基礎学校　19, 61, 63, 65, 67-9, 77-8, 84-5, 89, 103, 122, 124, 126, 144, 151-2, 168, 180, 186, 191, 199, 209-10, 219-20, 222, 291-2
基礎教育（制度）　45, 48-50, 57, 59-60, 62, 65-6, 69-70, 72, 76, 79, 81, 84-5, 89, 93-5, 100, 106, 112, 117, 122-5, 128, 135, 137, 140, 178, 191, 200, 202, 213-4, 221-2, 224, 231
ギゾー法　50, 62, 66, 295
基礎リテラシー　10, 27, 81, 117, 125, 134-5, 252
祈禱文　144
機能主義的アプローチ　37, 39
機能的なリテラシー　30-1, 34, 39, 93, 116, 185, 208, 214, 240-1
義務化　50, 84, 96, 200
義務教育　3, 29, 50, 94, 103, 123
義務制　10, 123
教育改革　7, 46, 48, 54, 56, 60-1, 71-2, 81-3, 121, 125, 195, 217, 221
教育学　49, 93, 206, 219
教育機会　124-6, 138
教育機関　47, 50, 67, 121
教育供給　50, 66-7
教育計画　59
教育史　56
教育事業　35, 48, 57, 76
教育市場　62, 66, 73, 82, 105
教育水準　9, 10, 106, 124, 132, 232
教育制度　9, 17-8, 21, 29, 32, 34, 36, 49-51, 55, 58, 60-2, 65, 67, 78, 87-8, 90, 94, 106, 117, 121-3, 125-6, 130, 133, 183, 198, 205-7, 209-10, 220, 222, 224
教育投資　24, 81, 130, 133-4
教育統制　46, 67
教育の普及　41, 49, 56, 65, 91, 124, 133, 221
教育の目的　45-6, 49
教育法　48, 55, 65-6, 124-5
教育方法　3, 40, 49, 64, 68, 71-2, 74-9, 82-5, 89, 97, 220
教育目標　61
教員養成　46, 60, 76-9, 82
教会　8-10, 17, 19, 21, 41, 44-5, 48, 52-4, 56, 60-1, 63-8, 71, 75-7, 81-2, 85-6, 101,

107, 114, 141, 143-4, 151-2, 165-6, 177-80, 182, 184, 190, 197, 199, 202, 204, 218, 222-3, 231
境界域　163, 195, 225, 230
教会学校　50, 62, 69-70, 73, 96
教会視察学校　55
教科書　45, 52, 57, 60, 70, 73, 75, 77, 83, 85, 96, 151, 186, 209, 220
教義問答（書）　6, 75, 143
教区学校　52
教区登録簿冊　8, 90
教区牧師　9, 60, 67
教材　47, 49, 51-2, 59, 64, 68, 70, 72-5, 84, 150
教室　8, 17-9, 33, 41, 43, 46-7, 53-5, 57, 59, 62, 69-70, 73, 75-8, 80-1, 83, 85-7, 93, 96, 102, 108, 119, 121-4, 126, 166, 169, 173, 175, 179, 197-8, 200, 204-5, 207-9, 211, 221, 230
教場　73-4
教職　46, 77-8, 94, 118, 122, 207-8
行商人　52, 144, 148, 150, 170, 177, 199
教本　52, 143, 150, 162, 180-1, 198, 231
共和主義　65, 199
ギリシア（語）　1, 38, 54
キリスト教　48, 64-5, 180-1, 223-4
キリスト教知識普及協会　179, 307
均質化　10, 17, 220, 229
近代化　7, 34, 57-8, 66, 72, 94, 100, 108, 118, 120, 122, 127, 180, 207, 225
近代国家　195, 197, 217, 220
近代の発明　8

クラス制　48
グラマースクール　124-5, 290
クリスマスカード　157
グリーンランド　104
クロマティー　141

敬虔派　60, 168
経済決定論　230
経済成長　39, 99-100, 102, 110, 130-5, 137, 205, 255
経済的繁栄　99, 102, 104, 110, 130, 134, 137, 162
警察　26, 57, 58, 60, 101, 111, 112, 201, 216
計算能力　7, 119
啓蒙思想　47-8
啓蒙主義　41, 51, 57, 59, 65, 99, 120, 125, 151, 182, 195, 205
結婚式　25, 30, 101
結婚登録（簿）　7, 9,11, 14, 18, 23-4, 29-30, 91-2, 101-2, 106-7, 109, 114, 118-9, 127, 132-3, 135, 137, 184, 210, 214, 229, 235-6
ケルト語　218
権威　10, 19, 35, 63, 65, 68, 75, 80, 85, 89, 141, 153-4, 170-2, 175, 182-3, 191, 195-9, 204, 208, 210, 225, 230
権威者　68, 89-90
検閲　179, 199-201, 204-6, 222
言語　8, 12, 21-2, 27, 34, 52, 72, 83, 93, 97, 105, 142, 150, 152, 183, 216-7, 220-5, 228-9, 231
言語教育学　219
言説　35-6, 158, 176, 209, 216, 220, 231
権力　30, 35, 41, 48, 60-4, 66, 102, 151, 154, 158, 182, 198, 205, 207, 210, 215-6, 229-32

語彙　36, 49, 219
公益協会　46-7, 59
公教育　10, 68, 80, 102, 128, 134, 168, 177, 290-1
工業化　19-21, 102, 106-7, 109-11, 116, 121, 130-1, 133-5, 185, 214
広告　109, 116, 150, 177, 191
口承コミュニケーション（声）　35, 83, 139, 142, 147, 156, 206
工場制度　106, 122, 134
口承伝統　66, 139, 141-3, 145-6, 150-1, 155, 173, 226
公立学校　17, 18, 50, 57, 63, 66, 76-7, 83-5, 87-94, 148, 168, 200, 290-1
国際郵便条約（ベルヌ条約）　1, 3
国勢調査　7, 9,11, 14, 21, 23-4, 28-9, 32, 235-6
国内総生産　133, 136, 264-5
国民学校　61, 89, 214, 223
国民教育　18, 21, 32, 46, 51, 117, 126, 220
国民教育制度　18, 21, 32, 117, 126, 220

国民経済　52
国民公会令　218
国民総生産　11, 159
国民統制　41, 58
国家　3, 8-9, 11, 14, 17, 20-1, 27, 45-8, 50, 54-5, 57-68, 76-7, 79-80, 85-6, 90-1, 93-4, 101, 105-6, 110, 114, 117, 121-3, 125-6, 131, 133, 135, 143, 152, 157-8, 162, 168, 174, 177, 191, 195-200, 202-4, 206-8, 212, 214, 216, 218-23, 229, 231
国家介入　10, 217
国家の隆盛　102
子ども　1, 6-8, 11, 18, 23, 26-7, 29, 35, 40-4, 46-8, 50, 52-8, 61-6, 68-76, 78-86, 88-90, 92-3, 96-7, 103, 108, 111, 113, 117-9, 121-8, 131, 137, 144, 148, 152-3, 160, 166, 168-9, 175-6, 178-9, 181, 183-4, 188, 191, 198-9, 206, 209, 219-5
子ども期　22, 87, 94-5, 104
諺　142, 170, 171
ゴブレ法　50, 295
個別学習　72, 75, 78
コミュニケーション　1, 2,4, 7,34-7, 40, 46, 66, 83, 93, 99-100, 129, 131, 139-42, 147, 151, 155-7, 159-60, 163-6, 168, 174, 179, 182-5, 192-3, 195-6, 201, 204, 206, 211, 213-7, 221, 226, 231-2
コミュニケーション革命　111, 180
コミュニケーション・スキル　12, 16, 26, 29, 32, 57, 78, 86, 92, 95, 99, 110, 132, 134, 136, 191, 219, 223, 229
雇用機会　118, 128
暦　28, 151, 167-8, 170-2
コルデル　144, 301-2

さ行
作文　28, 84-5, 92
挿絵　49, 150, 154
雑誌　65, 111, 148, 154, 167, 181, 189
差別化　7, 151, 186
産業革命　49, 100, 106, 134, 135
賛美歌　28, 143, 152-3, 178, 181, 187
サン・マロ　21, 292

ジェンダー　12, 17, 18, 21, 41, 95-6, 190, 228-9
視学官　55, 60-1, 67, 75, 77-9, 82-3, 85, 95-6, 148, 205
時間感覚　152, 166-8
識字社会　198
識字統計　32, 33, 101, 114, 150, 227
識字率　9, 10, 14-25, 32-3, 41, 55, 90-3, 100-1, 105-7, 109-10, 118, 128, 130-3, 140, 147-8, 176, 183, 190, 209, 210, 219　→リテラシー
視察　3, 9,46-7, 50, 55, 57, 62, 67, 69, 77-9, 82, 145, 152, 160, 207, 228
自習　70, 181
私塾　53
市場　10, 49, 51, 62, 66, 68, 73, 82, 99, 105, 118-9, 123, 132, 134-5, 162, 165, 167, 171, 173, 177-8, 181-2, 188-9, 191, 202-5, 215, 229, 306
自然宗教　178, 307
実践　2, 7,45, 61, 66, 70, 71, 75, 77-8, 82, 102, 104, 110, 114, 116, 155, 161, 163, 165, 167-8, 172, 174-5, 182, 191-3, 205, 213, 226-31
自伝作家　44
児童心理学　79
児童労働　18, 88, 137
師範学校　76-8, 126
市民　9, 27, 48, 57-8, 65, 67, 179, 182, 198, 210, 223
社会移動　126-9, 137, 225, 230
社会階層　13, 25, 66, 106
社会科学者　35, 173
社会慣習　7
社会構造　36, 196
社会福祉　58
社会問題　7, 199
社交性　180, 211, 303
ジャコバン派　205
ジャーナリズム　148, 168, 178, 199, 204, 215
ジャンセニスム　60
就学義務　41, 65, 80, 90, 93, 119
就学年齢　106
就学免除　90
就学率　81, 90-3, 127, 132-3, 299
宗教　8, 12, 36, 46, 51, 61, 65, 68, 74, 79-80, 86, 105, 135, 145, 152, 170, 182, 184-5,

189, 191, 195-7, 199, 204, 219, 222-3, 228, 231
宗教改革　52, 60, 75, 141, 143, 181
宗教教育　11, 62-4, 67, 69, 76, 81, 84
宗教書　19, 38, 72, 143, 178-81, 190
宗教団体　41, 52, 63, 67
集団学習　72, 75, 78
重農主義者　99, 101
授業　46-7, 53-8, 67-85, 89, 92-6, 103-4, 122, 148, 168-9, 175-7, 184, 207, 211, 219-20, 228
授業料　54, 58, 80, 103
熟練工　16, 20, 25-6, 101, 105, 109, 112, 115-7, 128, 134, 148, 164, 207
出版禁止　179
出版者　49, 144, 179, 190, 201-2, 204
出版社　52, 199-200, 215
出版物　45, 49, 99, 154, 170, 189, 200-1, 204, 222, 226-7
シュティール規則　67, 298
ジュネーブ　13, 21, 292
シュレジエン　71, 76
巡回学校　53
巡回教師　54
上昇移動　121, 127-8
消費財　226
消費文化　19, 202
小説　148, 150, 167, 186, 188-90, 215, 232
上流階級　25, 73, 129, 148
書記　3, 214
職業　11, 12, 21, 26, 39, 41, 77, 81, 93, 96, 99-103, 106-7, 109-19, 121-9, 131, 137-8, 146, 164, 182, 184-5, 192, 208, 225, 230, 232
職業教師　70
職業の世襲　126-7
職業労働　100
職人　19, 41, 53, 101, 111, 114-5, 128, 130, 164, 200, 203, 212, 226
女性小説　190
女性の識字率　17, 22
書籍市場　171, 173, 178, 181, 188-9, 204, 275
書籍商　154, 170
初等教育　100, 123, 129-30, 135, 252, 291
初等読本　49, 52, 72, 74, 151, 198
書法　14, 79, 92
署名（率）　7, 9,11, 14, 17-9, 24-5, 28-33, 55, 90-2, 99-102, 109, 113-4, 117-9, 124, 127-8, 132-5, 140, 150, 155, 167, 184, 210, 214, 216
書物　13, 18, 31, 42, 49, 52, 81, 86, 143-7, 150-5, 161-2, 165, 170, 174-91, 196, 199-200, 204-5, 208, 227-30, 232
所有　13, 19, 22, 26-7, 29, 32-3, 36, 101, 113, 128, 132, 136, 143-7, 155, 159, 162, 184, 188, 213, 227
人口　18, 20, 23, 25-6, 29, 33-4, 60, 89-90, 100-1, 105, 108-9, 128, 138, 140-1, 143, 151, 160, 162, 191, 198, 209, 217, 219-21
人的資本論　137
新婦　18, 20, 23-5, 30, 55, 119, 127
新聞　27-8, 31, 65, 116, 145, 148-50, 161-2, 167-8, 172-3, 180-1, 188-9, 199-204, 211-2, 215, 222
新聞価格　203
新兵　7, 10, 11, 15, 28, 104, 219
進歩　5-7, 10-2, 14, 35, 51, 53, 65, 89, 94, 107, 124, 127, 140-1, 151, 159, 171, 173, 175-8, 182, 186, 198, 207

スイス　3, 32
スウェーデン　1, 4,6, 8,13-4, 22, 33, 48, 50, 60, 66, 123, 125, 131-2, 143, 145, 218, 222
数量化　12, 100, 227
数量把握　5-8, 10
スカンジナビア諸国　4, 19, 48, 80-1, 90, 132
スコットランド　13, 107, 141-2, 212
スコットランド高地地方　142
スピンステューベ　147, 302-4
スペイン　4, 14-5, 17, 22-3, 51, 90-1, 105-6, 130, 144, 204, 216
スラブ語　52, 73
３Ｒ（読み書き計算）　48, 54, 77, 82, 84, 88, 115, 123, 135, 168, 291
スロヴァキア語　21

生活水準　110, 161, 176
政治家　41, 58, 65, 138, 160, 200, 207, 231-2
聖書　28, 48, 52, 60, 75, 84, 141, 143, 153,

178
聖職者　8, 41, 61, 63-4, 68, 82, 85, 96, 122-3, 138, 160, 178, 181, 183, 232
贅沢品　102, 105, 134, 255
生徒　46, 52, 70-6, 78, 89, 94, 96, 121, 123-5, 148, 152, 159, 168-70, 173, 175, 185, 192, 208, 220-1, 232
制度化　50, 93, 120, 212, 216, 223, 230, 232
背丈　104
説教師　150
絶対主義　134
セルビア＝クロアチア語　21
占星術　171-2, 187
戦争　4, 15, 17, 45, 57, 61, 131, 146, 164, 168, 197, 200, 218, 222, 231

蔵書　145, 180-1, 185
想像力　37, 85, 89, 142, 183, 190, 206
速達郵便馬車　165

た行
第一次世界大戦　4, 9,58-9, 63, 90, 110, 117-8, 121, 125, 129, 135, 149, 158, 168, 181, 190, 205, 209
第一次選挙法改正　65, 202
大学　109, 121, 125-6
第三共和政　63, 85-6, 189, 200
大衆教育　26, 38, 41, 61, 66, 70, 82, 118, 168, 192-3, 196, 206, 213, 223
大衆文化　226
第二次世界大戦　23, 162, 229
タイピスト　30, 293
タイプライター　30, 293
『タイム』紙　2
達成　6, 8,10-4, 16-7, 20-6, 33, 41, 50, 61, 68, 79, 84, 90, 93, 95, 101, 104, 106, 110-1, 114, 120, 124, 126, 130, 132, 137-8, 155, 184, 202, 206-7, 219
多様性　33-4, 72, 85, 136, 217-8, 221, 228
ダルマチア　21, 292
単語　28, 44, 49, 56, 72-4, 82-3, 95, 124, 167

治安維持　57-8
チェチェン　22, 292
地球村　157, 306
知識　8, 19, 45-6, 65, 72, 87, 92, 116-7, 135, 141-2, 150, 155-6, 172-6, 178-9, 181, 183, 186-7, 202, 220
地方学事通則　61
地方新聞　172
チャップブック　51, 144, 147, 148, 150, 162, 167, 188, 296
チャーティスト運動　202, 309
中産階級　25, 122, 124, 128, 145, 186, 191, 202, 207, 290
中等教育　50, 95, 121, 125-6, 135, 261, 291-2
調査　11-2, 14, 21, 23, 29, 32, 34, 45, 80, 82, 94, 100, 105, 126, 143-4, 165, 171, 180, 217, 220, 222
調査員　7, 10, 24, 28, 81
聴衆　146-7, 162, 211, 215
徴集兵　9, 164, 220
徴兵検査　14, 23
地理的分布　21

通学　80, 89-90, 95, 97, 103, 123, 160
通信網　3
綴方学習　73

定期刊行物　178, 188, 200
抵抗　24, 66, 176, 200-1, 207, 211-2, 214-6, 220, 222, 224, 232
手紙　3-6, 26-7, 30-1, 33, 53, 58, 93, 108, 114-5, 129, 140, 147, 157-8, 160, 163-5, 167, 177, 183, 191-3, 212-3
出来高払い制度　11, 299
テクスト　8, 13, 40, 52, 63, 68, 143, 145, 147, 152, 155, 162, 170, 172, 174, 179, 181, 185, 223, 227-8, 230
鉄道網　1, 57, 158-9
鉄道旅行　158, 192
田園地域　13, 20, 107, 110, 160, 166, 172, 190, 219
伝統（文化）　18-9, 24, 27, 33, 35, 37, 41-2, 47, 50-2, 60, 64, 66, 69, 74, 78, 83, 99, 101, 107, 110, 112, 116-7, 131, 139, 141-8, 150-2, 155, 165, 170, 173, 176, 178, 183, 188, 190, 200, 206-8, 213, 226
電報　4, 5

デンマーク　4, 13, 28, 48, 55, 59, 65, 67, 69, 71, 76, 125, 198, 218
電話　4, 5

ドイツ語　217-9, 223
ドイツ帝国　63, 198
同一年齢集団　22, 124, 169
統計学　9, 29
統計数値　5, 10, 12-3, 136
同職組合　212, 310
統制　11, 35, 41, 46, 54, 58, 62-3, 66-8, 77, 82, 85, 132, 152, 164, 166, 173, 177-9, 183, 193, 196, 199-200, 202-5, 207, 214, 218-9, 226, 232
道徳改革　60
道徳感情　231
道徳目的　11, 77, 123, 178
道徳問題　7, 199
道路　1, 144, 160, 165
独学　38, 51, 141, 187
読書　115, 157, 162, 184, 186-7, 189, 199, 228
読書行為　203-4
読書サークル　161
都市　16, 18-9, 22, 25-6, 50, 53, 63, 78, 81, 88, 101, 106, 108-10, 114-5, 128, 142-5, 148, 161, 164, 166, 178, 182, 185, 192, 225
都市化　20, 107, 111, 172, 173
図書館　154, 161, 187, 189-90, 212
トスカーナ語　219
徒弟制度　116
ドヌー法　47
トロワ　145, 296, 302

な行

内外学校協会　64, 74, 298
ナショナリズム　142
ナポレオン時代　22, 63
名前　15, 23-5, 28-30, 109, 124, 127-8, 142, 167, 210

二月革命　66
西ヨーロッパ諸国　10, 51, 77, 88, 93, 130-1
日曜学校　173, 179, 181
日曜新聞　180, 203
日刊紙　149
ニューカッスル委員会　81, 298
ニュース　148-9, 203, 215

ネットワーク　26, 55, 77, 108, 142, 157-8, 175, 179, 184
年齢　12, 22, 27, 41, 50, 55, 94, 106, 122, 124, 169, 183, 188, 219, 229
年齢段階　94

農業労働者　25, 113, 132
農村　18-20, 53, 67, 80-1, 99-101, 107-8, 116, 133, 141-7, 167, 180, 182, 225-6
農村学校　121
ノルウェー　33, 59, 69, 160
ノンフィクション　189, 232

は行

バイエルン（地方）　48, 53, 61
バカロレア　125
バスク地方　106
発禁　199
×印　24-5, 30, 101, 150
ハードカバー　147
話すこと　8, 219, 220
バラッド　148, 304
パリ　19, 53, 84, 113, 164, 199, 217, 226
パリ小郵便　164, 306
バルカン半島諸国　14, 16
バルト諸国　197
バルフォア教育法　124-5
バレンタインカード　157, 214
ハンガリー　13-5, 21, 52, 63, 70, 90, 142, 147, 167, 181, 218, 221
万国電信連合　3, 288-9
万国郵便連合（UPU）　1-6, 30, 33, 92, 157, 165, 192, 233, 251, 287
犯罪　7, 26, 203
半熟練労働者　101, 107
パンフレット　175

ピエモンテ　21, 292
非識字　3, 12, 20-1, 25, 28, 30, 33, 40, 56, 62, 114, 117, 137, 140, 150, 175, 178, 206, 216, 224, 226, 253
非識字一掃運動　34, 58

非識字一掃基本法　51
非識字率　14-8, 21-4, 41, 105, 176, 210, 219
秘書　118, 185, 213
非正規学校　53
非正規教育　10
ピーターヘッド　103, 299
筆記具　89, 113
標準化　165-6, 168, 184, 193, 218
ピレネー山脈　105
貧民教育普及国民協会　64, 297-8
貧民層　2, 26, 47, 49, 63-4, 73, 81-2, 89, 94-5, 118, 120, 126-7, 147, 168, 170, 174, 182, 186, 190, 193, 214, 225

ファシズム政権　206
ファルー法　62
フィッシャー法　125
フィンランド（語）　13, 59, 80, 129, 222
封筒　30, 163, 193
フェリー法　50, 85, 124, 295
フォアアールベルク　21, 292
フォニックス　49, 295
福音派　60
福祉国家　162
福祉制度　117
復唱　74-5
不就学　90, 119
不熟練労働者　20, 25, 101, 105-7, 109, 112, 118-9, 127-9
ブタペスト　218
不平等　20, 41, 120, 126, 184, 229-32
普遍的なリテラシー　6, 16-7, 20, 23, 30, 32, 38, 61-2, 74, 79, 93, 101, 104, 120, 185, 200
プライバシー（私事）　24, 26, 163-4, 193
フラマン語　218, 225, 312
フランス　9-10, 13-4, 17, 20-3, 29, 38, 44, 47, 50-3, 57-60, 62-4, 67, 69, 71, 76-7, 82, 84-7, 90, 96, 101, 104-5, 109, 114, 116, 121-3, 125, 132-3, 140, 144, 147, 154, 160, 164, 169, 173, 179, 189, 198, 200, 202, 206, 210, 212, 215, 220, 222-5
フランス革命　45-6, 49, 65, 113, 115, 131, 195, 197, 217-9
ブルゴーニュ　220
ブルターニュ　30, 87, 224
プロイセン　14, 17, 20, 23, 48, 53, 61, 63, 65, 67, 71, 78, 80, 84, 90, 107, 121, 152, 170, 197, 207, 213, 217-8, 222
プロイセン一般ラント法　61, 297
プロヴァンス　149, 218
プロテスタント　8, 60-1, 63, 141, 143, 174, 178-9, 181
ブロードサイド　27, 145, 148, 150, 167, 292
文化遺産　145
文化資源　17, 76, 177
文化人類学　143
文化的浄化　26
文章　28, 30, 56, 72-4, 95
文書資料　45, 146
文通　84, 108, 111, 115, 157-60, 163-5, 193, 214
文明化　3, 6-7, 34, 158

ペニー新聞　148, 304
ペニー郵便制　3, 84, 108, 202, 205, 234-5
ペーパーバック　188, 308
ヘブライ語　38
ベルギー　15, 23-5, 57, 58, 62, 80, 197, 225
ベルファスト　161, 306
ベルリン　20, 148
ベルン　2, 3,5
ペン　29, 43, 45, 92, 113, 164, 191, 202, 229

方言　173, 217-8, 220, 222, 224, 228
牧師　6, 9,53, 56, 60, 67, 231
母語（文化）　52, 141, 221, 222-3
補助教材　49, 52
補助金　50, 54-5, 62-4, 70, 89, 160
ボードゲーム　49, 74
ボヘミア語　21
ポーランド（語）　48, 197, 218, 222-3
ホーリーカード　181, 307-8
ボルシェヴィキ　22, 51, 249
ポルトガル　48
ホワイトカラー　122, 124, 126, 129
ホーンブック　49, 51, 72, 295

ま行
マイノリティ　105
マジャール語　218-9, 221
魔術　151, 153-5, 174, 178, 225
魔女　151, 154, 188
マス・コミュニケーション　1, 160, 165, 180, 182, 185, 193, 196, 201, 204, 215, 231
マス・プロパガンダ　206
マス・リテラシー　1, 9-10, 12-3, 36, 40-1, 59, 64, 68, 86, 90, 94, 121, 138, 144, 147, 155, 159, 172-3, 184, 186, 190, 197, 199, 202, 207, 211, 216-7, 225, 229, 231
マス・リテラシー運動　20, 22, 151, 176, 209
魔法使い　151, 154
魔法の書　154, 305
マルクス主義　208
マルセイユ　109, 128

民間伝承（フォークロア）　141, 300
民衆教育　206
民衆文化　182, 225-6, 229, 230, 232
民俗学運動　142, 143
民俗学者　142, 146
民俗文化　226
民謡　141-2, 145-7
民話　141, 145-7

無資格教師　54-5
無償（化）　10, 50, 81, 86, 89-90, 96, 102, 123-4, 126
無神論　65, 153
息子　11, 17, 78, 95-6, 103, 119, 126-9, 205, 208
娘　11, 17, 90, 95-6, 103, 118-9, 126, 139, 154, 184-5, 208
村の学校　77, 84, 108

迷信　48, 66, 151-4, 174-6, 178, 198
名目上のリテラシー　22, 28, 33-4, 36, 76, 93, 106, 163, 211, 220, 228
眼鏡　162
メッセージ　4, 96, 113, 141, 163, 181, 192, 198, 211

黙読　148, 161
文字　4, 24-6, 28-9, 35, 37, 39, 44, 46, 49, 53, 64, 69, 72-5, 83, 99, 112, 115, 119, 129, 131, 139-41, 143, 145, 147-8, 150-4, 161, 170, 173-4, 179, 181, 186, 193, 200-1, 209, 211-3, 216, 219, 224-7,
文字学習　6, 8,231
文字コミュニケーション　2, 34, 40, 183, 232
モスクワ大公国　52
モニトリアル・システム　68, 71-2, 248
モヤノ法　51, 296
モラビア語　21
文部官僚　45, 56

や行
遺言書　19
郵便局（員）　3, 5,101, 111, 124, 129, 165-6, 193
郵便均一料金　1, 3,157-8, 164, 191
郵便サービス　3, 5
郵便制度　2-3, 5,9, 29, 32, 136, 157-8, 189, 191
郵便物　4-5, 158, 191-2, 205
郵便ポスト　165
郵便前払い制　3, 157-8, 164
郵便流通量　3-6, 31, 92, 136, 157-9, 192, 239, 264-5
ユネスコ　105

ヨークシャー　153
ヨハンソン　81
呼び売り本　188, 203
読み書き　1, 4,8-9, 11, 17-8, 23-30-5, 39-40, 46, 49, 51, 53, 58, 61, 64-7, 76-8, 94-5, 99-100, 108-9, 111-2, 114-9, 123, 126-7, 131, 134, 137-40, 143, 147-51, 154-5, 159, 163-4, 167, 170, 174, 176-8, 180, 183-5, 192-3, 196, 199, 206-10, 214, 217-9, 227, 229-32　→リテラシー
読み書き能力　1, 7,13, 101, 119, 145, 222
読み書きのスキル　2, 8,10, 12, 22, 24, 29-30, 36, 41, 55, 90
読み方　13-4, 19-20, 26-7, 33, 35-6, 43-4, 49, 51, 53, 56, 62, 66, 69-70, 73, 81, 83, 85-6, 93-6, 102, 110, 113, 118-21, 127, 131,

139, 147, 167, 169, 175, 197, 219, 225, 230, 232
読み手　36, 150-1, 155, 169, 184, 205
読み物　51-2, 75, 122, 144, 152, 167, 181, 190, 199-200, 204
読むこと　13, 15, 27-8, 30, 86, 116, 127, 132, 139, 146, 148, 150, 154-6, 162, 181-2, 196, 203-4, 209, 228
読む能力　4, 18, 213, 219
ヨーロッパ諸国　2, 7,10, 18, 33, 45, 51, 55, 57-9, 61, 71, 77, 80, 88-9, 93, 102, 130-1, 190, 210, 216

ら行

ライト・フィクション　189
ラカナル法　47
ラテン語　38, 54, 76, 144
ランカシャー方言　228
ラングドック　220

リセ　124
リテラシー　1-9, 14, 17, 20, 22-45, 52-4, 57-63, 66-9, 72-9, 83-6, 89, 92-5, 99-108, 111-21, 124-31, 134-40, 143-4, 147, 151, 155, 159-63, 167-8, 172-7, 181-6, 189-203, 206-18, 222, 225, 228-32　→書くこと，識字率，非識字，マス・リテラシー，読むこと
リテラシー運動　36, 206
リテラシー学習　46
リテラシー教育　44, 49, 55-6, 64-5, 81-2, 85, 93, 96-7, 120, 122, 126, 170
リテラシー水準　10, 12-3, 7,16, 18-9, 29, 33, 90-1, 93, 107, 109-10, 132-3, 135, 219, 221
リテラシーの神話　35
リテラシーの文化史　40
リトグラフ　151
両親　1, 26, 29, 35, 42-3, 94, 191, 206, 209, 220-4, 232
旅行記　156, 186-7, 189-90

ルター派　6, 60
ルテニア　21, 219
ルネサンス期　100
ルボーク　51, 144, 190, 204, 296
ルルド　179, 307

歴史家　7, 11, 24, 35-6, 54, 56, 79, 95, 100, 114, 162, 169, 209, 226, 228, 230, 232
暦書　28, 170-2

労働組合　185, 212-3, 215
労働者（階級）　1, 9,16, 19-20, 25, 41, 46-7, 57, 76, 81, 96, 99, 101, 105-7, 109-19, 121-2, 125-9, 132, 134-5, 137, 145, 152, 156, 166, 185, 191-3, 203, 210, 212, 215-6, 290
労働者教育協会　213, 310
朗読　71, 148, 161
ロシア　1, 4,7, 14-5, 19, 23, 31, 33, 48, 51, 53, 63, 67, 69, 81, 83, 90, 94-5, 108, 121-2, 130, 133, 144, 161, 175, 181, 183, 190, 197, 204-6, 209, 222
ロシア革命　207
ロシア正教会　62
ロシア帝国　10
ローマ帝国　8
ロンドン　3, 21, 52, 55, 144, 148-9, 187

わ行

ワイズ・ウーマン　177, 306-7

監訳者紹介

北本　正章（きたもと　まさあき）Kitamoto Masa'aki

1949年　徳島県生まれ
1984年　東京大学大学院教育学研究科博士課程単位取得満期退学
1996-7年　ケンブリッジ大学客員研究員
現　在　青山学院大学教育人間科学部教授
専　攻　教育学・教育の社会史・子ども学・家庭教育学
主　著　『子ども観の社会史』（新曜社，1993）；『現代教育への視座』（共著，八千代出版，1994）
訳　書　ギリス『若者の社会史』（新曜社，1985）；アンダーソン『家族の構造・機能・感情』（海鳴社，1988）；ストーン『家族・性・結婚の社会史』（勁草書房，1991）；ショルシュ『絵でよむ子どもの社会史』（新曜社，1992）；マクファーレン『再生産の歴史人類学』（勁草書房，1999）；ギリス『結婚観の歴史人類学』（勁草書房，2006）；ロック『子どもの教育』（原書房，2011）
論　文　「子ども観の社会史研究における非連続と連続の問題」青山学院大学教育学会紀要『教育研究』第53号（2009）；「〈人生の諸時期〉の伝統と子ども期の年齢に関する比較教育社会史的考察」青山学院大学教育人間科学部『紀要』第1号（2010）；「〈子どもの発見〉に関する教育思想論的考察—捨て子・野生児・ルソー」同上『紀要』第2号（2011）　ほか

マス・リテラシーの時代
近代ヨーロッパにおける読み書きの普及と教育

初版第1刷発行　2011年9月5日©

著　者　デイヴィッド・ヴィンセント
監訳者　北本　正章
発行者　塩浦　暲
発行所　株式会社　新曜社
101-0051　東京都千代田区神田神保町2-10
電話（03）3264-4973（代）・FAX（03）3239-2958
E-mail：info@shin-yo-sha.co.jp
URL：http://www.shin-yo-sha.co.jp/

印　刷　長野印刷商工（株）
製　本　渋谷文泉閣

Printed in Japan

ISBN978-4-7885-1238-2　C3022